《融合与变革：新媒体时代中国交通广播转型之路（2006—2011）》编委会

主　编　潘　力　陈　前
编　委　周芳洁　吴志勇　高永亮

新广播·新媒体·新视野

# 融合与变革
## 新媒体时代中国交通广播转型之路

2006—2011　　◎ 主编 潘 力 陈 前

中国传媒大学出版社

# 图书在版编目(CIP)数据

融合与变革:新媒体时代中国交通广播转型之路(2006—2011)/潘力,陈前主编.
—北京:中国传媒大学出版社,2012.6

(新广播·新媒体·新视野丛书)
ISBN 978-7-5657-0480-2

Ⅰ.①融… Ⅱ.①潘…②陈… Ⅲ.①广播工作—中国—2006-2011—文集
Ⅳ.①G229.2-53

中国版本图书馆CIP数据核字(2012)第092353号

---

**融合与变革:新媒体时代中国交通广播转型之路(2006—2011)**

| | |
|---|---|
| 主　　编 | 潘　力　陈　前 |
| 责任编辑 | 李艳华 |
| 责任印制 | 张　玥 |
| 封面设计 | 魏　东 |
| 出版人 | 蔡　翔 |
| 出版发行 | 中国传媒大学出版社 |
| 社　　址 | 北京市朝阳区定福庄东街1号　邮编:100024 |
| 电　　话 | 86—10—65450528　65450532　传真:65779405 |
| 网　　址 | http://www.cucp.com.cn |
| 经　　销 | 全国新华书店 |
| 印　　刷 | 北京中科印刷有限公司 |
| 开　　本 | 787×1092mm　1/16 |
| 印　　张 | 18.75 |
| 版　　次 | 2012年12月第1版　2012年12月第1次印刷 |
| 书　　号 | 978-7-5657-0480-2/G·0480　　定　价　58.00元 |

版权所有　　翻印必究　　印装错误　　负责调换

# 目 录

1 序
1 前 言

## 2006 年度

### 行业前沿
1 整合出行资源 搭建全国车友俱乐部的共享平台/李 丹
4 中国交通广播产业价值链的再思考/潘 力

### 总监论坛
8 新的机遇带来新的挑战/乔梁庆
11 短信文化在广播媒体中的作用/陈 前

### 策划大师
16 谋突变之策 划影响之计
　　——从组织报道"沁源11·14特大交通事故"说开去/王瑞荣
21 回眸环塔拉力赛
　　——2006年全国交通广播环塔采访团侧记/李 刚

### 活动探微
23 中国交通广播的跨地域之路
　　——从"中部崛起河南行——全国交通广播大型联合采访活动"想到的/吴志勇

## 年会特辑

25 跳出广告 挖掘资源 延伸中国交通广播产业链
——在中国广播电视协会交通宣传委员会第十二届年会上的讲话/李 丹

29 中国广播电视协会致交通宣传委员会第十二届年会的贺词/张 莉

31 全心全意地为会员单位做好服务工作
——在中国广播电视协会交通宣传委员会第十二届年会上的讲话/郭宝新

## 创优评析

33 2005年度中国交通广播节目创优评析活动综述

# 2007年度

## 行业前沿

37 走产业化道路是实现交通广播可持续发展的必然途径/李 丹

39 从借鉴中寻找答案
——探讨交通广播汽车俱乐部可操作性架构/张 莉

44 刍议中国交通广播产业的合作竞争/潘 力

## 总监论坛

50 擦亮服务牌 唱响专业歌/连 捷

52 "三推进"确保交通广播的可持续发展/周俊杰

## 策划大师

55 立足交通"本我" 服务社会大众/辛雪莉

58 打造餐饮文化的盛宴
——谈《一品长安》运营攻略/强 毅 罗 宁 姚 剑

## 活动探微

**62** 红色直播，激情绽放
——江西交通广播纪念长征胜利七十周年直播特别节目/蓝 蔚

## 年会特辑

**65** 中国广播电视协会交通宣传委员会第十三届年会暨全国交通广播总监工作会议纪要

## 创优评析

**68** 本土化、精品化、产业化
——2006年度中国交通广播节目创优评析活动综述/王 娟

**77** 与交广人谈节目创优的总体构想/张君昌

# 2008年度

## 行业前沿

**80** 突发事件彰显广播的魅力
——从各地交通广播参与冰冻雪灾报道所想到的/潘 力 刘丽君

**87** 交通广播成为突发事件应急主力军
——对5·12汶川大地震中交通广播表现的考量/潘 力 陈 婷

## 总监论坛

**94** 创新为梦想插上腾飞的翅膀
——写在安徽交通广播开播五周年之际/李 玉

**97** 十年一剑琢"信赖"
——务实经营媒体 稳立竞争潮头/许立权

**自驾游论坛**

100 一路畅通游天下
——羊城交通广播自驾活动的运作/林 玲

102 红色之旅"春夏秋冬看井冈"
——深圳交通广播自驾游活动启示/潘永汉

105 对自驾游运营模式与推广的再思考/潘 力 张艳玲

**策划大师**

109 为消费者选择一款最适合的车
——2007年哈尔滨国际汽车工业展览会策划方案/谭 丰

112 全民健身与奥运同行
——"全民健身与奥运同行——庆祝奥运倒计时100天"活动策划文案/方 楠

**活动探微**

115 情系地震灾区 电波传递真情
——记全国73家交通广播直播抗震救灾大型特别节目/王晓岚 李岳峰

**年会特辑**

117 不负使命 开拓进取 创造中国交通广播电视的美好未来
——在中国广播电视协会交通宣传委员会第五届理事会上的讲话/李 丹

# 2009年度

**行业前沿**

121 做中国交通传媒行业的领跑者
——从交通宣传委员会成立十五周年所想到的/潘 力

## 总监论坛

129 树立强势品牌　打造精品广播
　　——天津交通广播15载路上行／安　迅
132 魅力源于"专业"　潜力依托"创新"／朱长虹

## 策划大师

135 "奥运火炬传递"、"城际铁路运营"直播报道赢得好评／包斯宁
139 搅动车世界　舞动车生活
　　——大庆交通广播以汽车活动为载体提升品牌形象／高立君

## 活动探微

142 "我为延安种棵树，共植中国广播林、中国交通广播林"活动侧记／李岳峰
145 "全国交通广播走进大庆大型采风活动"侧记／李岳峰
147 "全国交通广播走进西柏坡大型采风活动"侧记／赵瑞琦

## 年会特辑

150 在中国广播电视协会交通宣传委员会第十五届年会暨全国交通广播总监工作会议上的讲话／李　丹
156 共创产、学、研互利合作的新典范
　　——在中国广播电视协会交通宣传委员会第十五届年会暨全国交通广播总监工作会议上的致辞／丁俊杰

## 评奖创优

158 百尺竿头，还需再进一步
　　——2008年度中国交通广播节目创优评析活动综述／吴志勇

# 2010 年度

## 行业前沿

160 坚持走合作共赢的发展之路
　　——在"畅行中国·精彩湖北——全国交通广播走进鄂西"大型联合采访活动启动仪式上的讲话/李　丹

162 传媒与政府合作,实现自驾游运营模式的双赢/潘　力

164 业必归会,办有思想的行会
　　——立足服务,做行业的领跑者/潘　力

## 总监论坛

168 打造品牌　做强频率
　　——羊城交通广播发展全纪实/张　军

172 成长
　　——北京交通广播一直在路上/李秀磊

175 服务性　本土性　娱乐性
　　——地市级交通广播发展之我见/吕永坚

## 策划大师

180 创新做翼　爱心为怀
　　——记"三湘骄子·爱在中国——湖南省首届爱心名片征选"活动/唐建军

183 "播出季",广播应用更精彩
　　——江苏交通广播网"播出季"企划的启示/常　珩

187 "马路天使"开辟交通广播线下活动新模式/黄　桢

## 活动探微

191 爱心中国　惠民服务　传递友情
　　——"爱心中国·全国交通广播爱心送考联盟"大行动侧记/严　昕　蔡　红

194 聚首生态井冈　共谋自驾游发展大计

　　——"2010首届中国井冈山国际杜鹃花节暨全国交通广播自驾游赏花"活动侧记/贺灿玲

197 跨时空、跨地域的有益尝试

　　——全国交通广播《千里飞越武广线》大型直播节目侧记/熊江泳

201 聚合传媒力量　畅行大美边疆

　　——"畅行中国边疆"大型联合采访活动侧记/张　亮

204 领略内蒙草原美　感悟广播新理念

　　——"畅行中国·内蒙古草原欢乐行"采访活动侧记/周芳洁

206 发挥传媒实力　倡导示范效应

　　——"畅行中国·精彩湖北——全国交通广播走进鄂西"大型采访活动侧记/张　亮

209 警广联手，奏响文明交通新乐章

　　——"畅行中国·文明交通在行动"百城百台大联播活动启动仪式实录/周芳洁

## 年会特辑

215 在服务大众中，实现交通广播更大的发展

　　——在中国广播电视协会交通宣传委员会第十六届年会暨全国交通广播总监工作会议上的讲话/李　丹

219 植根传媒、依托社会，探索产、学、研合作的新模式

　　——在中国广播电视协会交通宣传委员会第十六届年会暨全国交通广播总监工作会议上的致辞/高福安

## 创优评析

221 推进创优评析　打造精品工程

　　——2009年度中国交通广播节目创优评析评审会综述/张　冠

# 2011 年度

## 行业前沿

**225** 借联盟成立之机,将跨域联合推向纵深
　　——在"畅行中国·全国交通广播自驾游产业峰会"上的讲话／李　丹
**228** 汽车社会与广播媒体发展／潘　力
**234** 推动跨界传播,唱响主流广播第一声／潘　力
**237** 中国交通广播二十年的探索与实践／潘　力

## 总监论坛

**242** 打造生活品牌　彰显交通广播魅力／张　翼
**245** 以创新和管理助推交通广播飞跃／张　立

## 策划大师

**248** 试论上海世博报道中交通传媒的整合传播
　　——以"畅行中国·一路畅通看世博"大型报道活动为例／潘　力　周芳洁　李亦工
**254** 浅谈广播节目"实时反馈平台"的建立及运用／陈　前

## 活动探微

**259** 爱心中国　善行边疆
　　——"爱心中国·2011全国百城百台爱心送考"活动启动仪式侧记／陈　勇
**263** 宜兴论道:共商全国自驾游联盟大计
　　——"畅行中国·全国交通广播自驾游产业峰会"侧记／周芳洁
**265** 第一时间,用行动彰显广播的魅力
　　——浙江交通广播直播"7·23甬温线特大铁路交通事故"全纪实／张家英
**271** 情醉百湖城　感知新大庆
　　——"畅行中国·2011全国交通广播湿地采风活动"侧记／车铭毓　王　琛　肖志新

**年会特辑**

275 跨域联合,实现交通广播未来发展新突破
——在中国广播电视协会交通宣传委员会第十七届年会暨全国交通广播总监工作会议上的讲话/李 丹

279 发挥传媒高校科研优势,助推中国交广新辉煌
——在中国广播电视协会交通宣传委员会第十七届年会暨全国交通广播总监工作会议上的致辞/高福安

281 警广联手,构建和谐友好文明交通
——在中国广播电视协会交通宣传委员会第十七届年会暨全国交通广播总监工作会议上的致辞/张 明

**创优评析**

283 打造交广节目精品　推动行业节目创新
——2010年度中国交通广播节目创优评析评审会综述/周芳洁

286 后　记

# 序

　　沉淀了六载光阴,积蓄了深厚睿智,《融合与变革:新媒体时代中国交通广播转型之路(2006-2011)》终于如约与读者见面了。走过的这六年,无论是对中国广播,还是对交通广播,都是有非凡意义的六年。这六年正因为有了一件件新闻事件的标注而显得格外醒目。金融危机、汶川地震、北京奥运会、新中国六十华诞、上海世博会、广州亚运会……站在今天回望,我们感慨,不仅仅因为经历了这些大事件,更让我们感慨和欣慰的,是中国广播在大时代中发出的嘹亮声音:广播人将肩头的民族和历史的使命,化作电波传向辽阔疆域,用声音的质朴羽翼,为大时代镌刻记录。

　　自1995年8月7日成立至今,中国广播电视协会交通宣传委员会已经走过了17个年头。一路走来,交通宣传委员会和全国交通频率风雨同舟,壮志满怀。从2005年起,中国交通广播在交通宣传委员会的带领下进入了深度、快速发展的上升期。组织参加国际国内各大传媒业论坛、研讨,联合各会员单位开展大型合作,2008年更是迎接了中国交通电视和中国移动电视两个板块整体加入交通宣传委员会。交通宣传委员会在继承和拓展中,引领全国交通传媒行业实现跨越式发展,展现了行业蓬勃的生机和不断进取的活力。

　　如果说20世纪90年代以来的广播频率专业化、类型化是广播的一次革命,那么今天当我们站在新的时代节点上,新媒体、新技术的浪潮也让我们深刻地体会着新媒体融合给广播带来的又一次更为深刻的革命。广播界有句名言:"车轮子和干电池拯救了广播",说的是20世纪六七十年代,当广播被电视逼到悬崖边时,车轮子和干电池赋予了广播移动传播的优势,使得广播重获新生。40年后,当面对又一轮来势猛烈的新媒体融合浪潮,广播也必不会被轻易地挤出历史舞台。

　　有一句名言说的好:能打败你的只有你自己。交通广播作为广播类型化的较早实践路径之一,其敏锐的市场触觉和良好的行动力是拉开新广播序曲的有力武器。古人讲"穷则思变",这是一种被动乃至被迫的"变"。在当前的媒介竞争中,这种"变"无法达成"通"的目的,交通传媒行业更需要的是"富而求变"的精神,在发展中探求未来发展的新模式、新途径,只有这种"变"才能超越对手,保持自我长久而持续的发展优势。

  亲爱的读者,当你们拿到这本凝结中国交通广播人六年乃至更长久智慧积淀的《融合与变革:新媒体时代中国交通广播转型之路(2006－2011)》时,也许已是夏末秋初了。这是个收获的季节,也是需要我们用更加辛勤的汗水去耕耘、浇灌,等待下一轮丰收的时节。就让我们在这满载着希望的日子里,携手努力,共同创造中国交通传媒行业更加美好的未来!

郭宝新

2012 年 8 月

〔中国广播电视协会副会长、中国广播电视协会交通宣传委员会会长、原国家广电总局办公厅主任〕

# 前　言

本书是中国广播电视协会交通宣传委员会继《中国交通广播2005》之后编辑出版的又一本综合性文集。积淀六年再次出发，我们希望献给读者的是中国交通广播人更加成熟、敏锐、卓有成见的闪光结晶。

经过多年的发展，中国交通广播实现了跨越式前进，保持了较高的增长态势，已经成为中国广播最有活力的增长点，取得了社会效益和经济效益的双丰收。然而在传媒经济快速发展的今天，面对新媒体的巨大冲击，作为传统媒体的广播，如何在硝烟四起的新媒介战役中坚守自己的阵地、谋得发展空间、保持核心竞争力？这是每个广播从业人员都要审慎思考的问题。对于交通广播而言，随着技术的进步和时代的发展，了解信息的渠道日益多样化，同时经济增长对广告投放量的拉动也因其基数的渐大而不再有井喷式反响，加之媒体间日益加剧的竞争，广告创收的增长将越来越难达到人们的期望。因此，如何围绕交通广播节目开辟新的经济增长点、探索新的产业化发展道路，是实现交通广播可持续发展的过程中必须深入探索的关键问题。

本书以年度为单元，汇集了2006—2011年上半年这六年多来全国交通广播人对产业、经营、策划、创新等各方面问题深入钻研后撰写的论文，充分体现了交通广播人对于中国广播、交通广播未来发展前景的深刻认知，凝聚了各会员单位这六年间不断摸索、汲取、总结的宝贵经验和体会。

"行业前沿"多选取行业内专家的专业论文，以"大媒体、大行业"的视角解析中国广播、交通传媒行业的发展趋势和前景，阐释中国交通广播的整体发展态势。"总监手记"集纳了全国多家会员单位总监撰写的文章，有他们对于媒体经营的经验总结，也有入行多年的行之感受，相信这些情之切切、言之灼灼的文字是了解各地交通广播个体发展的有效渠道。"策划大师"以策划手记等形式，展示各地交通广播极具品牌影响的优秀节目是如何从筹划、制作、推广，一步步走向成功之路。"活动探微"以交通宣传委员会及各会员单位组织、策划的、极具影响力的优秀活动策划感悟、活动侧记为主,力图通过这些大型活动的经验,为读者朋友和媒体同仁提供些许借鉴。"年会特辑"收录了历年年会暨总监工作会议纪要,是了解全国交通广播发展近况、领悟行业未来发展前景的良好平台。"创优评析"展示了每年交通广播节目创优评析活动中评选出来的全国优秀交通广播节目,为更好地挖掘交通广播在信息传播上的特色优势提供借鉴。

　　光阴荏苒,我们试图用文字真实记录交广人在这六年里所走过的足迹。他们的心血、智慧、感悟、思考,都化作文字写进本书。也让我们一起期待,站在时代的潮头,中国交广人以他们的闪光的睿智、创新的视野、超越的理念,执起引领中国广播的大旗,在日益激烈的媒体竞争中不断砥砺、搏击。让这支"中国交通广播联合舰队"在中国广播电视协会和交通宣传委员会的护航下,迎接更大的挑战、造就更大的辉煌。

潘　力

2012 年 8 月

〔中国广播电视协会常务理事、中国广播电视协会交通宣传委员会常务副会长兼秘书长,中国传媒大学广播产业研究所所长、传媒博物馆馆长、教授〕

# 2006 年度

## ·行业前沿·

## 整合出行资源 搭建全国车友俱乐部的共享平台

李 丹

21世纪是开放的世纪、共赢的世纪。一个行业的发展,除了一线工作者的不断进取、开拓创新之外,也离不开行业组织的桥梁纽带作用。

2004年,中国广播电视学会更名为中国广播电视协会(以下简称中广协会)实现了从以学术研究为主的专业组织向行业中介组织的过渡。

经过一年多的探索和实践,中广协会确立两项基本职能:(1)行业自律维权;(2)学术理论研究。明确发挥四个基本作用:(1)发挥党和政府密切联系广播电视行业和从业人员的桥梁和纽带作用;(2)发挥广播电视行业和从业人员自教自律组织的作用;(3)发挥广播电视行业和从业人员合法权益维护组织的作用;(4)发挥广播电视学术理论研究阵地的作用。

中广协会一方面夯实本部体制、机制和管理的基础;另一方面进一步转变观念,积极探索规律,充分发挥优势,大胆开展工作,为各地学会和专业委员会提供示范。同时,积极指导各地学会和专业委员会的职能转变工作,充分发挥行业组织的作用。我们的工作重点是开展行业自律和维权工作,进行学术理论研究,搞好协会职能调研,调整好评奖评析工作,开展国内外交流活动。

从上述工作步骤中大家可以看出,中广协会把发挥各地学会和专业委员会的作用作为其中的重要一条。

交通宣传委员会(以下简称交宣委)最近几年的工作大家有目共睹。2006年1月,在中广协会2006年工作会议上,潘力秘书长代表交宣委进行了经验介绍,其中提到交宣委以"崇新、超越、携手、共享"为自己的行为理念,积极进行观念创新、理论创新和服务创新,同时倡导"求真、务实、和谐、发展",这正是交宣委团结业界、引领潮流的务实做法。交宣委有自己独特的核心资源,精心打造的六大平台涵盖了创优、理论、活动、学术、培训和网络这几个大的方面,尤其是在打造全国交广网络平台方面很有创意。

下面,我想就美国AAA俱乐部经验,寻求中国汽车救援系统发展新思路提点个人意见,以抛砖引玉,和大家一起研究和探讨这个问题。

1. 合理借鉴国外经验

美国的汽车协会,即我们所提到的AAA俱乐部,是在美国本土仅次于罗马天主教会的第二大会员制组织,也是世界上最大的"美国汽车保险"销售者。他们的成功大都得益于整合服务模式,就是把汽车产业上下游的资源进行全方位的重组,从为驾驶者提供的连带服务中获取丰厚利润。还有很多其他的经验都值得我们借鉴,比如每年向会员出售信用卡、旅行支票、保险单、行李票等,提供汽车紧急救援,为半路无油的汽车提供免费送油服务,免费提供法律援助,出版地图及旅游图书等。有些在中国目前还没有实现,比如参与评定五星级旅馆和饭店,作为美国旅馆和饭店的权威评审机构之一,每年对美国、加拿大、墨西哥及加勒比海等地的近5.7万家饭店及旅馆进行评审。

2. 积极探讨国内革新模式

国内目前有个"车行天下网",主要从事在线的汽车服务业务,它发展会员和开展会员活动的平台是北京华夏联合汽车俱乐部有限公司。在服务内容上与美国AAA有相似之处,联合汽车网的会员可以享受非常优惠的汽车保险价格;同时,借助它的网站、客服中心以及遍布全国的会员服务店资源优势,各保险公司的服务流程也得以进一步完善,使得它的会员可以得到更好的保险理赔服务。另外,它还提供紧急救援活动、汽车维修保养和美容装饰、特惠洗车、开发二手车市场、商旅服务等各类业务,建立全国24小时客服中心和会员服务点,是借鉴国际成熟汽车服务市场运作比较成功的例子。

3. 善于分析问题

目前,汽车救援模式混合共存。但是,目前在我国汽车救援行业从业机构中,67%是修理机构,22%是4S店,即汽车销售部门,真正的汽车救援机构仅占3%。经营状况不太乐观,基本处于不赚钱的状况。一个公司要组织一个救援网络,需要投入大量的人力物力,仅一个救援点就可能投入几百万,前期硬件成本投入是十分惊人的。所以现在基本已经没有单纯提供汽车救援的公司,一般都会附带其他汽车业务服务项目。有的公司还是以汽车救援业务为主,附带一些其他的服务项目;有的则通过开展平行业务,拓展业务范围,比如说最近一年刚刚发展起来的泛亚,还提供汽车租赁业务,这是与汽车救援平行的业务项目。另外北京这类消费市场尚未成熟,主动加入汽车救援的车主并不多,他们大部分是通过其他方式变相加入,开始参与是在购车时通过买车或上保险的过程中被动加入的,到真正要自己花钱了,又觉得好像没什么用,于是退出了。所以要摆脱不景气的状态,目前只能从软件服务找出路,比如提升服务质量和服务态度,让更多的消费者主动坐到"上帝"的位子上去。汽车救援进入中国以来,一度成为众人关注的朝阳企业,然而时至今日,很多救援企业仍处于自动自发状态,缺乏相应的行业组织和管理,只能依靠行业自律,而没有行业规范的限制和行政法规的约束,这将会在一定程度上导致行业内的无序竞争。

4.探索发展汽车救援产业的途径

首先,注意整合资源。交宣委是一个全国性行业组织,十分适合整合全国的资源,在建立真正覆盖全国的救援网络方面可以发挥自己的特长,通过整合全国各地有实力的救援公司,搭建跨地域救援网络。其次,注意向用户提供适合行业生存的多种服务。会员服务实际上是"副业",举办"自驾游服务",组织会员去中西部旅游,或者像有些俱乐部那样每年组织一次"西藏游",每月组织"省内游",每周组织"郊区游",推出"自驾游"系列产品。这样既满足了会员的需求,又维系了客户关系,还通过组织活动去拉赞助商、拉广告,取得了"堤内损失堤外补"的效果。扩大服务品种,不断开发各类增值服务,提高服务品质,换取用户信任,社会效益大于经济效益。再次,汽车救援行业要真正解决生存与发展的问题,要整合的资源除了全国各地的汽车救援公司、汽车俱乐部,还应包括金融、通讯、IT、保险、地产等很多领域的资源,跨地域只是第一步,跨行业才是更重要的第二步。

5.处理好行业和政府之间的关系,争取得到政府相应的扶持

比如在标识认证权上,应建立统一标识,如车牌、车的颜色、车身主要图案等。这样既便于管理,更便于消费者识别或者给予救援车辆以特别通行权等。

汽车出行服务大有可为,希望交宣委发挥好行业组织的作用,在建设全国交通出行网、全国交广汽车俱乐部等方面有所作为。祝愿全国交通广播更红火、事业更兴旺!

〔李丹:中国广播电视协会会长〕

# 中国交通广播产业价值链的再思考

潘 力

中国传媒产业不但自身"蛋糕"没有完全做大,反而被他人"动了奶酪",形势不容乐观。中国交通广播历经15年的摸索和实践,如今开拓产业价值链的时机逐步成熟了。

## 一、传媒产业究竟是什么

产业是具有某类共同特性的企业的集合,核心内容为"价值"和"供应"。只有二者紧密结合,才能保证产业链的良性循环。

传媒业由于其价值规律属性和意识形态属性相结合的特殊性,长期以来作为政府的"耳目喉舌"存在,社会资金介入不多,竞争不充分。尽管如此,传媒业要进行产业制度的变迁,仍然需要走整合资源、创新管理、打造新的产品和服务,实现从"价值链"到"产业链"的转变之路。

传媒对于终端"客户"(受众和广告主等)立体化联系的建构以及集中在传媒终端产业链、服务链、价值链的扩张,实质上就是一种改变商业模式的思维方式。

## 二、如何构建交通广播的价值链和供应链

交通广播产业是指以交通广播媒体为依托,在水、陆、空、铁、邮、物流的"大交通"概念下辐射开来的、以服务于交通及其后服务产业的相关产品与服务的企业集合。首先,交通广播产业以媒体为依托,是交通频率的延伸;其次,交通广播产业内的企业具有相关性,只有生产同一或具有替代性的产品或服务的企业群,彼此间才会产生竞争,而竞争的唯一标准是市场。

1. 解读价值链:交通广播的"广播"化生存

(1)交通广播的基础是声音产品

大部分交通频率仍是"信息+话题+音乐"模式,这种小综合首先是保持节目内容

的常新,即时播报信息资讯,使综艺节目内容突破了车载CD的一成不变。其次是主持人的话题前沿而新鲜,形成若干虚拟社区,听众从中找到了归属感。再次是地域性,广播的趋势是"窄播",收听广播是一定区域的人们的个体行为,路况信息鲜明地突出了这一点。

(2) 品牌是交通广播重要的资源

一个品牌的核心价值有三个关键因素:第一是差异化,第二是竞争力,第三是相关性。交通广播与其他专业化频率的显著区别是,对路况信息的权威及时发布,尤其是早晚交通流量高峰期间抓住了路况,就无形中扩大了自己的影响力。从战略的角度着眼,挖掘特定领域内的有效信息,吸引属于自己的特定受众群,培养和扩大忠诚的听众规模是频率专业化的方向,也是形成频率特色的关键。除此之外,频率通过开展形式多样的社会公益活动、相关媒介推广活动来逐步提升品牌影响力,实践着"媒介的任何一种品牌炒作、任何一回服务行为、任何一次公益活动都等于媒体的整体形象"。交通频率实现了从听觉到视觉的转化,在生活的每一个角落关心听众,培养了听众的收听忠诚度和美誉度,提升了品牌价值。

(3) 依托于声音的产业延伸

从硬件上说,传播新技术不断革新,声音的品质由于新技术的支持而日臻完美,打造优质声音产品,是交通广播受到青睐的价值所在。基于这个优势,交通广播可以根据不同地域听众的收听爱好和需求,研发适销对路的音频产品。除此之外,理论研讨也可以出效益,举办高层次、高水准的权威论坛,以此作为交通广播业界面向外界发出一致声音的窗口,不但可以吸引广告商的关注,还可以享受信息的有偿服务收益。

2. 解读供应链:交通广播的"交通"化生存

市场的最高原则是各种资源得以最大化地实现自身价值。交通广播在"交通"领域的相关性决定了潜在利润的存在,即由价值链到供应链的延伸。

随着汽车日渐普及,一个庞大的汽车后服务市场勃发出生机。所谓汽车后服务市场,就是消费者在购买汽车以后,围绕这台车的产品及服务的延伸性消费。据发达国家统计,汽车工业领域50%—60%的利润产生于汽车后服务市场。也就是说,生产商得到一部分利润,销售商得到另一部分利润,剩下的利润是在汽车后服务市场里面的。要将品牌延伸开来,经营交通的后服务是现有资源的理性整合方式,所以建立起依托频率资源的汽车后服务实体,逐步形成规模效应是首当其冲的探索之路。

## 三、交通广播产业链如何延伸

1. 破除"观念"是前提

交通广播产业分为可经营资产与事业性资产两部分,依托传媒资源进行相关产业的开发是中国特色广播市场繁荣发展的有力举措。

2. 立足"延伸"是关键

交通广播产业链的延伸是依托自身优势的延伸。延伸就要以受众为目标消费者,合理利用品牌影响力,进行有步骤的有效辐射;就要开发适合广播人经营的音频产业,走文化产业之路;就要发挥与交通管理部门多年的积淀优势,拓展与此相关的边缘领域的联动效应。

3. 多方"共赢"是核心

利益的驱动是交通广播产业链延伸的最直接动力。产业对市场的拓展能够产生影响力,在注意力经济时代,强势影响力必然引发广告客户的关注并产生经济效益;产业链的垂直分拆将激发创意市场、制作市场、广告市场乃至发行市场的潜力,促进本业的持续强劲发展;由点到面的规模化效应还将推动交通广播产业整体实力的增强。

4. 不断"创新"是保证

产业划分与相关领域不是固定不变的,市场的变动与技术的更新往往使相关的产品群越来越多,使本来属于不同产业和市场的内容变为同一链条,互联网、通信网与有线电视网络的三网融合就是新产业形态。交通广播产业要富有创新精神与开拓意识,立足本业,将多元化做足做大。

## 四、产业集聚:突破区域限制

广播产业的发展不应按区域划分,而应按市场划分。交通本身不是限制性的产业,各种资源和生产要素应该自由流动,从而使资源配置达到最优,实现产出的最大化。因此交通广播的发展必然要突破区域限制,同时也意味着交通广播产业组织上的大型化与扁平化趋势,这种区域化与多样化显示出交通广播相关产业链的高度集聚特征。

产业集聚就是指在一定区域内,生产某种产品的若干同类企业,为其配套的上下游企业及相关服务业,高密度地聚集在一起,从而保持强劲和持续竞争的能力。

当前,交通频率依托自身资源的优势不是绝对的,我们要尽快建立全国交通广播协作和共赢的网络,用同一个声音说话。建立专业化的团队,统一服务标准,搭建商业运营平台。总之,让市场检验得失,让效益联结交广。

交通频率跳出媒介的藩篱,延伸以"出行"为中心的诸如行程规划图、车友俱乐部、旅游资讯索引、自驾紧急救援等交通服务,将是中国交通广播进行跨行业经营的必然选项,我们期待这一天早日实现!

〔潘力:中国传媒大学教授、中国交通广播电视协会交通宣传委员会副会长兼秘书长〕

· 总监论坛 ·

# 新的机遇带来新的挑战

乔梁庆

最近两年来,广播产业化发展成为一个受到广泛关注的话题。"产业"一词原本是指工业生产行业,后来泛指社会各生产行业。所谓广播产业化,就笔者个人理解,主要是指广播电台也要像其他产业一样,从节目的采制到播出的各个环节都要按产业的要求、按市场的要求来运作。

对于一个电台来说,产业化的前提首先是节目产品化(只不过是一种特殊商品)。这就要求我们,在节目生产、播出方面不能再是我们想做什么节目就做什么节目、想播什么节目就播什么节目,而应是在坚持正确舆论导向的前提下,市场需要什么节目我们就生产、播出什么节目。企业的产品生产要讲成本核算,我们的节目生产也要讲成本核算,而且不仅仅是为自己播出而生产,而要面向社会、面向市场。其次是广告的产业化开发经营,包括以节目为依托、以频率为依托为目标客户争取目标听众,广告竞价、分行业代理等诸方面的内容。第三是利用广播提供专项服务及广播衍生品的开发经营。

广播电台被喻为党和政府的喉舌,是舆论宣传工具。广播的社会属性出现了新的内容,除了政治属性以外,经济属性或说产业属性日渐显露,政府财政的支持已远无法满足广电事业自身的发展需求。另一方面,入世后,我国广播电视的发展不可避免地面临来自国外的冲击和影响。应对入世挑战,也要求我国广电行业要有较强的竞争实力,具有应对高科技发展和国外竞争带来的挑战的实力。只有这样,我国广播行业才能在激烈的、来自国内外的市场竞争中求得生存和发展,充分发挥其应有的功能和作用,当好党和人民的"喉舌",推动社会主义市场经济建设的顺利进行。

2004年3月,广电总局适时地颁布了《关于促进广播影视产业发展的意见》,明确提出,广播电视可以把经营性资产从事业体制中剥离出来,面向市场成立公司,与事业部门分别管理、分别运营;允许各类所有制机构作为经营主体进入除新闻宣传之外的广播电视节目制作业；在确保控股的前提下，电台和电视台可以进行股份制改造，条件成熟的可以批准上市融资。打造一批竞争力强的大型广播影视产业集团公司，作为骨干带动整个行业的发展。《关于促进广播影视产业发展的意见》的出台，对于推动我国广播事业发展，无疑是一项具有里程碑意义的重大举措。

说到产业化，其实广播电台自从有了广告经营之后，就已经有了产业化成分。1979年3月5日，上海人民广播电台恢复播出广告；1980年1月1日，中央人民广播电台播出了该台有史以来的第一条广告；随后，诸多电台又相继推出了收费点歌的服务。这些都标志着中国广播有偿服务在中国内地社会生活中的开始，成为"开放、改革"的象征。

特别是专业电台的出现，使我国广播的经营方式开始发生变化，广播的产业属性进一步增强。但总体说来，还都仅仅停留在单一的广告经营的层面上，其产业化的程度还远远不够，并且几乎还都没有直接的节目销售经营和广播衍生产品的经营开发。造成这一现状的原因，主要是政策方面的限制。在国家出台相关政策之前，广播人受广播的双重属性的困扰，既不敢大胆去想，更不敢放开手脚去干。现在广电总局已明确提出了广播要产业化发展，这对于整个广播事业来说，无疑是一次新的发展机遇。

前面说过，我们生产的节目是一种特殊商品。其价值的实现有四种形式，一是可以直接拿到市场卖钱；二是播出后音响资料的整合及衍生开发；三是播出效应（品牌节目的影响力、名主持人的影响力等）的开发利用；四是通过节目吸引受众的注意力，然后再把受众注意力（收听率）卖给商家（商家根据收听率在节目中投放广告）。广播行业的产业化开发，在刚起步的阶段，着力点不应放在节目的市场销售上，而应放在广告的产业化经营和广播衍生品的开发经营上。

广告经营是当前我国广播产业经营中的一个非常重要的组成部分和主要经济来源，国内绝大多数广播媒体90%以上的经营性收入是广告收入。因此，我们首先必须要把广告创收当做我们产业化经营中的第一要务来进行开发经营。节目是立台之本，是广告创收之基。品牌竞争，是广播产业发展的核心。频率影响力的大小，栏目、节目质量的高低，决定着收听率、决定着广告创收和媒体经营、决定着产业方向。一个频率只有认真研究受众市场，研究目标听众和目标客户的心理需求，根据广播窄播和受众市场细分理论找准自己的定位，打造出优秀品牌栏目、品牌节目，为目标客户争取到目标听众，并不断提升频率的社会知名度和社会影响力，才可能拥有较好的市场份额。同时，还必须具有强烈的营销意识，要由办电台向经营电台过渡。比如说对商务活动现场直播的专项开发、对品牌栏目冠名播出和特邀播出的专项开发、对正点报时后广告的专项开发，对各类广告价格的科学制订及对黄金时段和品牌节目中的广告施行竞价,在运作手段上施行广告代理制或分行业代理制等,都需要我们不断地进行新的探索和尝试。同时我们也应该注意到,广播电台的广告经营,是国家特许的行业补偿性、垄断性经营,因此,在推行广告代理或分行业代理制时,除非特殊需要或特别丰厚的条件,我们是不应轻易分羹于他人的。

广播连接市场绝不仅仅通过收音机,应多头连接市场。在努力搞好广告经营的同时,我们还须在广播延伸服务和衍生品的开发上下工夫。既然是广播延伸服务、广播衍生产品开发,当然就应围绕"广播"二字做文章。因此我们必须要认真研究节目与市场的对接,要由过去的封闭性办台迅速向开放型办台转变,要敞开大门办电台,强化与相关部门的合作,依托社会力量,建立独具特色的服务体系,提升自身的服务功能,在为听众提供各种优质、优惠的延伸服务中获取经济利益回报。

广播产业化为广播人提出了新的课题,同时也提供了新的机遇。社会的快速发展要求我们广播人必须要换一种心态、换一种理念、换一种眼光来办广播。我们一定要调动一切积极因素,大力开发广播产业,以最快的速度把我们的广播做大做强,力争在新一轮媒体大洗牌的激烈竞争中,使我们广播能跻身中国媒体的第一团队。

〔乔梁庆:河南交通广播总监〕

# 短信文化在广播媒体中的作用

陈　前

当前,传媒业和通讯业的有机结合,成为共赢的典范。尤其表现在广播媒体采用手机短信与听众互动交流上,其意义不亚于当年热线电话引入广播。这对于提高广播收听率,进一步彰显受众在收听过程中的价值,进而提高媒体融合的影响力具有重要意义。

**一、手机短信介入广播媒体后的合作化扩张**

人民生活水平的不断提高和汽车拥有量的逐年增加,为广播听众群体的壮大提供了良好的基础条件,广播以其特有的伴随收听性和易于移动收听性再次得到人们的青睐。而手机作为一个新的媒体介质,除通讯之外,开始承担传播信息和文化娱乐的新功能。但是作为一种移动通讯工具,手机只能从一种通讯终端变成一种信息终端,这就有了广播媒体和"无线技术"的亲密接触的演变。通讯中的 SMS(Short Message Service,短信业务)利用广播的巨大覆盖面和广泛的听众群从单一的点对点的传播形成面的覆盖,广播媒体也由于手机短信的介入而拓展了广播节目的渠道,突出了受众的作用,使节目更加贴近百姓的实际生活,充分调动受众群积极参与节目,形成良好的互动氛围。具体方法是:广播电台建立手机短信平台,与移动服务商合作开通短信息通道,听众向特定的号码发送手机短信息,而电台的主持人可以马上在短信平台上看到听众发送的短信,选择合适的内容在节目中播出。手机短信契合了中国人的文化心理,作为一种特定的文化介入广播传媒之中,从而得到了突飞猛进的发展。随着手机在我国社会大面积普及以及人们移动性的增强,短信在很大程度上替代了热线电话。其优势首先显现在它的实效性非常强。手机短信传播快速而便捷,只需几秒钟听众表达的观点就能传达到节目现场,这种短信的发送和接收几乎是即时的,实现与节目的完全直播与同步。其次是它的安全性。与热线电话相比,主持人对于手机短信的可控性更强,交流的通道也是无限的,可以允许多个听众同时参与到节目中来。另外,由于热线直播节目的属性,恶意、无聊电话的出现,使得节目主持人的把关、控制比较难。尽管从技术上采取了安装延时装置等措施,但由于热线控制失误引起的播出事故仍不时发生,手机短信平台的应用则解决了这个棘手的问题。听众与主持人之间建立起一个良好的沟通桥梁,节目主持人可以根据听众的短信自如选择,把握起来容易得多、轻松得多。

**二、手机短信的实用介质个性彰显**

可以这么认为,手机短信颠覆了广播电台节目的传统模式并成为与听众互动交流的重要工具,为广播插上了腾飞的翅膀。叔本华说:"新闻是世纪史的秒时之争。"在21世纪,这句话已具有现实意义,尤其显现在与交通有关的新闻中。如2004年5月18日,新疆发生一起货运飞机坠毁的事件,中央人民广播电台在午间的《第一报告》中报道了这一消息,随后连线中央台驻新疆记者,记者称正在赶往事故现场的路上,所以具体的坠机地点和情况都不了解。但几分钟之后,有听众发来手机短信称自己就在事故现场的附近,坠机发生在新疆的三坪农场七连,并描述了现场的一些情况。由于听众的参与报道,使得新闻真正成为刚刚发生的事件现场。加之电台建立了相应的机制,在和听众短信沟通的基础上来实现适时的电话连线,报道新闻现场的情况。这样遍布各地的听众就可以通过手机短信与电台互动,成为新闻的第一报料人。这种渠道资源配置的品牌化应用和流程再造,必将成为广播媒体运营的关键着力点。

手机短信如同一个空中聊天室,大家可以畅所欲言。当代表自己观点的短信在节目中被播读并通过电波传递给成千上万的听众时,受众会有一种被认可感。另外,这种开放式的竞技平台也为大多数听众提供了一个表现自我的机会,契合了时下人们渴望通过自我表达来实现自我存在和自我价值的心理需要。如北京交通广播的一档节目中一位听众发来短信称自己的衣服沾了502胶寻求帮助,主持人播出不久听众纷纷发来各种解决方法,其中也包含一些有趣的善意的玩笑。这种集思广益的做法,使得节目变化无穷,妙趣横生。真可谓:"君子居其室,出其言善,则千里之外应之。"又如中央人民广播电台的"中国之声",经常有听众早晨发来短信询问天气情况、晚间体育比赛的比分情况,主持人都会及时播出信息满足听众的需求。这种特有的人文关切也使广播吸引了越来越多的手机用户参与到节目中。传统的广播运作模式发生变化,节目注重互动,听众的价值进一步得到彰显,节目也更加贴近实际、贴近生活、贴近群众了。2005年"中国之声"推出的午夜互动谈话节目《神州夜航》,可以说是手机短信在广播节目中真正实现了"以人为本"的理念。这个节目的主要内容是:主持人把真实的生活故事当成标本,在主人公故事的转折点设置题目,让听众通过手机短信一起参与讲座,寻找出路,从而让听众从具体的生活细节中体会并感悟人生。其中主持人对一名逃亡了12年之久的犯罪嫌疑人耐心开导,最终使其自首,成为"以人为本"的范例。事情是这样的:1993年,在家乡的一个小厂里,19岁的辜海军因为一双拖鞋与工友发生了争执,将对方致死后畏罪潜逃,被公安部网上通缉。辜海军小学没毕业,看不懂报纸,每天东躲西藏的逃亡生活更让他没有条件看电视,他获得信息的唯一途径就是听广播。在徘徊于自杀还是自首的人生十字路口无从抉择时,《神州夜航》节目主持人亲切的声音与真诚的话语赢得了他的认可与信任。2005年2月4日23点38分,辜海军鼓足勇气给《神州夜航》发生了一条求助短信。他说:"我是一名罪犯,因过失伤人,正四处逃亡,不知道该何去何从,望提醒一下……"这时离《神州夜航》节目直播的时间还有20分钟。主持人认真分析了短信的内容,以平视对方、换位思考的方式与他建立起了相互的信任,经过13天真诚的沟通终于激发了他的良知。2月17日,辜海军在主持人的陪同下到北京市公安局西城分局自首。《神州夜航》节目主持人向菲说:"深夜里,有太多的人需要通过电波来倾听,借助电波来倾诉,他们的孤独与寂寞,他们的渴望与无助,让你无法不想着竭尽所能去帮助他们,哪怕只是默默地听他们诉说。"夜谈节目主持人不是心理医生,但在一定程度上扮演了心理救助者的角色,像辜海军这样的人需要自我保护,需要在一个安全的状态下进行沟通。广播的宣传不单是"向受众传播信息,更主要的是要影响受众对现实客体的定式,进一步影响他们的理论活动与时间活动的内容、方向"。

  广播本身就是容易普及的工具,面向整个社会、面向广大受众群开放。1个小时的节目,热线电话最多可以切入10个,而短信参与者可达100人甚至更多,参与面的大大拓宽成为听众直接参与的最大卖点,而广播节目最吸引人之处就是参与程度高,其短信的内容也涉及生活的方方面面。石家庄交通广播的一档节目《交广热线》与城建局合作开通短信平台,市民一条短信就能搞定身边的"脏、乱、差"。据统计,该栏目开通以来,已受理36000多宗市民投诉,绝大多数都是噪音污染、夜间施工、井盖丢失等与市民生活息息相关的问题。这些短信内容通过电台筛选报城建局然后在广播中播出,督促相关部门尽快解决,办完一宗,还可以通过短信进行回访,方便事件的处理。无独有偶,广州交通广播与广州市质量技术监督局合作在全国率先启动特种设备通讯信息查询平台。电梯使用单位或普通市民只要通过手机短信就可以查询特种设备是否超期未检验、作业人员操作证真假等情况,为政府和市民架起一座方便安全的空中桥梁。每当出现重大安全事故,或暴露出重大安全隐患时,人们就会对安全问题极为敏感。包括广播在内的新闻媒体往往穷根究底,其中听众的短信起到了不可替代的作用。而在这样的姿态背后,其实是一种依赖和渴求。

### 三、手机短信拓展广播创收的新领域

目前,手机的移动增值领域与广播媒体互动结合是最好的选择,广播媒体有强大的内容制造力,有广大的受众群体,可以将产品迅速推向消费者。而手机媒体是个人媒体,可以精确地将信息传递到个体,其技术上的优势是显然的。并且,移动增值系统有着完善的收费机制。通讯业在现有短消息系统平台的基础上进行了相应的技术扩展,开发了多媒体业务,给广播带来了新的发展动向。如2004年初北京音乐台开设了一档新的娱乐节目《彩铃乐翻天》,这个节目里有时尚的音乐、彩铃。听众可以发短信要求主持人播放自己喜欢的彩铃、发表对彩铃的看法,试听并下载时下最流行的彩铃。节目的参与性和娱乐性很强,整体风格十分热闹。例如彩铃《手机小强》仅在北京移动上网4个月,就已创下六七万次的下载纪录。我们估算一下,听众每下载一次这条价值2元的彩铃,运营商就会给提供者0.4元的分成,一年下载10000次就有4000元的分成。而这一彩铃只在全国26个城市使用,就将有10.6万元的分成。如果同时提供给移动、联通两家的话,就将有21.2万元的分成。假如一个彩铃工作室一年制作100条彩铃,它所获得价值就是2180万元,除了获得分成,还可以制作成专集出售,开发周边产品。这样不仅使节目获得了听众的喜爱,开发了听众资源,又挖掘出许多增值项目,形成一个价值链的良性循环。据有关部门的研究报告显示:2004年全国个性化手机回铃音用户已达到2200万,市场规模达到8.6亿元。而2004年移动增值业务的收入为人民币385.4亿元。从北京音乐台《彩铃乐翻天》的实例看,现在多媒体和广播的融合还处于初级阶段,只在娱乐节目中初露锋芒。我们期待在不久的将来会有更多的多媒体短信业务的形式出现,到那时属于广播人的市场空间才能变成"效益"的最大化,市场价值将不可估量。

### 四、警惕手机短信犯罪新动向

我国是手机大国,手机用户已经达到数亿。同时,我国又是手机短信大国,以至于手机短信在不经意间就发展成为颇具规模的"拇指经济"。但在这火热繁荣的背后,短信广告无孔不入,也干扰着电台的正常播出,垃圾短信的"业务范围"已经拓展到销售假钞、黑车、窃听器和各种枪支……手机短信正在成为继邮件之后另一垃圾信息。这种引发经济犯罪甚至黑社会犯罪的通信手段很容易被一些投机分子利用,一旦控制不当,必将严重危害社会安定和经济秩序。

毋庸置疑，广播媒体对短信的积极应用，其最终受益者还是受众。他们可以更加及时地获得第一手新闻资料，还可以改变在新闻传播过程中的被动状态，与新闻机构的采编人员和其他受众进行交流，从而使单向的传播变为双向甚至多向的交流。随着广播媒体对IVR技术的广泛应用，比如听众可以通过IVR来完成互动，可以更好地发挥广播听觉媒体的优势，丰富节目内容，实现媒体的最大化融合。

〔陈前：楚天交通广播总监〕

·策划大师·

# 谋突变之策 划影响之计
## ——从组织报道"沁源11·14特大交通事故"说开去

王瑞荣

> 汾—屯公路沁源县郭道镇沁源二中门前路段目前禁止通行,请过往司机注意配合交警工作。
>
> 今天(11月14日)早晨6点多,毗邻汾—屯公路的沁源二中的初三学生正在进行早操晨练,一辆带挂大货车呼啸而至,造成多名学生伤亡,目前已经死亡20名学生,另有二三十名学生正在抢救之中,记者已从多个可靠的渠道证实了这一消息。目前,沁源县领导、交警部门、教育部门及郭道镇负责人正在现场处理相关事宜。

这是山西交通广播于2005年11月14日10:36发布的关于"沁源11·14特大交通事故"的原文,在10分钟后,又将其上传到了中国交通广播网。稿件不到200字,却成为一条首发的、当日爆炸性的新闻,引起全国媒体的广泛关注。山西交通广播也以此为起点,播发了一系列相关连续报道。

由于策划得当,山西交通广播在坚持党的新闻原则的前提下,先走一步,成为这一事件的"意见领袖",引导了社会舆论,充分发挥了党的喉舌作用,并以合适的切入点酣畅淋漓地体现了交通广播特性,既增强了媒体形象的公信力和影响力,也使媒体的社会性资产得以增值。

### 一、"独上高楼,望尽天涯路"

2005年11月14日早上8点多,当山西交通广播一得到这个新闻线索,总监白凡立即坐镇指挥这一事件的报道。

这样一个突发性的、负面的、重大的报道,也可以说是一个难题报道。一方面,事件在媒介中的重要性不言而喻,通过这些事件可以了解受众对媒介的信任程度、第一诉求率、信息深度要求等。突发事件最能吸引受众,如果媒体能以快速、全方位、多层次的深入报道让人们知其然也知其所以然,就能最大限度地满足受众的要求;如果能用正确的舆论引导受众,就圆满完成了媒体的神圣使命。然而,另一方面,对一个发生在传播地域内的、坚持唱响主旋律的媒体来说,报道不当、报道失误可能就是一个政治失误。

山西交通广播选择了冷静应对,激流勇进的方式,主要是因为以下几点:

第一,对于负面报道,目前存在一种现象:对重特大负面新闻来说,本地的媒体对发生在身边的新闻事件,不仅不能做到"近水楼台先得月",反而是集体失语;与之相反,外地的媒体却能连篇累牍甚至大肆渲染地报道,这样一来事件的负面影响反而更大。"不给政府抹黑"的"良好动机"实质上是媒体工作者的自利式的自保行为,是一种思维惰性,结果是媒体放弃了喉舌功能、放弃了社会职能。

第二,作为一家负责任的媒体,要看清大局,站在社会全局的角度考虑问题。媒体在危机发生的特别时期,应主动配合政府更好地发挥危机管理的功能。这起重大交通事故,在不透明的信息流动的社会背景下,极易产生更坏的社会影响。

第三,在我国政治开明、社会透明度增强、信息来源多源化的今天,这起重大交通事故必将成为一个公开的事件,因此将其发展进程的每个环节及时告知受众实际上是稳定人心的最根本的举措。

第四,媒体应当快速反应。这是新闻媒体的职业责任,也会因此掌握对事件深入报道的主动权。这样做既体现出对社会负责的态度,又在报道中自然而然地融入正确的导向。

第五,在危机发生时反映民意,媒体成为及时进行沟通、正面引导公共舆论的平台,使问题消失在萌芽状态,实属必要。

第六,山西交通广播的记者曾关注过学生上公路进行体育锻炼的事件,这是一个全省甚至全国普遍存在的隐患。

第七,线索提供者还将这个线索向中央电视台在内的多家媒体进行了反映。

山西交通广播在极短的时间内做出了深思熟虑的决策,总监白凡一锤定音:"铁肩担道义,妙手著文章,山西交通广播做好策划,以社会效益为第一,优质播报,谱写山西交通广播媒体宣传的新篇章。"这一果断的决定使山西交通广播在接下来的一系列策划中处处领先,在报道中游刃有余,整体工作忙而有序。

由于判断准确,山西交通广播彰显了一个主流媒体在突发大事件下成熟的应对和行动能力。

## 二、"以山西交通广播的报道为准!"

决策已定,山西交通广播高效运转起来,在大编辑部的统一管理下,统一策划新闻选题,统一调度记者采访,统一协调新闻资料管理系统、新闻采访传送网络,及时地报道了这一事件。

由于记者前期准备工作比较充足,以换位思考的方法预演了被采访对象的心理活动,最大限度地减少了摩擦和阻力,采访工作"一路绿灯"快速通过。记者简洁高效地采访了沁源县交警大队、沁源县教委、沁源县郭道镇政府、郭道镇医院、沁源二中有关人员,从多个渠道核实第一手资料。同时,记者通过电话采访了多名现场目击者及学生家长,对现场细节了如指掌。

当日下午,当东方网、网易网、新浪网等网络媒体竞相询问"山西交通广播11点发布这一消息与新华网下午13点、另一权威传媒下午14点发布的消息哪一个更准确"的时候,我们自信地说:"以山西交通广播的报道为准!"

## 三、"你们报道得很有水平"

掌握信息最为翔实的媒体、信息来源最为广泛的媒体以及信息传播最为快捷的媒体……这些形成了山西交通广播当时的比较优势。山西交通广播虽然掌握许多细节,但是并没有急于将之完全公布,而是在考虑社会效果的同时,也兼顾了媒体的自我宣传,兼顾了社会效应和媒体效应。

我们选择了逐步释放、有控制地播出的方式,从以路况形式发布消息开始,而后将事件经过、当地政府举措、学生治疗情况、肇事车情况、肇事司机情况、相关法规呈现出来,以每次都有新的内容、每次都只加进一点新的内容的方式,滚动播报、动态关注,在多个节目中进行插播,加大了播出力度,紧紧抓住听众的耳朵。

对于这一悲剧性事件,山西交通广播舍弃了大量运用宣传片、预告、事件提示等包装元素来渲染、强化气氛的做法。事实证明,这种方式不但起到了宣传片的作用,同时避免了受众对宣传片带有炒作式的反感,是一种符合广播特色的、有效地应对危机事件的自我宣传方式。

由于报道方法得当,在很大程度上宣泄了公众情绪,也让公众客观地了解了这一突发事件。在当晚的谈话性节目中,听众中不乏当地的群众和目击者,参与者打来热线在纷纷表达痛心的同时,表现出了理智的态度,群众的情绪已经缓解,局面得到了有效的控制,和早晨记者采访时的情形已有很大不同。10天后,我们的记者再去事发当地采访时,一位宣传部副部长评价说:"有些媒体,唉……但作为第一家发布这条消息的山西交通广播","报道是客观的","报道得很有水平"。"我们被批评,也是心服口服。"

**四、"标新立异二月花"**

山西交通广播在报道这一事件的过程中,有一系列"奇怪"的举措,首先就是没有急于派出记者到现场抢新闻。

不派遣现场记者,这对强调现场感、强调第一手资料的现代传媒来说,看似不合新闻规律,对山西交通广播来说尤其反常。现场报道是现代广播之长项,现场报道对山西交通广播来说可谓是一个常态的节目。经过多年的磨炼、每周雷打不动的业务培训,出口成章成为山西交通广播员工普遍的技能。但是山西交通广播却主动放弃了这一优势,这是什么原因?

第一,对突发的灾难性的报道来说,求快、求准,更要求导向正确,这是这类型报道的关键。

第二,事件发生后其他媒体的记者也在赶往现场。山西交通广播没有驻站记者,长途奔波,现在赶往现场就处于劣势。况且,现场当时已经封闭。

第三,现场画面对广播传播而言是非优势要素,传播手段决定了广播是一个没有画面因素的纯听觉媒介,是一个没有视觉优势的媒介。

第四,作为一个有良知的新闻媒体,不能以渲染血腥暴力的画面赢得注意力。

第五,山西交通广播的信息员就在现场,记者已经通过他采访了几位亲自到过现场的目击者及附近的村民,山西交通广播的合作伙伴也在现场,综合获得的新闻线索更全面。现代通讯手段大大拉近了距离,如果信息渠道正确、来源正确,距离不过是咫尺之遥的面对面。

第六,引导全国媒体的舆论导向更为重要。实践证明,没有派遣现场记者,却成为对现场了解最多的媒体,这是山西交通广播根据当时的实际情况采取的一个正确的策略。

**五、"新闻发言人"**

目前,由于媒体竞争的白热化,许多媒体甚至不惜以一些未经核实的信息来抢占所谓的"先机"和独家优势。因此,新闻的深度和广度是媒体保持报道的独家性的法宝。山西交通广播在报道中有一个"违背媒体常规"的做法——公开线索,有一个"越俎代庖"的行为——接受媒体咨询。山西交通广播在得到这一新闻线索时,当即通知了合作媒体山西晚报社,而后将报道直接上传至中国交通广播网,在后续报道中,更是以同步更新的方式公布自己通过种种努力获得的新闻。

由于山西交通广播保持了对这一事件报道的先发优势,众多的媒体纷纷通过山西交通广播来了解这一事件的发展。从下午14点开始,山西交通广播几乎所有的电话都响个不停。山西交通广播总监白凡在仔细倾听媒体的询问之后,经过思考,做出决定,配合热心的媒体公布新闻源,做一个真正的喉舌媒体。

而后,山西交通广播接受了众多媒体的采访,包括国外媒体。在客观陈述事实时,强调这是一个突发事件,当地政府部门正在采取积极的态度处理这一事件,当地局势稳定,人心稳定。山西交通广播以正面的形式、以自己的努力介绍了这一事件,引导了舆论。

山西交通广播以最快、最准确、最客观的方式报道事件,并通过信息共享,让更多的媒体报道了这一事件,引导舆论向客观方向发展,及时传递了政府的工作措施。同时也通过其他媒体在全国进行了一次形象展示,提高了媒体的美誉度和知名度。

**六、后续报道显神威**

传统的大众传播大都偏重采访和写作,很多教科书也将主持人(记者)交出成品稿视为一次传播过程的完结。这是浅陋的、带有"时代痕迹"的认识局限。事实上,在传播内容被最终确定后,检验节目策划优劣成败的航路才刚刚开通。从这个意义上说,后期策划尤其要高度重视节目传播价值的实现,这才是节目策划的关键点、临界点和总纲。抓住了这个总纲,就能纲举目张,最大限度地挖掘新闻价值、节目价值,发挥节目的整体优势。

在沁源11·14特大交通事故落地的时候,山西交通广播依然关注这一事件,制作了《痛定思痛痛难已 "补牢"正未有穷期》等一系列深度报道。

突发事件是考验每个媒体的试金石。报道之美在于策划,策划之美在于思辨。在这次报道中,山西交通广播的报道充分体现了理性思辨的特点。优势在于发挥,更在于创造。山西交通广播着眼于当时的具体情况,充分发挥广播传媒的传播优势和技术优势,综合信息博弈、媒体博弈、社会博弈,创造了一系列的比较优势,体现了媒体在现代信息大战中变劣势为优势、创造优势的具体战略思想和战术行动。

〔王瑞荣:山西交通广播记者〕

# 回眸环塔拉力赛

## ——2006 年全国交通广播环塔采访团侧记

### 李 刚

2006 年 4 月 29 日到 5 月 11 日,第二届中国新疆汽车摩托车极限越野挑战赛(环塔拉力赛)在新疆举行。作为环塔拉力赛的独家广播协作媒体,新疆交通广播联合全国交通广播七家成员台,共同组建了全国交通广播采访团随行报道。

180 台车辆、385 人的参与,此次赛事成为新疆历史上规模最大的一次汽车运动赛事。此次赛事穿越号称"死亡之海"的罗布泊,进驻沙漠腹地塔克拉玛干,过楼兰古城,穿越古道和田河,行程达 4000 公里。加之赛事进程中上海赛手失踪,救援组紧急搜救,后勤工作车发生意外事故,等等,促使赛事被社会各界广泛关注。

全国交通广播环塔采访团在赛事的及时报道和信息传递中,发挥了举足轻重的作用。在 30 多家新闻媒体中,广播以它快捷、迅速的特点占据了新闻报道的主导地位。在荒无人烟的戈壁沙漠,广播能够同步传递赛事着实让其他包括多家网络媒体在内的记者眼热。虽然许多赛段新闻车时时受困,给采访带来诸多困难,但交通广播记者还是获取了大量素材并用在了报道之中。在上海车手失踪的现场连线中,上海东方卫视的电视直播直接要求广播电台的记者帮助进行口头报道。在赛事结束的颁奖大会上,交通广播记者摘取了仅有的三项优秀新闻工作奖中的两项,使我们感到欣慰。

广播记者无法摄取车队纵驰沙海间的壮丽图片,也无法捕捉电视人眼中精彩恢宏的画面,但赛事中亲历的艰苦和赛手们的动人故事乃至归途和赛后人们的讲述评说,都让人们难忘。在欢笑与泪水、激情与感动中我们明白,环塔其实是一场对人的记忆,是在艰苦的自然环境下对人的精神与行动的记忆。

中国汽车运动市场方兴未艾,只具备资源、尚欠缺实力的新疆又将步履蹒跚地走出怎样的步伐,这是主办方和众多有远见卓识的媒体所关注的。

在 10 天的随队采访中,全国交通广播媒体的九位记者近距离认识了越野赛事,在亲历残酷、感受坚韧的过程中记录报道了赛事的全过程。尽管有第一届的经验和教训，但一路走来却仍充满挑战，让人觉得仿佛行走在生命边缘。就如达喀尔拉力赛创始人蒂埃里·萨宾说的那样："对于参加的人来说，这是一项挑战；对于没有参加的人来说，这是一个梦想。"

历时10天，记者和赛手们一样，几乎是全程和狂沙戈壁在搏杀。结束此番征程，回首来路，每一位参与者都深深体会到了"梦想、挑战、征服"的真实意义，在那段激情挥洒的日子里，这六个字的主题语意味深长。

赛事值得记录回味的瞬间太多了，在这里无法一一再现。但从全国交通广播在赛事中发挥的能量、做出的反应和表现来看，值得总结经验，发扬精神。我们要为广播媒体今后进驻汽车运动赛事积累经验、创造机会，同时也为更多人了解认识新疆、了解汽摩运动提供窗口。

〔李刚：新疆交通广播记者〕

·活动探微·

# 中国交通广播的跨地域之路
## ——从"中部崛起河南行——全国交通广播大型联合采访活动"想到的

吴志勇

历时七天的"中部崛起河南行——全国交通广播大型联合采访活动"在收获中落下了帷幕。虽然采访活动已经结束了,但是从另外一个角度来说,这仅仅是一个开端:从这个起点开始如何组织这种大型的联合采访活动?如何实现在更大范围内的合作?这些恐怕将是每一个交广人需要关注和思考的问题,也是这次活动背后更本质的东西。

在这次全国交广人大聚集的联合采访活动中,有以下几个关键词语一直被大家谈论:交广一家亲、交流合作、大广播、规模效益。仔细品味这几个词语,全国交通广播就是一个大家庭,各省市交通广播就是这个家庭中的一员,只有各个成员之间合作、互助、交流和团结,全国交通广播才能做大做强,才能在与其他媒体的竞争中获得有利的地位,并在与其他媒体的合作中获得主动权,形成大系统的整体效益大于各个子系统的简单叠加之和。反过来,在全国交通广播这个大家庭中,一方面各台可以在全国交通广播的共享平台上通过信息资源的交流,取长补短,实现各台的效益最佳;另一方面,各台可以通过全国交通广播的整体效益来增强自身的实力。因此各地交通广播通过相互合作、相互交流形成一个大广播,同时利用整体的力量来与外界竞争并获得优势,从而形成规模效益。

此次活动扩大了交通广播的影响力,是交通广播打破地域、实现共赢发展的有益尝试。现实的媒介环境,为全国交通广播实现跨地域合作提供了多种可能性。

首先,相关政策的出台是交通广播寻求跨地域合作的推动力。党的十六大提出的深化文化体制改革的总体要求为广播电视业的改革与发展铺平了道路,也坚定了有实力的广播迈出跨地域的步伐。这些政策为交通广播跨地域合作提供了更为坚实的政策基础,同时也提供了更为广阔的空间。

其次,广播业的竞争是交通广播寻求跨地域合作的内在动力。多家广播频率分割一个地区的市场份额,导致广播的利润空间相对缩小,陷入发展的"瓶颈",因此必须开拓新的市场空间。与其他媒介相比,广播既有传播优势也有传播劣势,如何更有效地扬长避短、充分发掘广播的潜在资源,交通广播应在跨地域合作方面进行探索。

最后,频率的"瓶颈"是交通广播寻求跨地域合作的技术原因。从技术角度,中波10千瓦覆盖半径约200多公里,调频10千瓦覆盖半径约六七十公里,区域性更强,新增加一个电台就将给其他频率造成干扰。就交通广播而言,随着听众的移动范围不断扩大,对交通信息的需求也在不断扩大,在这种情况下,跨地域的合作、组建联合的大交通广播成为必然的趋向。

"中部崛起河南行——全国交通广播大型联合采访活动"通过几十家交通广播频率的合作,在短时间内形成了强大的舆论力量,也提升了交通广播品牌的影响力和号召力。除了这样的联合活动,我们是不是可以进一步探讨全国交通广播频率之间其他形式的跨地域合作呢?

一是跨地域节目联播或者组建节目资源协作联盟。不同地域的交通广播可以联合制作节目或者开发信息平台,分享节目资源。通过节目的合作平台,可以促进交通广播的发展,更好地为听众服务。在音乐广播频率中,多家音乐频率共同制作播出的《全国歌曲排行榜》已经成为一个有号召力的品牌。交通广播频率完全有能力打造一个类似的节目合作平台,从而提升整个交通广播在受众中的影响力。

二是跨地域的广告经营。与跨地域节目联播集中于节目的共同制作、联播与共享不同,跨地域广告经营着眼于广告运营。交通广播可以在各个频率之间,创办几家跨地域的广告公司甚至是全国统一的广告经营机构,共同构建一个专业化的交通广播媒体整合购销服务平台。借助这个平台,广告客户可以一站式地完成交通广播广告的全国投放,从而提升交通广播在广播广告业务方面的竞争能力。

2004年国家广电总局下发的《关于促进广播影视产业发展的意见》中明确提出:要"以资产和业务为纽带,整合广播和电视经营性资源,推进广播电视经营性资源的区域整合和跨地域经营"。交通广播媒体之间跨区域的合作不只是双赢、多赢的问题,更是共赢的问题。只有通过多方合作,才能将全国交通广播这块蛋糕做大,从而创造更多赢利的机会。

〔吴志勇:中国传媒大学2006级新闻学研究生〕

·年会特辑·

# 跳出广告 挖掘资源 延伸中国交通广播产业链
## ——在中国广播电视协会交通宣传委员会第十二届年会上的讲话

### 李 丹

今天我参加交通宣传委员会的年会,见到许多的老朋友、新面孔,有一种亲切,更有一种对交通广播事业未来前景的信心。谁说广播是弱势群体?交通广播人以执著的态度、创新的精神,创造了并将继续创造着一个又一个崭新的媒介神话。

**一、交通广播发展现状**

到今天,中国广播走过了 80 年的历程,中国交通广播走过了 15 年的发展之路。15 年来,交通广播的起承转合折射出中国广播专业化、类型化的初步尝试,也积累了传媒产业化探索的宝贵经验。据不完全统计,全国现有地市级交通频率 50 余个、省级交通频率超过 25 个。以交通宣传委员会 69 家会员单位为例,2003 年创造的广告收益总计 6.5 亿元,2004 年 9.65 亿元,2005 年 12.1 亿元,占全国广播广告收入的近30%,交通广播已经成为中国广播界一支不可忽视的重要力量。

任何媒介发展到一定程度,都面临新的生存空间的拓展,交通广播也不例外。交通广播在现阶段发展中仍存在比较突出的问题,主要体现在"小"而"散"的行政化竞争格局:地方主义与区域经济观念严重,机构分散、各自为政,产业发展不充分、经济总量规模小,有的地方同时存在两家乃至三家交通频率,规模都不大,发展都不充分;节目市场不成熟,自产自销,产业链不顺畅,节目的利用率低、重复建设严重。尽管广播创收有较大幅度的提高,但总体上广播产业还远远没有拿到其应有的市场份额。各级交通频率面临的问题按顺序分别为:广告代理制滞后,占 71.4%;节目市场不发达,占 64.3%;电台经营组织结构不健全、服务体系不完善,占 53.6%;市级台医疗广告过多,占 66.7%。总体来看,目前广播广告占全国广告投放总量的 2%－3%,远远低于欧美国家 12%－13%的平均水平。这些说明中国交通广播的格局仍不科学,中国广播产业在经营领域还有广阔的空间可以开拓。

## 二、交通广播具有产业化探索的先天优势

交通广播具有进行产业化探索的先天优势,首先交通广播是"广播"也是"交通"。交通广播以开车人、乘车人等交通参与者为核心受众,广播频率在为这个群体提供常态音频节目之外,挖掘以汽车为中心的后服务产业,进行以创建汽车俱乐部为代表的跨行业经营和以异地办台共享资源为表现形式的跨地域发展,整合了资源、延伸了品牌。

2006年,中国广播电视协会向广电总局上报课题,加了一个交通广播产业化发展的课题,也就是交通广播发展的调研。媒体发展到一定程度,大家竞争越来越激烈了,就会争夺广告市场。广告市场随着经济的发展也会呈一定比例的增长,但毕竟就是一定比例的增长。蛋糕就这么大,这个当中大家去竞争,如果行业组织不在其中做好协调、做好规范,难免恶性竞争,难免几败俱伤。所以,从广电利益来说,不能只盯着广告,还要在广告之外想出路想办法。其他的方面,依托媒体、依托广播电视节目进行产业化发展,已经有了先例。但是这个方面,现在还想不出比较快的方法,也看不出。能够很快发展起来的,唯独交广有一个路数,似乎可以朝这个方面努力。

## 三、汽车俱乐部是交广产业链延伸的载体

汽车俱乐部是一个"轮子上的社会"发展到一定程度必然需要的一项社会服务。在西方,北美、西欧都已经完全是"轮子上的社会"。特别是北美,离开汽车这个社会就不能运转了,转不动了。

说到汽车俱乐部,得先说说汽车后服务市场。所谓汽车后服务市场,就是在大家购买汽车以后,围绕着这台车的产品及服务的消费,这样就形成了这些产品及服务的提供商。他们与购车者之间达成的交易,就是汽车后服务市场的消费。据发达国家统计,整个国家汽车工业领域里面50%—60%的利润,产生于汽车后服务市场的领域内。也就是说,生产商得到一部分利润,销售商得到另一部分利润,剩下的50%—60%的利润都在汽车后服务市场里面。在汽车后服务市场里面,一个重要的形式就是汽车俱乐部,因为汽车俱乐部整合了保险、救援、维修、装饰美容以及其他的加油、车务等服务,作为汽车俱乐部的整个服务。所以,汽车俱乐部是一个综合性的、整合了各项资源、整合了各方有益资源的这么一个模式。

AAA美国机动车协会是1902年成立的,已经有100多年历史。其会员数量非常

多,驾车者几乎没有不是它的会员的。其最关注的是出行安全,要跑得动,到达目的地,这是驾车者最大的需求。对驾车者来说,最大的危险是在荒郊野外抛锚。驾车者每年交会费,通过缴纳会费成为会员,之后在全国任何地点,享受最近的救援服务,就地帮你解决问题。如果不能当场解决就拖着你的车,到最近的点,帮你安排住宿,你的车它来帮你解决,拖车不花钱,修车花钱。但费用优惠,你是它的会员嘛。你出行它给你提供辅导,那个时候主要是靠地图,所以它把地图提供给你,为你提供最佳的路线,走之前你就知道怎么去,走什么路最省钱,过路费最少,路况最好。美国机动车协会也提供旅行支票的服务,这个也是免费的。现在,它的服务项目就更多了。在这个基础上,美国机动车协会进行产业化发展,拥有品牌轮胎,是美国最大的汽车保险的代销者。其他的产业化发展起来以后,它把会费降低了。以汽车服务为核心、以日常消费为辅助的后汽车服务体系,将是未来发展的大势所趋。

**四、研究模式,打造航空母舰**

我们没有广播产业化经营的经验,每一步都是摸着石头过河,好在社会上已经出现几个成功的经典模式。

(1)北京模式:以核心受众为中心,开发1039汽车俱乐部,通过建立严格的规章秩序,获得良好的公信力,并以滚雪球的速度迅速占领了京城的汽车俱乐部市场。

(2)江苏模式:在战略指导下,进行相关产业链的开发;搞大型活动,推介创新团队。

(3)浙江模式:发挥强势优势,进行跨区域资源整合,将触角伸向黄山。

(4)湖南模式:开发形象产品,平安小精灵在全国率先注册。

现在,社会上已有CAA、UAA等汽车服务,但我认为其前途并不乐观。交通广播通过几年、十几年的品牌经营,已经培养出一个忠实的受众群,这部分注意力就是交通广播的先天优势。现在的问题是这种优势还比较分散,基本上以地域为单位,没有进行整合,无法形成统一行为。建立全国交广联合组织,然后组建全国汽车俱乐部,这样不但走出只靠广告的模式,而且还进入到社会新的产业领域当中,开拓出了新的产业链。

怎么具体操作呢?如果全面铺开可能代价太大、经济压力太大,实际上要巧妙地来做,也不是做不成。巧妙地来做就是,既然是全国的组织,那么可以通过几个主要城市的联合来实现事半功倍的效果。比如先把长三角、珠三角、滨海、东北这些经济发达的地区组织起来,选择有一定实力、影响力、有信心、自愿的电台作为发起台,由发起台出第一笔资金。建立专业化的团队,同时发起台在专业化团队的帮助下组成全国汽车俱乐部组委会,订立合作文本,可以正式成立董事会。这样,框架就搭建起来了。

  这样从一开始就把体制搞顺搞正了：播出机构是事业的,建立非常牢固的关系,要对台有利,把基础打牢。在这种关系理顺的情况下,建立联合体,体制要顺、正、牢,利益关系要调整好。等于说是两个圈圈都要正、都要顺、都要牢,我觉得这个事没有做不起来的。交通宣传委员会应当积极促成这件事,我们来做筹备工作,将来真正的组织是董事会。这个是类似于 AAA 的路数,在这个基础上发展产业,机会非常多,搞好了堪称是广电的第三根柱子。这件工作高度专业化,需要大量的资金,有必要吸纳社会的资金甚至外资,然后再滚动上市,发展到一定规模,最重要的是看你的会员的数量。

  这是我对交通广播产业化的一点想法,希望在座的同仁共同来思考这个问题。相信以汽车为核心开拓出来的产业链,必将是交通广播乃至广电传媒业产业化进程的一个突破口,广电传媒将跳出传统赢利模式,在社会进步和与其他行业的竞争中不断走向辉煌！

〔李丹：中国广播电视协会会长〕

# 中国广播电视协会致交通宣传委员会第十二届年会的贺词

张 莉

各位广播同仁、各位交警朋友、各位来宾：

很高兴在天高气爽的新疆参加中中国广播电视协会交通宣传委员会第十二届年会暨全国交通广播总监工作会议。

2006年是值得纪念的一年。中国广播走过了80年的历程，中国广播电视协会迎来了20岁生日，中国广播电视协会交通宣传委员会也已经11岁了。请允许我代表中国广播电视协会向参加本届年会的各位代表表示亲切的问候，也对交通宣传委员会的茁壮成长表示衷心的祝贺。

回顾中国交通广播的发展历程、取得的成就，我们由衷地高兴与骄傲。这些成就，无不凝聚着每一个交广同仁的辛勤和汗水，正是由于大家的共同奋斗，使我国交通广播不断发展，成为在国民经济发展和社会文明进步中日益发挥重要作用的强势媒体。交广人敬业求实、忠于职守、艰苦奋斗，创造性开展工作的精神，是中国广播界的一笔巨大财富。

今天，各界朋友聚首新疆，回顾历史、总结经验、展望未来、出谋划策，再一次畅谈广播的创新与发展，为中国交通广播迈向新高度，贡献大家的智慧与经验，这是本届年会的幸事！也是广播业的幸事！衷心希望大家畅所欲言，尽情抒怀，把最宝贵的财富奉献给所有广播工作者们，留给全国广播界，以惠后人！

随着社会各要素作用的日趋科学化，行业协会配合政府对本行业进行规范和管理的职能将更加重要。2004年底，中国广播电视协会完成了由"学会"向"协会"的转变，由原来的学术研讨转变到现在的行业自律与维权。交通宣传委员会虽然成立只有11周年，但在11年的发展历程中，各位同志积极响应协会号召，与时俱进、不断创新，挖掘交通广播的核心资源，进行一系列项目的策划与开发，创造性地开展工作，发挥着越来越重要的引领作用,不仅在巩固广播人与交警的联动共赢中连出妙棋,而且在中国广播电视协会众多专业委员会中成绩突出。这其中既有交通宣传委员会全体人员的辛勤努力,也包含了各位同志的热情帮助和有力支持。在这里,我谨代表中国广播电视协会向为交通广播乃至中国广播事业作出贡献的人们表示感谢!

最后,预祝大会圆满成功!

〔张莉:中国广播电视协会副秘书长〕

# 全心全意地为会员单位做好服务工作
## ——在中国广播电视协会交通宣传委员会第十二届年会上的讲话

郭宝新

　　同志们,新疆自治区公安局交警总队、乌鲁木齐市公安局交警支队和新疆人民广播电台,为开好这次会议做了大量的工作,提供了热情、周到的服务。我谨代表中国广播电视协会交通宣传委员会(以下简称交宣委)和与会的全体代表,向他们表示衷心的感谢。

　　参加这次年会的代表中,有许多来自全国各地交管部门的同志。有了他们的参与,交广和交警共聚一堂,共谋发展大计,使得我们的会议内容更加充实,更加富有行业特色。交通广播之所以能够在全国广播行业独树一帜,迅速发展壮大,重要原因之一就是有公安交警的无私的、全方位的支持和帮助,彼此建立了水乳交融、和谐相处、亲如一家的合作关系。所以我还要借此机会,代表全国交通广播界同仁,向公安交警部门的同志们表示诚挚的谢意。

　　本次会议的议程很多,内容很丰富。今天下午分组讨论时,三个小组在充分肯定交宣委的工作成绩的同时,也提出了许多意见和建议。下面,我想就进一步加强交宣委自身建设、改进工作作风等相关的问题简要地讲点个人意见。

　　交宣委成立至今已经有11个年头。工作做得有声有色,成绩显著,受到各方面的赞扬和认可。这首先有赖于全体单位会员的积极支持和参与,同时也离不开交宣委的日常办事机构秘书处和相关人员的辛勤工作、热心服务。为了使交宣委的工作有所前进、有所创新,适应新形势、新情况的要求,我们应当清醒地看到工作中还存在尚不完善的地方。

　　这次会上,同志们就提出了一些很好的意见值得我们研究改进。譬如:(1)如何进一步突出常务理事会的领导、决策职责,确保常务理事会的决议落到实处。这一点对于办好社团组织至关重要。(2)我们组织的活动、开展的工作、研究的问题,如何更加务实、更加贴近会员的需求。(3)如何更好地贯彻勤俭办会的原则,最大限度地减轻会员的经费负担。应当本着"少花钱多办事"的精神,尽可能避免增加他们不必要的负担。对大家提出的意见和建议,会后还要召开常务理事会讨论研究。

根据许多同志的建议,交宣委下一年度的工作,要在组织策划行业内外联合、合作项目上下更多的工夫。这次会上,协会李丹会长就交通广播拓展产业经营,特别是联合组建"汽车俱乐部"的设想,发表了思路开阔、观念新颖、催人奋进、发人深省的演讲。尽管办成这件事有很大难度,但是只要我们勇于实践、大胆探索,以锲而不舍的精神一点一点地去努力,总会在这方面有所作为的。交宣委应当积极发挥推动、促进的作用。

这次会议讨论通过了《中国广播电视协会交通宣传委员会章程修改草案》。按照国家民政部和中国广播电视协会的要求,今后还要建立和健全以章程为核心的请示报告制度、议事决策制度等。目前,交宣委的会员单位已达69家,业务活动的规模和范围也比过去大大扩展。为了保证委员会的工作健康有序地开展,必须更加严格地用章程和制度规范我们的行动,减少和杜绝随意性现象。希望全体会员自觉地遵守各项规章制度,认真履行自己的权利和义务。进一步增强依法办会、民主办会、勤俭办会的意识,我们的目的是把交宣委办成一个行为规范、工作有序、作风务实、团结和谐的行业组织。

〔郭宝新:中国广播电视协会副会长、交通宣传委员会会长〕

· 创优评析 ·

# 2005年度中国交通广播节目创优评析活动综述

根据中宣部改革广播影视评奖工作和中国广播电视协会《关于规范专业委员会节目创优评析活动的意见》精神,2005年度中国交通广播评奖改为"节目创优评析活动",奖项评定确定为一等、二等、三等。创优评析活动作为广播电视节目创优及评奖的一个必要中间环节,与两年一度的中国广播影视大奖接轨,通过回顾上一年度节目情况,筛选出部分优秀节目参加广播电视奖评选。虽然外在形式有变化,但是与以往评奖活动一样,目的都是作为广播电视节目创优过程中阶段性的评估与分析,通过评析、总结、交流经验,促进多出优秀节目。

一、评奖概况

目前,交通宣传委员会共有69家会员单位,除新批复的4家会员单位还未有资格参加节目创优评析活动外,共有51家会员单位参评,占参评台的78%,共计315件作品。送稿量最多的台有20件,最少的只送1件。希望各台在今后的创优评析活动中能够更加积极地参与,推荐更多好作品。

二、分类阐述

1. 短消息

广播消息最大的特点是短、平、快。作为交通广播节目评析活动,短消息一要突出广播特色,二要与交通结合,突出时代精神和社会意义,同时把时间严格限制在1分30秒以内(含1分30秒)。此次评为短消息一等的作品有2件,分别为湖南交通频率选送的《湖南大学生致信温家宝建议取消"禁微令"和"禁摩令"》、陕西交通广播选送的《老区京城一线牵——记延安北京列车开通》。

短消息给人的感觉是不如专稿、连续报道、系列报道等厚重,显得薄弱,但如果能够写出分量,则可以达到"四两拨千斤"的效果。只要善于挖掘新闻事实的内核,抓住关键细节,提炼意义,就可以把广播消息写得短而深。

2. 长消息

长消息与短消息所不同的是,它可以比较充分地运用音响,增加比较详尽的评论,通过事实表达某种情感。这次评为一等的作品分别是北京交通广播的《快速公交全线开通 人气飙升速度下降》、江西交通广播的《九江发生5.7级地震 我省交通主干道安然无恙》和长春交通广播的《粮食的故事》。

以上三个一等作品的突出特征是:首先,新闻题材具有交通特色,具有重大的社会意义;其次,充分发挥广播的声音优势,发挥广播在突发事件中快速、及时报道新闻的优势,突出广播随时收听、动态收听的特点;再次,重视广播的服务性,为听众解决困难,为听众提供服务,从而得到听众的认可和喜爱。

3. 新闻专题

新闻专题时长要求控制在15分钟之内(含15分钟),其中连续(系列)报道要求报送首、中、尾3集,每集5分钟(含5分钟),并附完整的文字资料。这次新闻专题类参评的作品最多,达47篇,其中评为一等的作品有4篇,分别是山西交通广播选送的《"11·14"沁源特大交通事故回眸》、浙江交通之声选送的《鸡骨卡喉,幼童命悬一线!警民接力,打通生命通道》、上海交通广播选送的《如何解决出租车驾驶员"两难"问题》和青岛交通广播选送的《酒后驾车的代价》。

4. 路况信息

到目前为止,路况节目依然是交通广播的生命线。该奖项既能够比较真实地反映电台采集、编辑、播报交通信息的操作能力,也能够比较出电台在交通信息处理方面的宏观策略与态度的异同。但是,非常遗憾的是,2005年参报路况信息的作品数量很少,仅有8件作品参评,南京交通广播选送的《"十运会"倒计时》评为一等。

5. 十佳栏目

十佳栏目的评选过程中出现了一个非常遗憾的现象,由于一些交通广播选送的节目材料不全,不符合评审规则,直接被排除在了评审范围之外。十佳栏目参评作品共有21件,可是真正符合参评条件的只有11件,最后评选就只能在这符合条件的11件作品中进行。所以,在这里有必要再次强调参评十佳栏目的要求:播出栏目开办一年以上,有固定播出时间和包装形式,时间不限,以新闻、社教内容为主。报送的文字材料、录音材料要求:(1)年度工作总结(1000字以内,含栏目创办时间、宗旨、定位、改版创新、安全播出等内容);(2)栏目形象标识、含义、所在频道及首播时段;(3)栏目所覆盖地区收听率,目标听众占有率、满意度排名等(有些台缺该部分材料);(4)权威社会调查公司提供的全年收听率报表(大部分被淘汰的节目都是由于缺少该部分材料,今后大家要引起充分重视);(5)选送年度播出的10个选题;(6)上下半年各个代表作的录音带。报送的文字材料与录音材料缺一不可,一旦入围创优节目,视为全年度的整体节目进入等级。

6. 综合节目

2005年度综合节目送评总数与新闻专题并排第一,都是47件,这说明各台对于此类节目比较得心应手,而且容易出精品。观察2004年度综合节目情况,需强调的是节目必须和交通相关,突出交通特色,否则不能参与评奖。而从近两年的情况看来,这个问题还是没有解决。

综合节目评为一等的共4篇,分别是新疆交通广播的《梦想、挑战、征服——环塔克拉玛干汽车摩托车越野拉力赛广播纪实》、北京交通广播的《从四条腿到四个轱辘——肢残人丁宝明的出行变迁》、福建交通广播的《观点碰碰和——一场洒水车事故引发的争论》和江苏交通广播网的《六年违法收费政府喊停,一千的士安心司机叫好》。

7. 特别节目

特别节目主要针对某一重大事件、重要活动、人物、纪念日、节日、庆典等专门制作,所以不可避免地出现资源上的差别,如果事件本身就具有重大意义,那么节目就具有先期优势。但是这并不意味着一定能做成精品,相反一些相对平凡的事件也可以做出好文章。本次入选的作品分别为:上海交通广播的《直播春节台商包机首航特别节目》、南京交通广播的《感受地铁》和大连交通广播的《体验丹大 交广之旅——穿越黄金路》。

通过近几年的创优评析我们发现,特别节目的整体质量一直保持较高水平,这表明广播媒体对大型的、直播的、战役性报道的整体策划越来越成熟。

8. 评论

广播评论具有大众化、口语化的特点,同时深入浅出、节奏明快、入情入理。2005年评为一等的作品是福建交通广播的《未经检定的测速仪可以作为处罚依据吗?!》。这篇作品采用了"众议"的手法,通过不同时空的各种人物的谈话,表述对事物或者问题的各类看法,主持人则在其中穿针引线,引人入胜,突现主题,使作品更加生动活泼。

9. 广告

允许参评的广告种类是很宽泛的,既可以是常见的商业广告和公益广告,也可以是报时广告、台标形象宣传广告等，送评作品大多是前两类。目前台标形象宣传广告送评作品增多，因为它在一定程度上反映了频道理念，更容易为频率树立起别具一格的品牌形象。评为一等作品的是河北交通广播的《FM992河北交通广播》、山东交通广播的《燃油与火的爱情》、河南交通广播的《安全带》和江苏交通广播网的《南京大排档》。

10. 台歌

2005年台歌未进行评析。设立这个奖项的目的是引导大家树立一种意识，通过制作台歌为自己台树立鲜明的品牌形象。但对于什么是台歌，各交通广播的理解也不一致，送评总数只有8首。虽然我们对每一首台歌进行了认真的审听，但是没有评出最后的奖项。如果有必要设立这个奖项，我们将在今年适当时机组织专项评审，安排专门的评奖和音乐方面的专家来评析，以此推动频率品牌建设。

11. 论文

本次节目创优评析活动共收到论文39篇，整体水平较高，反映了业界人士对经验总结和理论探讨的重视。由于作品的特殊性，耗时较长，结果尚未评出。

## 三、小结

我们的评奖活动进行了多年，虽然2005年的提法发生变化，但论其实质还是相同的。总体来看，创优评析活动对各台有很强的指导性，尤其是一等作品会被同行所借鉴、学习和交流，有利于促进交通广播节目精品化。

需要强调几点：首先，作品要突出交通特色，与交通无关就要出局；其次，要准确选择送评类别；再次，按照评审要求送交相关资料；最后，提倡创新。

评析创优活动不仅是对各台精品节目的肯定，同时也是通过送评节目反映广播现状、促进广播节目质量的提高，希望2006年度的评析创优活动获取全国交通广播节目质量的新突破。

# 2007 年度

· 行业前沿 ·

## 走产业化道路是实现交通广播可持续发展的必然途径

李 丹

昨天晚上参观了西安的古城墙，站在隋时明月曾经照耀的城楼上，望着点缀在现代建筑上的火树银花，望着曾经车马喧嚣的道路上流动的车河，我觉得仿佛是站在历史和现实的交会点上。彼时彼刻，我突然对"不变"和"变"在事物存在和发展当中所起到的玄妙作用有一些感触。

深谙"不变"和"变"之间的辩证关系需要比较高的境界。这其中有两种情况，一种是该变的不变，不该变的瞎变，这就会走向消亡和萎缩。另一种也分两种情况，一种是被动地认识和运用，比如说有一句老话叫"穷则变，变则通，通则久"；另一种是懂得合理运用变和不变的辩证关系，这是比较高的境界，是根据环境的变化和事物发展的规律，主动地做出"变"或"不变"的决策，并根据这一决策去调整战略、开拓思路。

具体到中国交通广播来说，经过多年的发展，由于坚持以移动人群为收听对象，以与交管部门建立的良好合作关系拥有的第一手权威的路况信息为核心发布资源，实现了跨越式前进，持续保持了较高的增长态势，已经成为中国广播最有活力的增长点，取得了社会效益和经济效益的双丰收。但是，交通广播是不是就不需要改变了，是不是"躺"在路况信息和其衍生节目上就可以永远坐收暴利了？答案是否定的。我所看到的其中明显的一个事实是,随着技术的进步和时代的发展,了解路况信息的渠道日益多样化了。同时,经济增长对广告投放量的拉动因其基数的越来越大而不再有井喷式反响,加上媒体之间竞争的日益加剧,广告创收的增长将越来越难达到人们的期望。因此,围绕交通广播节目开辟新的经济增长点,走产业化发展道路,是实现交通广播可持续发展的必然途径。

非常可喜的是,我们大多数交通广播的领导们都看到了这一点。从我参加交广年会开始的2005年,我们交广的同仁已经在探讨走多领域发展道路的问题,直到后来明确认识到通过交通广播切入汽车后服务市场是一条比较可行的产业化发展道路。这几年,除了召集会议研讨,各地也都通过成立汽车俱乐部,在产业化的实质培育和发展上进行了有益探索。居安思危,不满足于小富即安,根据形势的变化和需要主动地转变思路,勇于实践,交广人合理运用变和不变的辩证关系的境界不低。

在刚刚过去的五一黄金周,全国铁路实现了第六次大提速、动车组的开行成为街头巷尾热议的话题。我也由衷地希望,中国交通广播的产业化发展能够通过此次西安峰会,通过签署和发布西安宣言,能够来一次大提速。

〔李丹:中国广播电视协会会长〕

# 从借鉴中寻找答案
## ——探讨交通广播汽车俱乐部可操作性架构

张 莉

我们要讨论交通广播汽车俱乐部的可行性和框架结构,就要放开视野,从中外汽车俱乐部的得与失中吸取经验教训。下面,我分四个部分介绍情况:

**一、国外汽车俱乐部情况**

1. AAA——美国汽车联合会（American Automobile Association）

AAA号称是非营利性社团,不过它每年向会员们卖出数亿美元的信用卡、旅行支票、保险单、行李票等,这些收入都要归功于AAA的整合服务模式。AAA的整合服务,就是把汽车产业上下游的资源进行全方位的重组,从为驾驶者提供的连带服务中获取丰厚利润。在美国和加拿大,AAA整合了汽车服务商、专营店和救援机构,把触角伸入金融、通信、保险和房地产行业。今天,公路建设和标志设置由政府负责,AAA就为遍布美国及加拿大的将近5000万会员提供路边帮助、信息咨询及其他服务。

AAA俱乐部最主要的服务项目有提供汽车紧急救援,出版地图和旅游类图书,还可以为会员提供购车贷款、保险、金融服务、租车等方面的优惠。也就是说,一个开车者只要交纳70美元左右的初级会费,可得到的服务包括3英里范围内的拖车、电瓶充电、换胎、紧急送油、小故障排除、租车、饭店和旅馆优惠、设计旅游线路等。再多交60多美元的话,就可以成为高级会员,可以享受诸如200英里免费拖车服务、一次免费租车、24小时旅行和医疗援助,如果遇到交通事故打官司时,还可得到几百美元的律师费补偿,等等。

正是依靠这种贴身又贴心的服务,AAA成员现在的比重是美国道路上行驶的所有轿车驾驶者的20%。

## 2. ADAC——欧洲全德汽车俱乐部(Allegemeiner Deutsche Automobil Club)

ADAC的会员一年要交几十欧元的会费。会员的车在路上遇到任何问题,可以马上给ADAC打电话,专业技师会在第一时间赶到现场。如果发生了事故,ADAC的救护直升机15分钟之内可到达德国任何一个角落。事故发生后,会员可以申请ADAC的法律援助,而且不付律师费。ADAC其他的服务是五花八门的,比如随时播报交通状况,节假日大堵车的时候会派出骑摩托车的志愿者给高速公路上堵车的人们送水、送杂志。汽车检测、汽车试驾、汽车租赁、汽车燃料提供、汽车召回、定损评估等诸多服务项目也都囊括其中。

ADAC之所以能提供如此迅捷的服务,与其俱乐部的多层次结构密切相关。它一共设立了18个地区性汽车俱乐部,在德国境内有84个直属地区俱乐部、129个合作俱乐部和机构,在欧洲其他国家有900多家签约合作机构。它拥有320辆救援车辆、数十架救援直升机和小型飞机组成的机队,在德国境内的合作俱乐部有2000多辆救援车,在欧洲其他国家有8000多辆救援车。如此庞大而又统一管理的团队,保证了俱乐部在服务质量上的遥遥领先。

### 二、国内汽车俱乐部情况

目前,我国已经成为仅次于美国的全球第二大新车市场。国家信息中心预测,2009年前后是中国中等收入家庭具备购车能力的时间点,届时将有近1亿中国人可以拥有自己的家庭轿车。因此,作为汽车产业的衍生经济,汽车俱乐部在中国具有广阔的发展前景。近年来,国内汽车俱乐部在地域和规模上均呈现出迅猛扩张之势。

目前我国的汽车俱乐部多采用会员制的形式,向驾车人提供以24小时公路救援为主、其他综合性汽车服务为辅的全方位的汽车保障服务。经过10年的发展,国内的汽车俱乐部经历了一个从无到有的发展过程,目前已经初具规模,其中最具代表的是北京恩保大陆汽车俱乐部、北京1039汽车俱乐部、北方之友汽车俱乐部,江苏的交广汽车俱乐部,上海的安吉汽车俱乐部,四川的川友汽车俱乐部,广东的广骏汽车俱乐部等。它们都严格地遵照国际AAA组织的运行模式,在本地建立起了符合我国国情、具有当地特色的、以私家车车主为主要服务对象的汽车服务保障机构。经过几年来的不断完善,汽车俱乐部为驾车人士所提供的服务正日益规范,大大改善了本地驾车人士的用车环境,逐渐由简单的企业转变成现代城市居民生活所配套的城市服务行业。

目前在国外成熟的汽车市场,整车销售的利润只占据汽车产业链利润的很小部分,而在汽车售后服务环节存在着较大的市场空间和利润空间。目前我国汽车俱乐部在自驾车旅游和会员衍生经济等方面已经有了许多成功的尝试,汽车用户对这些活动的踊跃参与也展现出了汽车俱乐部市场的广阔前景。但是由于发展的时间有限和自身力量的限制,我国的汽车俱乐部在规模化、网络化方面还比较落后,提供的服务具有地区性和局域性,在全国范围内不能提供完整有效的服务。为此,各地的汽车俱乐部正在努力联合起来构建自己的服务网络,寻求建立跨地区的协作网络组织。通过协作网,各地的俱乐部可以加强合作,提供协作平台,实现各地俱乐部的优势互补、资源共享,完善服务网络。同时,我国距离汽车俱乐部市场的成熟还需要一段时间,汽车用户对于汽车俱乐部行业认识的提高还有待时日,大量的市场空间还没有凸显出来。这就使现有的行业经营者和潜在的行业进入者面临一定的风险。如何在市场中找准位置,利用有效的经营模式生存下来、发展壮大,等待即将到来的巨大市场机遇,是我国汽车俱乐部行业面临的挑战。

### 三、国内汽车俱乐部的缺陷

作为汽车经济的新兴国家,我国大多数汽车俱乐部在经营理念和运作模式上还有这样那样的缺陷。

1. 运作不规范

目前大部分汽车俱乐部缺乏一个权威的管理部门,无行规,全靠自律。一些俱乐部在章程中虽然明文规定有维修、急救等服务内容,但最终能提供的项目却相差甚远,在有的服务项目上甚至还会有暗箱操作。按规定,从事汽车俱乐部经营要取得行业主管部门同意和工商行政执照,但有些俱乐部却无证经营或只是"借鸡生蛋",运作极不规范。当俱乐部利益和会员利益发生冲突的时候,俱乐部首先考虑的是自身的利益。

2. 功能单一,规模小

就全国汽车俱乐部而言,北京最为规范和全面,有救援型、租赁型、文化娱乐型、赛车型、企业型、汽车品牌型、综合型等种类,服务内容也较齐全。从运营情况来看,各汽车俱乐部几乎都把急救作为核心业务,但实际上发生类似情况的概率只有10%,所以当会员交了数百元的会费而自己的车又不需要进行急救时,功能较单一的汽车俱乐部在会员的眼中就形同虚设。另外,汽车俱乐部信息沟通不畅,彼此"各自为政",缺乏联系。

3. 缺乏网络式服务体系

汽车俱乐部的服务产品有三个层次:首先是基础服务,包括各种车辆服务,这是俱乐部服务的核心。其次是延伸服务,是利用会员的集体采购力为会员争取消费优惠,是会员卡的一种增值。最后是增值服务,各种围绕会员精神生活的活动将满足会员高层次的需求。汽车是流动的,这一显著特点决定了汽车俱乐部的服务都应该是网络化、技术化和全方位的,要有相当的网络来支撑。尤其是基础服务,必须在第一时间以最快的速度赶赴事故现场,而目前能提供网络式服务的汽车俱乐部凤毛麟角。抢修时间滞后,尤其是会员在外地遇到事故,常常不能得到及时帮助。

4. 观念上存在误区

汽车俱乐部的业务特点是整合服务,为车主提供全套服务;俱乐部所处行业并不是单一的汽车俱乐部行业,而是各种车辆后续服务商所构成的汽车服务业,是个投入大的行业。对此,不少汽车俱乐部缺乏足够认识。延伸和增值服务是对基础服务的增值,对提升用户满意度和会员忠诚度有很好的效果,也是汽车俱乐部新的利润增长点,但会员入会的初衷还是基础服务。不少汽车俱乐部以赢利为目的,殊不知汽车俱乐部的经营和纯商业运作是有区别的,服务质量的提高和会员数量的增加,必然会带来可观的利润。而实际上,会员付费购买的是一种期货服务,而这种服务常常是全方位和隐性的。严格来说,汽车俱乐部的服务是一种保障体系。对此,许多俱乐部都缺乏认识。

**四、交通广播发展汽车俱乐部的借鉴意义**

通过对以上中外汽车俱乐部优点与缺点的比较和分析,为我们交通广播发展汽车俱乐部产业提供了许多可供借鉴的因素。

1. 拓展服务功能,强化网络服务

对会员来说,汽车俱乐部的服务质量是最关键的问题,因此应该树立这样几种服务观念:一是"大服务的观念",二是"标准化服务的观念",三是"人性化服务的观念"。除了保持汽车修理、紧急救援等传统服务项目外,交广汽车俱乐部还应充分利用广播媒介的公信力和影响力,经常组织大型会员活动,邀请各类专业人员为会员讲课或座谈,为会员提供一个交流沟通的平台。还可以借助广播媒体与广告客户的良好关系,为会员提供购物、餐饮、娱乐等方面的服务,充分整合有效的社会资源,构筑起交广汽车俱乐部网络化的服务体系。

2. 强化合作,共享资源

各地的交广汽车俱乐部首先要加强彼此间的紧密合作,利用各自优势、形成一股合力,使会员能享受到更多优质的服务;尤其可经营一些大的服务项目。同时,应加强区域间的有效合作,随着跨地区的经济交往的频繁,区域性的、孤立的汽车服务将难以或不能满足消费者、会员的需求,在地域分割的情况下人们迫切希望各地交广汽车俱乐部之间能进行广泛的合作,成立全国性汽车俱乐部联盟体或协会之类的组织,从而形成规模宏大的服务网络。

3. 追求高起点

形成一至两个特大型汽车俱乐部,逐步形成一个多功能的网络体系和强大的覆盖面。现代化、专业化、网络化、社会化汽车俱乐部的优越性在于:它可以全方位、多层次地向会员传播文化,组队参加或组织参加各种类型的汽车活动和娱乐活动。条件成熟的交通广播汽车俱乐部可以进行各种形式的合作,进行资产的相互渗透和重组,其利润可以通过举办各种活动和发展加盟店来实现。这样,类似美国AAA综合服务性汽车俱乐部将成为未来的发展趋势。

4. 转变观念,引导舆论

交通广播汽车俱乐部要通过自己优质的服务,打破会员"等价交换"的思维定式,牢固树立花钱买服务的观念,使会员对俱乐部真正产生信任感、信赖感。这一点舆论应加以积极引导。交广汽车俱乐部要充分发挥交通广播在出行者心目中的权威地位和贴身伴侣的功能,举办相关的活动,充分利用各自优势提高交广汽车俱乐部在社会上的知名度。

5. 培养专业人员

汽车后市场包括汽车售出以后的养护、修理等各项服务,由于汽车产品涉及机械、电子通信、化工等几大行业,而目前从事后市场业务的人员主要来自汽车厂家和修理商,尚没有专门人才从事专业化的服务。因此,交通广播媒介培养相关的专业人员也是当务之急。

综上所述,通过几面镜子,交通广播应该看到自己在发展汽车俱乐部产业上的优势和劣势,力争建立起比较完善和科学的汽车俱乐部运营规范,提高交通广播汽车后服务产业的开发和管理水平,促进汽车俱乐部事业和交通广播产业的可持续发展。

〔张莉:中国广播电视协会副秘书长〕

# 刍议中国交通广播产业的合作竞争

潘 力

在经历了萌芽期和发展初期的迅速扩张之后,逐渐走向成熟的交通广播应该考虑集约型发展,通过资源整合以及价值延伸为自身的发展开拓巨大的市场。

## 一、合作竞争概念的提出

合作竞争是时代发展的最终要求,它已经成为企业提高竞争力的重要法则。通俗地讲,合作竞争是指企业间通过相互合作的方式参与竞争,使企业走出孤立的阵地,进入相互影响、相互作用的"整合王国",获得单一企业难以拥有的竞争优势,从而更好地满足市场需求,降低自身的经营风险,合理利用资源,发挥各自的潜能。

合作竞争是有别于合作和竞争的一种博弈关系,是在互补性基础上通过契约或隐合同等形式对资源进行配置的过程。其中,合作与竞争不是根本对立和冲突的,合作的目的是竞争,竞争以合作为主要方式。合作竞争强调:为了竞争而学会必要的妥协与合作,建立互利互惠的合作竞争关系;在竞争中寻找一切合作机会,通过联合赋予成员更强的市场竞争能力,进而起到在合作过程中强化竞争的作用。

## 二、交通广播产业价值链的建构

从总体上说,目前我国交通广播产业的主流经营模式仍然是"单点式"的,即围绕着内容生产将相关的上中下游环节搭建起来的。但是这种经营模式至少存在两个问题:一是它对于资源(包括信息资源、客户资源、受众资源、品牌资源等)的利用率是比较低的,开发层次较为浅表,类似于"广种薄收"的农业模式;二是"单点式"的内容开发具有某种"饱和点",成为进一步发展的约束。就交通广播来说,由于媒介容量和时间的限制,广告播出数量已经明显"饱和",进一步的产业增值很难通过加大广告吸收量的办法来实现。显然,交通广播已经进入到超越"单点式"经营构建传媒产业价值链的发展阶段。

所谓产业价值链指的是以某项核心价值或技术为基础,以提供能满足消费者某种需要的效用系统为目的、具有相互衔接关系的资源的优化配置与组合。就现阶段而言,应从两个方面建构我国交通广播产业价值链:

1. 媒体自身产业链条的建构

这就是传媒扩张中的"一体化"模式,即将单一层次的内容生产通过扩张,形成多层次、立体化的媒体运作,不但能够有效提升资源(包括信息资源、客户资源、受众资源、品牌资源等)的利用效率、降低运作成本,而且有助于形成和提升传媒品牌及社会影响力。

2. 跨行业产业链条的建构

用形象的语言来说,交通广播产业的赢利模式一般有四种:一是"卖内容",二是"卖广告",三是"卖活动",四是资本运作。我国交通广播产业的一个基本现实是,过度依靠"卖广告"这种单点支撑的赢利模式,这不仅使交通广播经营的风险很高,高度受制于广告业的"风吹草动",而且也在相当程度上造成了交通广播经营发展进入到一个很难继续提升的"平台期"。

交通广播跨行业产业价值链的建构就是要突破这种"瓶颈",赢得"多点支撑"的经营格局。具体而言,这种从交通广播既有核心价值资源出发的跨行业经营模式的展开,主要表现为这样几个方面:

(1)传媒品牌的扩张

利用已有的交通广播品牌从事传播领域以外的业务,如以交通广播的品牌进行会展、调查、咨询等业务。

(2)传媒资讯的深加工

将交通广播作为"信息总汇"的资源优势盘活,针对企业或社会组织的专门需要提供专项资讯服务。

(3)已有客户群的价值再开发

可以利用已有的交通广播听众进行某种资讯服务的"精确营销"。

(4)评价活动的开展

用活动拓展交通广播的市场空间,并且活动本身也能够获得极高的价值回报。

我们可以从开办交通广播汽车俱乐部的构想中,对这几个方面进行验证。首先,交通广播汽车俱乐部与其他汽车俱乐部相比的最大优势是媒介品牌,依靠交通广播的公信力和影响力,交广汽车俱乐部将在未来汽车后市场格局中占据主动。其次,通过整合全国交通广播的信息资源和产业资源,可以用比较低的成本和相对统一的标准,迅速构建跨地域甚至全国性的交广汽车俱乐部,这也是其他汽车俱乐部很难仿效的优势。再次,交通广播的目标听众比较明确,这与汽车俱乐部的用户市场具有极大程度上的重合,交广汽车俱乐部的兴起是广播媒介对受众资源进行产业开发的有效途径。最后,与其他汽车俱乐部仅仅提供维修等简单服务相比,交广汽车俱乐部依托广播贴身媒体、情感媒体的优势,通过组织有效的活动,更能使俱乐部成为会员精神上的伴侣和朋友。

### 三、交通广播产业合作竞争的演化路径

"系统深化"与"系统广化"是经济学中"系统化"概念的延伸与推广,分别反映了经济系统内部各经济元之间关系及其关系转化的两个不同方面。系统深化指的是经济系统内部各经济元之间关系不断加强的过程,而系统广化则是指系统和外界环境之间联系范围不断拓宽的过程。交通广播产业的合作竞争战略在未来的演化路径上,就要遵循系统深化与系统广化的内在规律。

1. 系统深化:产业链、价值链延伸

交通广播产业在合作竞争过程中相伴而生的产业链、价值链延伸现象,从产业系统内部各子系统之间关系的变动情况看,反映了系统深化的过程。

交通广播产业在合作竞争过程中产业链、价值链上节点数量的不断增加,反映了产业系统不断细化、合作竞争主体不断丰富的过程。分工结构促使交通广播产业价值链不断分化出制作、播出、广告、衍生服务等多个节点和环节,这些节点和环节随着发展会进一步地派生和细化,从而形成多元化、多层次的连续、复合价值链条。在这一价值链条上,新节点或新环节的产生往往意味着新行业的产生,产业链或价值链的延伸必然导致交通广播产业系统内部构成元素的复杂化,从而增进了产业系统内部各子系统之间的内在关联。由此来看,交通广播产业合作竞争过程中产业链、价值链上节点的丰富和细化过程,也就对应了系统深化的过程。

2. 系统广化:跨媒体、跨区域、跨行业扩张

在系统广化过程中,相关的经济单元通过借用或整合外部资源,不断提高产业发展水平。具体来说,作为交通广播产业合作竞争的主要形式以及未来的演进趋势与方向,跨业型合作竞争也即跨媒体、跨区域、跨行业的扩张,反映了交通广播产业系统与系统外部资源的整合过程,即系统广化的过程。在这个过程中,交通广播产业系统与外界环境之间的联系范围不断拓宽,与其他媒介系统或其他行业系统的潜在经济关系

不断显化,交通广播产业系统的经济规模不断扩大。与此同时,参与合作竞争的各经济主体通过价值链接、资源互补等多种方式,实现了双赢或多赢。

**四、交通广播产业合作竞争的类型**

从交通广播产业系统的媒介生态出发,根据产业价值链上不同节点之间的联系,我们可以把交通广播产业的合作竞争划分为横向型合作竞争、纵向型合作竞争和跨业型合作竞争三种基本类型。这里,我们主要讨论其中的合作因素。

1. 横向型合作竞争

横向型合作竞争是指处于产业链或价值链上相同环节的竞争者为培育发展其共同市场而进行的合作竞争。这里,我们重点论述横向合作的方式。

(1)建立统一标准

例如,作为行业协会,中国广播电视协会交通宣传委员会制定的《中国交通广播行业自律和维权公约》,就是整个交通广播业界共同遵守的职业道德准则。

(2)建立联盟

中国广播电视协会交通宣传委员会在西安召开的西部交通信息协作联盟会议,就是一种交通广播频率之间信息资源互动与整合的有效形式。

(3)建立垄断组织联盟或联合垄断组织

我们可以举国外的例子——节目辛迪加。它是一个统一的节目生产和供应的组织,具有一定的垄断性。这可以作为交通广播今后的一个产业探索方向,有助于提高交通广播节目的生产质量和利用效率。

(4)成立合作企业

比如,2004年北京人民广播电台与凤凰卫视成立合资公司——北京同步广告传播有限公司,意在结合双方的节目资源和资金优势,拓展广播广告经营合作市场。这也是未来交通广播在产业拓展上大有可为的空间。

2. 纵向型合合作竞争

纵向型合作竞争是指处于产业链或价值链上不同环节的竞争者为提高价值链的价值流量而进行的合作竞争。交通广播产业的纵向合作包括以下形式:

(1)资本合作

通过资本手段进行互相渗透并取得收益。2005年1月,广东电台入主广西梧州电台,梧州电台把其新闻综合频道、音乐交通频道除新闻外所有节目的制作、播出、管理和经营委托广东电台负责,双方合作期限为12年。

#### (2) 技术合作

上下游不同价值环节的企业通过技术授权、技术转让、技术合作开发等形式进行合作。在手机广播、数字广播技术成熟的情况下,交通广播完全可以通过开展信息定制等业务形式,进行技术合作上的多种尝试。

#### (3) 业务合作

业务合作的形式很多,旨在共同开拓市场、推广业务等。比如,全国交通广播完全有能力进行合作,共同构建一个专业化的广播媒体整合购销服务平台。借助这个平台,可以一站式地完成部分全国性品牌交通广播广告的投放。

#### (4) 建立战略联盟

上下游企业通过建立联盟关系进行纵向合作。

### 3. 跨业型合作竞争

跨业型合作竞争是指广电产业与其他媒介或其他行业(非传媒产业)所进行的合作竞争。中央17号文件颁布后,媒体跨地区发展进入新阶段,政策的松动主要表现在:允许多媒体兼营,允许跨地区兼营,允许跨行业经营。具体地说,交通广播产业的跨业型合作竞争分别表现在与其他媒介的合作竞争、与其他行业的合作竞争等方面。

#### (1) 与其他媒介的合作竞争

交通广播产业与其他媒介的合作竞争主要体现在多媒体复合传播以及一些新兴的媒介形态上。中国广电产业改革的深化,一个十分重要的表现就是多媒体复合传播。交通广播不仅可以办广播,还可以办自己的报纸、杂志、网站甚至电视台。此外,随着传媒技术的进步和媒介融合态势的发展,交通广播与其他新媒体的结合和再生也可能成为产业拓展的方向,例如手机短信与广播的互动、广播与彩铃运营商的合作等。

#### (2) 与其他行业的合作竞争

交通广播产业与其他行业的合作竞争涉及的领域较多,采取的形式也较复杂。目前比较可行而且具有广阔市场空间和发展前景的,就是我们现在讨论的交通广播汽车俱乐部。

## 五、交通广播产业合作竞争的形式

交通广播产业合作竞争的形式很多,具有代表性的有准联合组织、合营企业、战略联盟、媒介集团、辛迪加等。

### 1. 准联合组织

准联合是一种纵向联合的形式,联合各方之间有时会提供少量的资本投资或资金拆借业务,但不是完全的产权关系,而只是促进合作的手段。准联合是介于长期合同和完全产权之间的一种竞合关系。

2. 合营企业

合营企业可以理解为两个或两个以上独立的企业为实现自身目标而联合建立或创立的具有独立法人资格的企业。由于合营企业具有明确的产权和法律关系、具备明显的可操作性,且合作竞争各方的权利、义务可根据投入比例经过协商和谈判予以调整因而具有较大灵活性,因此合营企业形式有可能在交通广播产业的合作竞争中被广泛采用。

3. 战略联盟

战略联盟又称策略联盟,指两个或多个经济实体为达到某种战略目的,通过契约或部分股权联系而形成的合作竞争形式。战略联盟的主体伙伴十分广泛,不仅包括企业通常意义上的合作实体,还包括竞争对手。战略联盟主体间的合作有时是全面的,有时又是基于某一特定目的和某一特定方面的。因此,战略联盟在合作的目的和手段上都呈现出多样性特点。

4. 媒介集团

一般而言,企业集团指以一个或多个实力雄厚的大企业为核心,以资本联结为主要纽带,并通过产品、技术、经济、契约等多种纽带把多个企业联结在一起,形成具有多层次结构的、以母子公司为主体的、在经济上统一控制、法律上各自独立、多法人一体化的经济联合体。

5. 节目辛迪加

辛迪加是广播电视机构之间资源共享的一种合作组织,它是节目储存、流通的商业运作中心和媒介,其功能类似于节目库。辛迪加面向一切市场、电台和电视台,向每个地区出售的都是独家播放权。在出售节目播放权的同时,辛迪加授权播放的次数,并规定开始和结束的时间以及广告形式和付费方式。付费方式既可以直接支付现金,又可以采用广告时间换节目的方法。这对于我们交通广播提升广播节目的市场化程度,建立成熟有效、利益共享的节目交易市场来说,也是一个十分有益的启示。

总之,交通广播在产业化的发展路途中,必须跳出画地为牢的小圈子,开阔视野、加强合作,以合作竞争的思想引领整个产业向规模化、科学化发展,选择一条最适合自己的路径,在广播产业的竞赛中再次成为领跑者。

〔潘力:中国传媒大学教授、中国广播电视协会交通宣传委员会副会长兼秘书长〕

· 总监论坛 ·

# 擦亮服务牌  唱响专业歌

连 捷

1995年1月10日,沈阳交通广播诞生。十二年的努力过去,我们还记得初衷。这么多年,迈越了许多困难,才有了今天的模样。

做的时间越长,越觉得自己不是在做交通广播、做媒体,而是在塑造一个人,一个大家的哥们儿,一个理想化的男人。以前把他打扮成一个帅气的小伙儿,人见人爱就够了;可随着交通广播的成熟,逐渐发现,曾经的那个帅小伙也该长大了。他不仅是帅哥,也得是个能帮忙的男子汉。这就是沈阳交通广播为什么越来越强调服务的原因。

经过研讨,2006年3月6日,沈阳交通广播推出一套全新的节目,"2006款986新车"一上路便受到广大听众的欢迎和广播同行的关注。

这次改版的核心理念是让听众"享受极致服务、轻松收听交广",改版的宗旨是"追求实用、追求时尚"。两档交通服务类节目《石头说话》、《986雷锋热线》,每逢半点预报节目和天气的《986先生》,周日推出的集吃喝玩乐于一体的《完全服务手册》等,强化了服务、突出了交通,成为这次986改版的最大亮点。

## 一、监督节目颇具创意

新版节目中监督投诉类节目《石头说话》的设计颇具创意,这档由两位女主持人主持的节目,由早间6:30—7:00和下午16:00—16:30两部分组成,既满足了这两个时间段固定听众的需求,还可以使两档节目进行互动。早间节目听众热线反映的问题,经过记者、主持人的采访和调查,下午节目即可反馈回音,真正做到了急听众之所急。而过去当天群众的投诉,最快也要第二天才能得到答复。这档节目的两位女主持人——"大石头"唐诗、"小石头"杨曼很快赢得了听众的信赖。节目开播近一年来,共接听群众有关交通、城建、环保、保险等投诉热线电话5000个,当天回音率达70%以上。经沈阳电台专家对全台新节目抽样听评,《石头说话》节目获得沈阳电台2006年创新节目一等奖。在2006年11月揭晓的沈阳电台面向全市举行的第四届十佳主持人、十佳节目评选中,《石头说话》节目进入十佳节目行列,创下沈阳电台当年推出新节目、当年被评为十佳节目的先例。

## 二、服务节目热心彻底

安排在下午14：00—15：00播出的《986雷锋热线》从节目名称上看,就是一档纯粹的服务节目。《986雷锋热线》的主持人金芳,在极短的时间内收集并主动学习掌握了《道路交通安全法》、《道路交通安全违法行为处理程序规定》等一系列相关政策法规,为主持节目打下了坚实的基础。

《986雷锋热线》这档新节目开播一个月后就打响986服务牌,"关注大交通、服务小细节"的节目宗旨迅速赢得听众,在2006年4月份尼尔森的收听率调查中名列沈阳地区广播节目下午同时段第一名。《986雷锋热线》自开播以来,有效解答听众咨询电话5000多个,回复求助短信3000多条,内容涉及出行路线提示、司机求职招聘、二手车交易行情、公交出行信息、道路交通法规解读、汽车维修与保养、机动车保险投保咨询、驾驶证审换以及车辆年检等,真正体现了沈阳交通广播"享受极致服务、轻松收听交广"的节目理念。

## 三、交通节目专业实用

2006新版节目中,沈阳交广有意识地保留了《伴你同行》、《交警直播室》等听众熟悉喜爱的专业特色强的节目,并在这些节目中新增加了《肖楠寄语》、《黑车暴光台》、《帮你查违章》、《全天路况回顾》、《986出击》等具有创新元素的栏目。《伴你同行》的世界园艺博览会优秀司机评选活动、《交警直播室》的"和谐交通迎世园"温情交通提示语有奖征集活动吸引了大批听众积极参与。赛立信最新收听率调查表明,伴随沈阳交通广播成长的《伴你同行》、《交警直播室》等老品牌节目经过不断的改造创新,收听率仍位居沈阳地区广播节目前列。

有了FM986的平台,我们并没有满足。走过十二年的长路,我们更加成熟,我们仍然竭力去攀登理想的山峰。一些经历让我们懂得,这是个男人的世界。所以,我们要像男人一样,不能只仰望山顶。

尽管前面的路依旧很漫长,好像没有尽头,但我们会从容应对,不怕路途坎坷。不为过去的获得,得意自喜;不为未来的未知,忧心不前。与986同行,您会与快乐牵手,与平安并肩。有986的日子,您将永远不孤单。

〔连捷:沈阳交通广播总监〕

# "三推进"确保交通广播的可持续发展

周俊杰

进入新世纪以来,全国的交通广播迎来了大发展时期,江西交通广播随潮流而动,2001年3月31日正式开播。面对全国蓬勃发展的交通广播态势,处在经济欠发达地区的江西交通广播确立了"因势利导、因地制宜、科学定位、科学发展,不断增强核心竞争力"的发展思路,逐步形成了"牢固树立科学发展观,推进品牌战略,构建优质传播强势;推进服务战略,构建传播到达优势;推进市场拓展战略,构建传播的市场优势"的战略理念,使江西交通广播逐渐发展、成长,走过了不平凡的六年。经过全体员工奋力拼搏,江西交通广播实现了连年跨越式的发展,步入了科学发展的快车道。

## 一、推进品牌战略

主打内容产业的广播,要在激烈竞争的市场中占有一席之地,必须不断打造品牌,推进品牌战略。因此,江西交通广播从一开播就更新观念,创新思路,一边学习兄弟交通广播的先进经验,一边探索广播与其他媒介的比较优势。从快捷、双向互动与伴随移动中寻找突破口,进一步确立"移动人群"贴身广播媒介的定位,围绕流动群体确定品牌目标,构筑交通节目与交通资讯为专业内容的节目主骨架。

在发展的实践中,江西交通广播深刻认识到:江西交通广播开门办台,策划组织大型社会活动是媒体在激烈竞争中扩大影响、突出特色、打造品牌的重要途径,是实现可持续发展的重要环节。江西交通广播组织开展了一系列贴近受众、服务交通、服务社会的宣传服务活动,提高了江西交通广播品牌的知名度和美誉度,使江西交通广播的生命力牢牢植根于听众心中,树立了健康的品牌形象。同时,江西交通广播努力延伸活动的内涵与外延,不断扩大品牌活动的社会影响力。比如,江西交通广播开展高考爱心车队送考活动,开展"传递真情、播撒爱心"为主题的"高考爱心系列活动"。高考前,适时为考生提供咨询服务;高考期间,组织全省规模最大的爱心车队,数千辆出租车、私家车加入车队,免费接送考生;高考后,为考入大学的贫困学生募集捐款。活动在全省产生强烈反响,省领导及省有关部门领导出席"爱心车队"出发仪式并为"江西交通广播爱心车队"授旗。

**二、推进服务战略**

江西交通广播在科学发展过程中,围绕"服务听众、服务交通、服务社会"的办台理念,按照专业化、对象化的要求,瞄准核心市场受众主体,在推进品牌战略的同时,不断推进服务战略,强化总体服务功能。江西交通广播充分挖掘利用交通广播核心竞争力的核心资源——与交通相关的信息资源,努力实施信息服务工程,构建起全天候、全方位的立体交通资讯网络,从而进一步架构了传播到达的优势平台。

江西交通广播把强烈的服务意识贯穿在节目和频率运作的始终,用服务的指导思想、方法、手段来最终体现"喉舌"的功能,来体现党的意志和人民的意愿,使广播的生命力和竞争力牢牢植根于为听众提供服务之中。即使是"规定动作"和"主旋律"的报道,我们也努力寻求它们与听众喜闻乐见、市场接受度的结合点,着力关注"亮点"、"闪光点",化解"难点",调动听众的"兴奋点"与"动情点",以突出其亲和力,增强渗透力。同时我们不断根据听众与市场需要调整节目布局、节目内容,改进频率运作方式,力求创品牌、出特色,使广播不断融入人们的生活。

江西交通广播用服务的手段拓展信息渠道,建设了一支全省司机志愿信息员队伍,加强了同交通部门和公安交通管理部门的联系与协作,成立了特约记者和特约通讯员队伍,建立了与路面交警及高速公路各收费站点的直通联系网,直播省城南昌市交通指挥中心的路况,成为提高节目收听率、锁住目标听众的有效方式。目前,江西交通广播已经实现重要信息、即时路况 24 小时即时直播,节目内外提供交通热线咨询、交通热线投诉和汽车维护保养热线咨询,构建起全天候、全方位的立体交通动态资讯网络,增强了信息的准确性、权威性和及时性。

**三、推进市场拓展战略**

在经济欠发达地区,一个广播频率要实现可持续的科学发展,最为艰难的是必须时时面临市场的挑战。与发达地区相比,经济欠发达地区的媒体面对市场挑战的压力更大。比如江西省省城南昌市仅有出租车 3800 辆左右,是全国省会城市拥有出租车最少的城市之一,就是这不大的最核心的受众市场,还有多个广播频率、电视频道争夺。在实践中,江西交通广播体会到:一个面向市场开办的专业频率,必须面对市场科学定位,积极推进市场拓展战略,才能最终构建传播的市场优势。

因此,江西交通广播理清科学发展思路,开阔视野、摸索路子,努力创新市场价值观念,积极探索频率经营模式与规律。在经营创收管理上,频率坚持以人为本,确定能力本位的分配激励机制,完善经营价格和管理、监控制度,强化竞争、监督、约束、奖惩机制的杠杆作用,有效地调动了创收人员的积极性。江西交通广播根据频率贴近目标受众的优势,优化创收结构,科学确定客户目标群体,把移动性人群、都市化消费群体与消费方式列入营销的首要目标,吸纳优良客户,主攻品牌广告,同时逐步推进品牌广告行业代理,实行重点突破,有效地占领了广播市场的制高点。江西交通广播还根据广播的规律和特点,组织了一系列有较大社会影响力的商业及社会活动,把媒体信息传播理念与媒体营销理念有机结合起来。比如,开展"3·15"诚信承诺签名和"诚信服务,健康消费"等活动,扩大了频率的社会反响,提高了市场影响力。江西交通广播稳步发展"三推进",打造品牌、强化服务、开拓市场,增强广播的亲和力、竞争力,取得了良好的社会与经济效益。

虽然我们知道我们与兄弟单位相比仍有差距,我们目前的任务还很重,但是我们相信只要江西交通广播坚持以人为本,围绕交通出行做好服务,坚持按照广播规律办节目、办听众欢迎的节目、办市场需要节目,用战略性的思维和前瞻性的眼光,不断推进品牌战略、服务战略和市场营销战略,构建整体传播优势和传播的市场优势,江西交通广播一定会可持续发展,迎来更加美好的明天。

〔周俊杰:江西人民广播电台台长助理、江西交通广播总监〕

· 策划大师 ·

# 立足交通"本我" 服务社会大众

辛雪莉

## 一、情系本土,传递"民声"

宁波市地处东海畔、杭州湾南岸,两面临海,偏于一隅,在很长一段时间内,都是"交通末端"。这里是萧甬铁路的终点、杭甬高速的终端。北端杭州湾跨海大桥连接上海,南端象山港大桥和东端金塘大桥跨海连接宁波南三县市及舟山群岛。这里的城区以三江自然汇聚形成三大区块。河网错综复杂的城市区间道路,与空中交通一起构成了宁波市独具特色的"大交通"。

宁波交通广播开播六年来,一直以适应宁波"大交通"状况为立足点,以特色化的专业服务为根本,关注宁波经济社会的变迁。频率以交通新闻和路况信息为龙头,从寻常百姓需要的出行路况参考提示,到具有地域气候特征的台风动态关注,再到宁波交通建设的点滴变化,视角始终没有离开过"宁波交通",目前已形成专业化、生活化的全新频率特色。

## 二、立足大交通

近年来,随着宁波大交通环境日新月异的变化,随着杭州湾大桥的贯通,宁波—舟山跨海大桥、宁波—象山跨海大桥的在建,甬金高速的通车,宁波国际机场的扩建以及甬台温铁路的兴建,宁波"交通末端"的状况渐渐成为历史。

宁波交通广播迫切希望和广大听众一起分享宁波大交通与时俱进的脚步声。时时更新的《交通直播网》、整点播报的路况信息、台风天气特有的交通疏导提示,已是宁波人民日常出行路上的指示明灯。除此之外,宁波交广的目光还望向更远的前方:道路指向哪里,记者的话筒便伸向哪里。

在宁波交通广播的精心策划下,一系列重大的交通活动报道第一时间传递到受众身边:世纪工程杭州湾跨海大桥的筹建过程、奠基开工仪式、建设进度、贯通仪式等,无不通过交通频率的全程报道传递给受众。又如宁波境内高速路网、铁路网的建设,两座跨海大桥(宁波至舟山、象山)的建设等,所有关系宁波大交通格局的建设动态无一不在交通频率的日常节目中得以充分体现。

### 三、着眼新亮点

如何及时发布交通建设信息、如何利用有限的节目资源传播热点信息、如何提供准确有效的服务指南,是频率建设中经常需要思考的问题。解决问题的核心在于如何在亮点上创新,如何与受众的实际生活紧密相关,如何做到既满足受众的求知欲和新鲜感,又体现贴近大交通的实际意义。

"大交通"事件的报道主体是涉及省市乃至国家的重大决策,与受众的实际生活尚有距离。宁波交广在节目筹备过程中反复琢磨,决定打破旧有的报道模式,通过对比报道,从事件侧面解读新闻事件,为受众呈现更为具象的新闻事件。在关注新闻时效性的基础上,节目更为关注的是在宏观视角中的精细考量。节目既追求事件本身的新闻效应,又追求对事件的深层解读。

以杭州湾跨海大桥为例,在众多媒体的宣传报道中,大桥建成后的社会经济意义已经众所周知,如果仍以此为出发点,将毫无创新可言。于是,交广记者的大桥系列报道以数字为出发点,通过对比、比较,为受众提供具体形象的参照,再以结果参数反映大桥建设的艰难和成就。譬如,报道大桥建设,混凝土用量245万立方米相当于再造8个国家大剧院,用钢量80万吨相当于再造7个"鸟巢"。如此新意盎然的报道更容易被受众接受。

着眼新亮点关键在于"新"字,围绕着"新"字做文章,势必要摆脱故有经验和套路的束缚。宁波交通广播的年轻、经验不足,反倒使频率在促成求索过程中"少一些既定模式,多一些突破创新"。

### 四、打造品牌,和谐交通

宁波交通广播是宁波电台旗下具有全新机制和鲜明形象的专业频率。自2000年1月1日绚烂登场以来,以其清新明快的节目风格、时尚新锐的观念定位和精巧鲜活的品牌形象迅速崛起,在很短的时间内成为具有巨大社会影响力和市场号召力的强势广播媒体,频率的品牌建设着眼在"栏目品牌化建设"、"与节目有关的品牌交通活动"两方面。

在"栏目品牌化建设"上,《交通直播网》策划的重大、特大交通生活报道深入人心,其间播出的新闻专题节目也因时效性强,对百姓日常交通生活指导意义强,屡获国家、省政府大奖。

考虑到宁波的地域文化特色,外来务工人员多、大学校区青年听众集中的特点,频率特别注重宁波本土文化的宣传,创建了一系列宁波文化生活和交通生活相结合的文化娱乐类栏目:展现宁波地方文化的大型综合性文艺类栏目《如意鸟》、表现交通生活喜怒哀乐的《开心TAXI》、传递宁波车市快报及汽车后服务市场的《激情飞跃 我爱我车》等。

交通折射生活,交通传导生活。宁波交通广播正在与宁波人民共同创建一个康庄大道的理想,构筑一张美好和谐的交通图景!

〔辛雪莉:宁波人民广播电台副台长、宁波交通广播总监〕

# 打造餐饮文化的盛宴
## ——谈《一品长安》运营攻略

强 毅 罗 宁 姚 剑

2004年7月陕西交通广播开办了服务市场的餐饮节目《一品长安》，经过几年的发展，2006年《一品长安》以600万的创收佳绩成为陕西省单项节目创收之最。截至目前，《一品长安》先后加盟的理事单位达到200家，实现了广播节目市场化赢利的最终目标。

### 一、交通广播办餐饮节目的优势

在"大交通、大资讯"的引导下，办移动人群需要的生活信息类节目，成为交通广播另一个商业增长点。以"体验周秦遗韵，品味汉唐食风"为宗旨的餐饮节目《一品长安》，从小吃着手吸引受众，制订出符合地域特色的广告推广方案，为交通广播的产业化带来了新的契机。

目前各地兴办的交通广播已成为当地的强势媒体，收听率和广告创收都位居前列，成为交通广播创办餐饮节目强大的生存根基。广播收听群体有着较强的购买和消费能力，对餐饮广告客户具有很强的吸引力。

### 二、《一品长安》的运营技巧

1."三化"创新技巧

（1）广告节目化

多年来广告和节目都是两张皮，不能够融会贯通、彼此补充。广告量大就会影响节目的内容和可听性。针对这种现实存在的问题及经营类节目面临的诸多矛盾，节目提出将商业气息浓厚的广告内容转化为可听性较强的播出内容，将强制性的灌输广告转化为吸引听众的节目内容，使硬广告和软广告都成为有效的信息内容。对节目进行前期编排的同时,注重广告内容的二次编辑。这种广告的播出方式更受听众的喜爱和餐饮企业的认可,市场反响很好。

(2)节目故事化

如果说广告节目化是一种创新思路,那么节目故事化就是实践的一种方式。在节目中,大量的节目内容都是以故事的形式出现,主持人将菜品传说、店家招牌菜等分角色演绎,从而营造一个特色鲜明的场景,使听众浮想联翩、产生强烈的好奇心。在介绍菜品的同时,主持人用自己的语言层层递进、设置故事悬念,吸引受众的注意力。

(3)内容生活化

内容生活化是指播出内容贴近生活。在节目中让听众换位体验,亲身参与餐饮行业的服务部门,通过自身的体验活动,展示餐饮行业的方方面面,使大家在参与和收听过程中感受一种独有的味觉文化。

2.声音构建立体餐饮

(1)广播语言的表达

广播的有声语言是语言与声音的结合,语言借助声音的魅力,才能将其意义表达得恰如其分。在介绍餐饮的过程当中,要求语言精练、幽默。在餐饮节目当中,每一个餐饮店的介绍、每一样特色菜的推荐,都要表达得准确生动、简洁凝练,才能在短时间内使大家留下最深刻的印象。

(2)音响的辅助表达

音响音效能够增强节目内容的现场感和逼真度。特定的音响表现可以塑造特定的餐饮空间,使节目更加形象化、生动化,使听众产生联想和想象。例如人声喧嚣的背景音效或者是锅碗瓢盆的碰撞声,会让听众产生一种犹如在店内亲身经历的效果。在宣传餐饮店的年夜饭时,为了突出节日的气氛和菜品的特色,我们在直播间运用了水杯模拟喝汤以及酒杯的碰撞声等,充分调动听众的味觉感受。

(3)音乐的衬托表现

《一品长安》在节目的整体衬乐上要求跳跃、明快、富有特色,音乐响起的时候让听众有一种跃跃欲试想要品尝的冲动。在介绍不同菜系时,也尽量选用当地的音乐。例如在介绍陕西地方小吃时,选用一些较为熟悉的秦腔曲牌。

### 三、《一品长安》的广告定位

在广播广告宣传定位上,既要综合考虑相关因素,又要充分体现餐饮行业的个性及特点。

#### 1. 制定理事单位制度

我们专门为《一品长安》制定了符合自身特点的理事单位制度,将30秒的广告拆分为5秒、10秒、15秒,打散到全天的节目当中。这种短小精悍的广告形式使得企业品牌更加突出,早、中、晚的播出满足了餐饮企业在全天不同时段的需求。在此基础上,又制订出不同种类的广告卖点,例如"招牌菜推荐"、"车位餐位播报"、"美食现场"、"美食出击"等,为吸纳广告开设了多种多样的广告窗口。既有套餐的打包形式,又有针对小型餐饮企业的单项广告形式,自主选择度更高,更符合市场的需求。

#### 2. 注重特色品牌

每家餐馆都有自己的特色和风格,广播电台的广告宣传应让消费者一听就知道这家餐馆经营什么、特点特色是什么。在餐饮经营进入精品化、特色化、专卖化的今天,这种广告宣传尤为重要。

#### 3. 注重餐饮文化

现代餐饮"吃"不是主要内容,更多的时候吃饭是交友、聚会、商务谈判的一种手段,这也赋予了餐饮更多的文化特点。餐饮文化宣传要有一个正确的定位,即宣传什么、怎么宣传、弘扬突出什么文化,要根据餐馆自身特点,找准切入点,吸引大家的兴趣。

### 四、餐饮节目存在的问题

目前,各地电台在利益的驱使下盲目模仿照搬和移植餐饮节目,并没有结合自身资源,导致餐饮节目风险犹存。

#### 1. 餐饮市场不成熟

餐饮市场对于广播餐饮节目缺乏认知,对于餐饮节目的运作缺乏思考。因此,广播餐饮节目要与当地的饮食文化、餐饮市场相联系。

#### 2. 节目广告运营和市场相互脱节

餐饮节目需要相应的广告制度,它是在了解市场和客户需求的基础上制订的,与餐饮市场相辅相成、互为鱼水。如果只是按照固有的广告模式,不结合餐饮市场特点制订相应的广告制度和广告价位,是不会被市场和客户认可的。

#### 3. 主持人缺乏对餐饮市场的掌握和分析

专业化的广播、专业化的节目,要求餐饮节目的主持人成为餐饮方面的专家,对餐饮企业的运营策划等,要有独到的专业见解。主持人是餐饮节目的关键,除具备基本素质以外,还要求主持人具有很强的幽默感、话筒前的表演能力、讲故事的能力,甚至能够掌握几种方言,能将菜品的色香味形转化为语言上的"酸甜苦辣咸",让听众感受到语言带来的"味道"。

基于此,《一品长安》不断地出新点子,不断地强化节目品牌,常换常新,成为陕西广播界的知名品牌,成为生命力旺盛的专业化节目。只有增强自身竞争力,巩固已取得的优势地位和避免竞争对手模仿,才能不断满足市场的需求,办好交通广播的餐饮节目。

〔强毅:陕西交通广播总监;罗宁、姚剑:陕西交通广播主持人〕

·活动探微·

# 红色直播,激情绽放
## ——江西交通广播纪念长征胜利七十周年直播特别节目

蓝 蔚

江西是中央主力红军进行长征的出发地,为纪念长征胜利70周年、庆祝新中国成立57华诞,江西交通广播在2006年10月1日推出了《传承长征精神,传唱交通赞歌——纪念长征胜利七十周年直播特别节目》。上午9点整,直播特别节目雄浑的大版头响起时,导播室的工作人员都为直播室里的两位主持人捏了一把汗。一个小时的直播中,将穿插10个大小版头、6个省内外直播连线、12段录音报道、6个小专题,同时还要关注短信平台。一个小时后,两位主持人说出结束语、推上结束曲时,导播室响起掌声和欢呼声。特别节目丝丝入扣、无缝对接,江西交通广播和广大听众一起,在红色十月,向万里长征致敬、为伟大祖国喝彩。

## 一、策划:"众里寻她千百度"

周俊杰总监明确了本次特别活动的主题:用广播特点反映交通变迁,用交通变迁透视长征精神的时代意义。确立了主题,我们延伸了长征的四个点:江西是长征的出发地,遵义是长征的转折点,会宁是长征的会师地,延安是长征的落脚点。长征精神的传承:苏区精神、长征精神、延安精神。而说到交通变迁,本质的变化是纵贯南北、横跨东西大交通格局的形成⋯⋯

一个视野更加开阔的报道计划渐渐地浮出了水面:通过直播特别节目的载体,中央主力红军经过的十省区电台联合协作,从"长征路的交通变迁"这个角度,以直播连线、录音报道、小专题等多种体裁、多种方式,去表现题中应有之义。一个小时的直播节目已经呼之欲出。

## 二、采访:"战地黄花分外香"

采访队伍终于出发了。

瑞金云石山,当年毛主席、张闻天就经常在后山散步、聊天、看书、读报。跨过古寺的那道门槛,是下山的路,当年贺怡抱着毛毛跨过这道门槛走了,主席和贺子珍跨过这道门槛长征了。

不到苏区不知道那儿的人故事多。赣南是江西的南大门,但当初遭大山阻隔,信息不通。如今赣南的交通便利,南大门的作用已经突显,赣龙铁路直通闽三角,京九铁路和赣粤高速直通珠三角,山门打开,风生水起。

我们准备工作做得足,采访非常顺利,难得的都是现场同期声、典型环境中的典型人物的典型音响,用三台MD一并打包回家。

## 三、编辑:"为伊消得人憔悴"

原本计划10月中下旬播出的节目,突然决定提前到10月1日国庆推出,而距离国庆一周的时间里,手上的东西没有一件是成品。

紧急联系外省记者连线和录音报道,整理采访资料和音响,前期配音和制作……大家忙得不亦乐乎。这一周内,大家几乎没有睡觉,实在困了,就在电脑前趴一会儿。直播文稿出来后,大家才长舒了一口气。

10月1日上午9点,江西交通广播精心策划、全国多家电台共同协作,如期推出了《传承长征精神,传唱交通赞歌——纪念长征胜利七十周年直播特别节目》。节目从"长征路的交通变迁"这个角度,纵贯70年,横跨10省区,以饱满的激情、缜密的报道,展现了当年红军长征途中的崎岖小路、天堑险地发生的翻天覆地的变化,突出展现"十五"以来各地交通建设以及经济社会发展成就。许多听众激情难抑,给节目发来大量短信,表达自己对长征精神的理解。

节目播出后,受到听众和领导的好评,大家认为这期特别节目运用了大范围、大时空和多层次的交叉整合,融合新闻、专题、资讯和听众短信,在有限的节目时间内,向听众提供了丰富的信息和思维延伸的空间。节目还运用了大量生动的现场音响、历史音响以及典型音乐等各种声音元素,通过对长征路上的现象变迁、思想脉络和精神内涵的综合发掘,使伟大的长征精神再一次以生动鲜活并富有力度的方式展现在广大听众面前,彰显了广播富有魅力的声音世界和独特的媒体优势。

在这期特别节目的整个采编过程中,大家被全国交广一家亲、团结协作的精神深深感动。福建、广西、云南、四川、陕西交通广播,虽远隔千里,从未谋面,却因这期红色直播节目走到了一起。为了一个连线、一个报道的细节,大家反复磋商、反复修改,付出了辛勤的劳动。是长征精神鼓舞着大家,激励着大家,长征精神永存!

〔蓝蔚:江西交通广播新闻资讯部主任〕

· 年会特辑 ·

# 中国广播电视协会交通宣传委员会
# 第十三届年会暨全国交通广播总监工作会议纪要

中国广播电视协会交通宣传委员会第十三届年会暨全国交通广播总监工作会议于2007年12月2日至8日在安徽合肥隆重召开。本届年会由中国广播电视协会交通宣传委员会主办,合肥人民广播电台、合肥电台交通广播、安徽省公安厅交警支队和合肥市公安局交警支队共同承办。

中国广播电视协会会长李丹,中国广播电视协会副秘书长张莉,中国广播电视协会交通宣传委员会副会长兼秘书长潘力,副会长秦晓天、林玲、乐建强、聂晓蓉、董传亮、汪湃,合肥人民广播电台台长陈强,安徽交警总队副总队长马闯,合肥公安交警副支队长张晓明,浙江省交通管理局副局长吕水泉,江西省公安交警总队副总队长龙毅,宁夏广播电视总台副总台长牛中奇,银川市广电集团党委书记总台台长韩宁国,山西省广播电视总台副总编辑台飞舟等有关单位领导出席了大会,来自全国各地64家会员单位的代表和24家公安交警部门的代表共189人参加了大会。

中国广播电视协会交通宣传委员会副会长兼秘书长潘力主持会议。大会在庄严的国歌声中开幕,合肥人民广播电台台长陈强、安徽合肥交警代表安徽交警总队副总队长马闯致欢迎词,中国广播电视协会副秘书长张莉致贺词,公安部致贺信。

大会向荣获2006年度中国交通广播创优评析获奖单位颁发了证书,向一年来中国交通广播网全国"双十佳"通联代表颁发了奖杯和证书,两项颁奖将开幕式气氛推向高潮。

年度工作会议期间,中国广播电视协会交通宣传委员会副会长、羊城交通广播总监林玲向大会作了《2006-2007年度中广协会交通宣传委员会财务工作报告》,中国广播电视协会交通宣传委员会副会长、上海文广集团新闻中心主任乐建强对"2006年度中国交通广播节目创优评析活动"进行了综述。

中国广播电视协会交通宣传委员会副会长兼秘书长潘力向大会作了《中广协会交

通宣传委员会第三届理事会2006—2007年度工作报告》。报告指出,在过去的一年里,交通宣传委员会在全体会员的支持和努力下,在促进提高交通广播节目质量和管理水平、推动交通广播的改革和发展等方面发挥了积极作用。交通宣传委员会在已有的基础上,全面贯彻党的十七大精神,力求把各项工作做得更加扎实、更加富有成效,为会员单位提供更多、更好的服务,把广播产业结构的优化升级进行到底。在未来的媒介生态格局中,交通宣传委员会将致力于大力推进交通广播产业化进程,打造全国性交广汽车俱乐部;积极探索节目共享平台的建设,促进交通广播节目制作市场化;强化理论研究的指导性,为交通广播发展奠定坚实的理论基础;加快自律维权工作的进度,保持交通广播行业的健康发展;深化创优和培训工作机制,努力提升交通广播的市场竞争力;扩大合作交流的范围和形式,构筑中国交通广播整体形象。

大会年度工作会议还邀请范长江新闻奖获得者黑龙江交通广播节目主持人亓欣莉和中国影视大奖获得者北京交通广播节目主持人杨洋作了典型经验介绍。

本次大会的一大特色是两场高峰论坛的第一场,设在了江淮汽车股份有限公司的会议厅。论坛上,北京交通广播总监秦晓天作了题为《立足本地 拓展全国——北京交广汽车俱乐部的发展思路》的主题演讲,大连交通广播总监作了题为《做好交广产业增量的文章》的主题演讲,深圳交通广播副总监潘迪作了《规模经营概念下的跨区域合作——谈广播跨区域合作的可能性》的主题演讲,陕西交通广播总监强毅作了《搭建全国路况联播节目平台势在必行》的主题演讲,浙江交通广播总监董传亮作了《探究交通广播的可持续发展》的主题演讲,辽宁交通广播总监李绍东作了《关于交通广播产业发展的困惑与思考》的主题演讲,得到与会代表的认同和好评。

在次日举办的高峰论坛上,国家广电总局发展研究中心产业所所长、教授陈共德作了《我国广播影视产业发展的新历史起点》的学术演讲,北京人民广播电台副总编辑王秋作了《广播网络化经营现状及前景分析》的学术演讲,中国传媒大学名誉校长刘继南作了《为传媒业界服务:中国传媒大学的使命》的学术演讲。

大会期间,来自全国各地交通广播的代表和公安交警部门代表分成省级交通广播、市级交通广播、公安交警三个组进行了讨论和交流。与会代表一致认为,在过去的一年里,在中国广播电视协会的正确领导下,在公安交警部门的大力支持下,在各会员单位的共同努力下,中国广播电视协会交通宣传委员会按照委员会章程规定的宗旨和基本任务,在坚持正确的舆论导向的基础上,加强了全国各地交通广播的团结协作,增强了会员的凝聚力,共同实现了全国交通广播事业可持续发展以及交通宣传委员会自身完善等项工作,取得了优异成绩。

在大会闭幕仪式上,大会宣读了《关于中广协会交通宣传委员会增补理事、常务理事、副会长人选情况说明》、《关于批准广州交通广播等 4 家非会员单位入会申请的决定》、《关于取消齐齐哈尔交通广播、中央电台经济之声会员单位资格的决定》、《2008 年中广协会交通宣传委员会第十四届年会暨全国交通广播总监工作会议的承办授权书》。

中国广播电视协会副秘书长张莉作了重要讲话。讲话指出,交通宣传委员会要进一步抓紧落实年会确定的工作目标和任务,组织各会员单位分步实施;今后组织的活动、开展的项目,要更加务实、更加贴近会员的需求和市场的需求,把代表们对立足本地搭建全国交广汽车俱乐部联盟、建立"全国路况联播"平台和建立全国交广通联制度等议题落到实处;要借助传媒高校和各种媒体的优势,以"大传播,全媒体"的理念,不断拓展交通广播的新领域,以交广产业的增量推进中国广播事业的大发展。

在闭幕仪式上,宁夏交通广播副总监武杰还作为 2008 年承办单位代表向大会发表了热情洋溢的讲话。会议决定:2008 年中国广播电视协会交通宣传委员会第十四届年会暨全国交通广播总监工作会议在宁夏举办,由宁夏广播电视总台、宁夏交通广播和宁夏公安交警总队(支队)共同承办。

· 创优评析 ·

# 本土化、精品化、产业化
## ——2006年度中国交通广播节目创优评析活动综述

### 王 娟

由中国广播电视协会主办、中国广播电视协会交通宣传委员会承办、合肥交通广播协办的2006年度中国交通广播节目创优评审会于2007年4月27日至29日在北京举行。与往年不同,本届评审会将与2007年的中国广播影视大奖接轨,交通宣传委员会将推荐优秀节目参加中国广播影视大奖选拔,在送评渠道中,享有与各省、市、自治区、直辖市协会(学会)相同的推荐参评作品的权利。经过专家评委们认真评议,最终选出两件作品参加2007年中国广播影视大奖的评选,分别是上海交通广播采制的短消息《加气难难倒出租车》、北京交通广播采制的专题《曹女士事件引发的思考》。

### 一、评奖概况

本届创优评析活动的评审专家由中国广播电视协会领导、中国广播电视新闻奖评委与传媒学者、交通宣传委员会会员单位代表(含交警代表)三方面共同组成。

按照2006年中国交通广播节目参评数量及比例分布,共有10项内容、309件作品参加评审。评审出一类作品19件、二类作品43件、三类作品75件、十佳栏目10件,合计147件(论文评审结果除外)。共有56家会员单位参与评审。

### 二、分类阐述

#### 1.短消息

广播短消息最大的特点是短、平、快。作为交通广播节目评析活动,短消息一要突出广播特色,二要与交通结合,突出时代精神和现实意义。评为短消息一等的作品有2件,分别为北京交通广播的《8条公交线路开进19个行政村,房山区率先实现村村通公交》和上海交通广播的《加气难难倒出租车》。

北京交通广播选送的《8条公交线路开进19个行政村,房山区率先实现村村通公交》题材好、角度新,报道内容全面深入,不仅让新闻的视点落在公交车开得通上,更重要的是关心这些线路如何留得住。"村村通公交"是在2005年"村村通公路"的基础上,政府部门为了促进农村发展、改善农民生活实施的又一项重要举措。道路竣工是开通公交线路的前提,而公交线路的延伸则是把通路的作用进一步落到实处,让村民特别是山区村民切实感受到通路带来的变化、出行成本的降低、城乡来往的便利,促进和谐社会的建立。

上海交通广播选送的《加气难难倒出租车》是在全球油价飞涨,导致车用油气供应紧张的大环境下,及时发现并报道相关事件的一篇合时之作,切中时弊是本篇报道最大的亮点。作品结构紧凑、条理清晰,素材选用得当、手法表现精准,值得称道。记者将采访中了解到的一些油气站故意找借口停止供气等情况作了披露,既将事件公布于众、及时疏解了积压在老百姓内心的怨气,又非常及时地提醒政府管理者,对事态可能的发展引起高度重视。

短消息虽然不如专稿、连续报道、系列报道等厚重,但如果能够写出分量,则可以达到"四两拨千斤"的效果。只要善于挖掘新闻事实的内核,抓住关键细节,提炼意义,就可以把广播消息写得短而深。

2. 长消息

与短消息有所不同的是,长消息可以比较充分地运用音响,增加比较详尽的评论,通过事实表达某种情感。这次评为一等的作品分别是江西交通广播的《千里浙赣电气化,百年干线新跨越》、辽宁交通广播的《烟大铁路轮渡渡船首次穿越渤海海峡抵达烟台》和延边交通广播的《安图县五台报废公交车上路运营》。

江西交通广播的《千里浙赣电气化,百年干线新跨越》这篇录音报道创新了铁路重点工程竣工报道的表现手法,新闻视点越过仪式现场,落在了全国乃至世界铁路发展的格局中;同时报道视点紧随百年干线的嬗变跨越了三个世纪,用大时空跨度表现了"新世纪,新跨越"的主题,既有鲜明的时代感,又有历史的纵深感。这篇报道采访深入,选材精当,许多素材都是记者经多次深入采访并翻阅大量史料而获得的,成为报道中最权威、最关键的数据,突显了报道主题,也增加了报道的内涵。

辽宁交通广播的《烟大铁路轮渡渡船首次穿越渤海海峡抵达烟台》这篇消息准确地抓住了烟大铁路开通的历史时刻和重大意义,烟大铁路开通对振兴东北老工业基地、加快东北亚经济圈的建设有着重要的历史意义。这篇报道现场感强,语言简练,信息量丰富。

延边交通广播的《安图县五台报废公交车上路运营》是一则如实反映安图县建设局私自延长公交车报废期限、给百姓乘车带来安全隐患的消息，较好地发挥了新闻舆论的监督作用。记者将问题及时反映给了车辆主管部门，引起到重视。作品主题鲜明，内容深入人心，广播特点突出。稿件播出后在社会上引起了强烈反响，对安图县政府主管部门解决这一问题起到了直接的推动作用。

这三篇作品有以下几个共同点：首先，新闻题材具有交通特色，具有重大的社会意义；其次，发挥了广播的声音优势和在突发事件中快速、及时报道新闻的优势，突出了广播随时收听、动态收听的特点；再次，重视广播的贴近性和服务性，从而得到听众的认可和喜爱。

3. 新闻专题

新闻专题是按照一定的主题和体裁组织内容，使之成为有机整体的广播新闻的节目类型，它以专门反映某一领域的发展变化为节目的内容取向，要求对所反映的领域深入挖掘，广泛研究。这次评为一等的作品分别是羊城交通广播的《广州禁摩报道》、北京交通广播的《北京黑车现象调查》、湖南交通广播的《爱心专列进北京》和合肥交通广播的《千朵玫瑰，呼唤文明出行》。

羊城交通广播的《广州禁摩报道》，紧紧抓住广东近年来经济迅猛发展，已步入汽车普及时代的大背景，通过多宗极具警醒意义的典型交通事故案例，强烈冲击听众的耳朵，使节目集真实性、可听性、教育性于一体，发人深省。该报道构思巧妙，选题立意深刻，耐人寻味。同时，运用多种音响效果，充分发挥广播特色，调动各种丰富声源，通过肇事司机、事故受害家属、目击者等人的各种声音，增强节目的震撼力，可听性极强。

北京交通广播的《北京黑车现象调查》，针对黑车现象，三名记者历时半个月，冒着种种危险，克服重重困难，深入黑车较多的城铁沿线和偏远小区，了解当地居民出行状况；想办法接近黑车司机，了解他们的想法；并采访了一直战斗在打击黑车第一线的执法人员，采访了专家和上海、杭州等兄弟城市在治理黑车方面的经验做法，制作出三期《北京黑车现象调查》专题节目，从现象、根源和破解之道三个方面，对北京黑车展开深入剖析。该节目在《今日交通》栏目连续三天播出后，引起市领导、相关执法部门和听众的关注，上千名听众给北京交通广播发短信、打电话，发表看法、提出建议。市交通执法总队等相关执法部门负责人也给交通广播打来电话，了解记者对黑车现象的调查采访情况，表示会进一步想办法解决黑车问题。

湖南交通广播的《爱心专列进北京》以爱心专列开行为主线，全面展示了活动过程中,社会各界践行社会主义荣辱观、团结互助、无私奉献的精神,勾勒出一幅和谐生活的图景。节目结构严谨,语言清新,音响丰富,主持感情充沛,具有较强的可听性和感染力。

合肥交通广播的《千朵玫瑰,呼唤文明出行》关注的是合肥市交警部门开展的一次"另类"安全教育活动。该节目从"三贴近"的角度出发,关注目前在合肥市交通管理工作中存在行人乱穿行却得不到有效管理的问题,从全新的角度,为交警部门"温情执法"的大胆尝试喝彩。节目认为在新形势下,交通管理者的工作已经不能仅仅停留在处罚层面,和谐的交通环境、有效的交通管理需要更多的努力和创新。节目播出后引起了当地听众广泛的关注,产生了积极的影响。

4. 十佳栏目

这次获得十佳栏目的有:北京交通广播《1039 交通服务热线》、上海交通广播《新闻快车道》、辽宁交通广播《新闻麻辣烫》、黑龙江交通广播《交广投诉台》、合肥交通广播《交广早班车》、沈阳交通广播《石头说话》、青岛交通广播《交通热线》、河北交通广播《交广时空》、江苏交通广播网《新闻调查》和乌鲁木齐交通广播《城市特快》。

北京交通广播的《1039 交通服务热线》为听众提供交通方面主要是汽车维修的服务,主持人通过轻松风趣、贴近生活、贴近百姓、张弛有度的调侃,将本身单调、枯燥的修车话题和交通方面的服务信息传达给听众。参评的这期节目是主持人与上海大众的汽修专家为听众解答汽车维修方面的问题,并穿插以轻松幽默、互动性强、贴近生活的"题外话",节目短信量 2200 多条,听众反应热烈,参与积极。

《新闻快车道》是上海交通广播主打的综合新闻直播节目,作为上海地区《990 早新闻》和《东广早新闻》这两大上海广播新闻节目的一种延续和补充,该节目侧重交通热点新闻,同时关注国内外重大事件,充分发挥广播"汇天下之精华,扬独家之优势"的特点和交通广播的交通侧重点。节目采取直播新闻的形式,便于随时插播路况信息和提高新闻的时效性,运用现场连线、记者报道、即时插播等多种手段,使新闻事件传递更及时、现场感更强烈。开播至今近 5 年的时间,《新闻快车道》受到广大听众特别是驾车者的青睐,已成为上海各个交通相关行业了解情况、传递信息和获得信息的首选媒体栏目。据收听调查,《新闻快车道》节目的收听率始终居上海交通广播前列。

辽宁交通广播《新闻麻辣烫》栏目创建于 1998 年,是一档以舆论监督为主的新闻评论节目。节目开创辽沈地区"说新闻"的先河,形式新颖,内容具有极强的贴近性,贴近百姓生活、贴近听众的心理诉求。开播 7 年来,收听率一直高居全省广播栏目榜首。2006 年《新闻麻辣烫》更加注重节目的贴近性,保持辛辣风格,凭借"超低空飞行"的贴近生活视角和"舆论监督"的节目性质这两大法宝,在强者如林的媒体竞争中独树一帜。2006年累计常规广告创收1008万元,为辽沈地区单个广播节目创收之最。

黑龙江交通广播的《交广投诉台》是一个以受理听众投诉为主的新闻性专栏。该栏目充分发挥新闻媒体舆论监督的作用,倾听群众呼声、关注社会热点、了解百姓疾苦、揭示社会矛盾、监督解决问题,是目前黑龙江交通广播收听率最高的栏目之一。

合肥交通广播的《交广早班车》创办于2001年3月,是合肥交通台早间7:00—8:00播出的一档新闻性栏目。内容涵盖出行人群和驾车人群所关心的民生新闻、气象信息、交通资讯及当前的市区路面通行情报汇总,信息量大、实用性强。有别于其他电台早新闻的"严肃面孔"或某些都市早报的广播版,主播在垫乐的配合下轻松播报,与路面交警互动交流,形式别具一格。目前,该节目在合肥听众中拥有较高的美誉度。

沈阳交通广播的《石头说话》是辽沈地区唯一"围绕交通运输领域为老百姓维权",唯一能够做到早间6:30—7:00接投诉,当天下午16:00—16:30有回音的监督投诉类的节目。2006年3月节目一经推出便一炮打响,被听众称为"敢于碰硬的石头、求真务实的石头、善解人意的石头",被市领导称为"长于沟通的石头、理顺情绪的石头、促进和谐的石头"。该节目实现了全国广播监督投诉类维权节目"听众当天投诉、电台当天回音",是沈阳交通广播的一次突破和创新。

《交通热线》是青岛交通广播成立近8年来,唯一一档节目名称未变、播出时间段未变、主要的节目主持人未变的主打栏目。节目本着针砭时弊、激浊扬清、弘扬正气、创造和谐的服务宗旨,8年来,节目风格日益成熟,并为越来越多的受众所认可。节目收听率调查,在移动受众中排名以绝对优势列第一位,栏目多次被评为青岛人民广播电台十佳栏目,主持人多次获得青岛人民广播电台十佳节目主持人称号等。

《交广时空》是河北交通广播的一档老牌新闻节目,1998年创办至今,深受广大听众喜爱,曾获2000年度河北省广播电视十佳栏目奖。2006年节目全新改版,在继承以往优势的基础上,对节目内容和形式进行了全面调整。特点更趋鲜明:内容选材更加注重百姓视角、关注民生;关心交通及社会各项事业的和谐发展,塑造全新新闻理念;栏目设置更加注重专业特色,张扬个性;播出形式大胆创新,播报方式不断改革。《交广时空》直播、录播结合现场报道,记者编辑参与栏目主持,气象信息播报专设主持人服务,全方位拓展专业广播新闻资讯节目的新形象。

《新闻调查》是江苏交通广播网最具深度的新闻栏目,此栏目以记者的调查记录为表现手段、以探寻事实真相为基本内容、以做真正的调查性报道为追求目标,崇尚理性、平衡和深入的精神气质。节目以关注新闻的人群为主要受众,这一人群相对具有较高的知识结构，有一定的社会地位，并且收入稳定，善于观察社会、评论事件。在选题方面，《新闻调查》充分体现了"三贴近"的原则，贴近生活、贴近实际、贴近群众，关注民生。采访报道以平民视角切入，提升舆论监督的力度，在揭示社会现象的同时，向百姓宣传政策法规，维护其合法权益。作为交通电台的新闻节目，《新闻调查》在内容选择方面优先考虑交通参与者的关注需求，有意识地增加了交通领域的报道。开播一年半的《新闻调查》栏目，已经成为江苏交广网的名牌栏目，在媒体市场中独树一帜。

《城市特快》节目在乌鲁木齐地区广播节目中收听率很高，它以丰富、及时、准确的新闻资讯，亲切、清新、自然的播报风格，精当的编排方式和专业的服务特色在众多广播早间新闻节目中脱颖而出，不仅赢得了受众的青睐，也获得了专家的好评。开播 6 年来，该节目多次获奖。本次选送的作品体现了乌鲁木齐交通广播新闻资讯类节目服务性、伴随性、贴近性的特点，紧紧围绕听众关注的热点，充分满足听众的收听需求，为构建和谐交通发挥作用。

5. 路况信息

到目前为止，路况节目依然是交通广播的生命线。通过该奖项的评审，我们希望既能够比较真实地反映各频率采集、编辑、播报交通信息的操作能力，也能够比较出交通广播在交通信息处理方面的宏观策略与态度的异同，共同研究怎样把路况信息做得更好、更实用、更有效。

评为一等的作品是上海交通广播的《938 路公交撞上电线杆多人受伤》。2006 年以来，上海交通广播专门成立了十多人的"路况报道组"，全天为交通广播的既有受众群服务，并为上海广播中的其他 3 个新闻资讯频率提供交通信息，全天累计播出路况信息达 75 次，信息总量超过 800 条次。

上海交通广播全面提升了信息收集平台，专门成立了"交通信息处理中心"，设立了 62780110 路况报警电话、5234 路况短信平台、巴士出租公司 GPS 卫星调度系统、强生出租公司 GPS 调度系统、上海停车信息广播发布系统。此外，还与交警总队监控中心、上海快速路监控中心、上海高速公路监控中心、浦江隧桥监控中心、上海市出租汽车行业调度中心、各大汽车牵引公司等单位建立了信息同步共享对接系统，可直接提供信息的"移动路况信息员"5500 多名，实现了对城市道路交通的有效掌控。

路况信息《938 路公交巴士撞上电线杆多人受伤》，只是上海交通广播全天制作播出的 800 多条信息中的一个。表面看这条信息非常普通，但该条信息的及时播出，恰恰体现了上海交通广播"路况报道组"的专业化运作模式和上海交通广播掌控城市交通信息变化的能力。此外，作为路况信息播报的一般模式，多条信息的组合播报，也充分体现了上海交通广播路况报道信息快捷、准确、权威、量多、面广等专业特质。上海交通广播的路况信息有效缓解了城市道路拥堵,深得社会各界的广泛喜爱和好评。

### 6. 评论

广播评论要有广播特色,用音响以声感人、以声夺人,具有大众化、口语化的特点,同时深入浅出、节奏明快、入情入理。2006年评为一等的作品是北京交通广播的《铁路票价上浮岂能"一锤定音"》。本期节目分析透彻、层层递进,节目播出后在听众中产生较大反响,他们认为节目说出了自己的心声,有助于推动政府部门及时对铁路票价政策作出调整。北京市委宣传部领导专门表扬了这期节目。

### 7. 综合节目

交通广播的综合节目必须与交通相关,突出交通特色,否则无缘参与评奖。今年获得综合节目一等的有江西交通广播的《公交开进机场还要等多久》、大连交通广播的《大连好人,做东来看你们了》和北京交通广播的《曹女士事件引发的思考》。

江西交通广播一直高度关注昌北机场的公交问题,2006年"两会"期间,邀请连续8年提交《公交开进机场还要等多久》提案的省政协常委李季仁以及南昌市公交公司的负责人做客直播节目,同时开通听众热线,并连线湖南、安徽两省交通广播记者,多方展开面对面的直接对话,群策群力关注这个热点问题。该节目题材选择具有代表性,高度关注社情民意。节目互动充分,具有鲜明的广播特色,语言精练、布局得当、层层推进。节目播出后,相关部门高度重视,就昌北机场公交开通有关事宜进行反复调研,在各界人士的共同努力下,昌北机场的公交问题终于得以解决。2007年2月1日春运前夕,南昌市公交公司开通两条南昌市内至昌北机场的公交线路。

大连交通广播的《大连好人,做东来看你们了》,以四年前湖北襄樊的哥在大连乘客劝说下的救人事件为基点,通过的哥千里迢迢来大连寻找"大连好人"为线索,辅以大量新闻事实阐述"大连好人"使他的生活和心态发生的美好转折。典型的人物和事件使题材本身极具故事性和独特性,作品报道的是"襄樊的哥",却有力地折射出大连人民的善良热情,展现两座城市人民的文明和友谊,倡导的是爱心的传递,使作品极具张力,听起来环环相扣、引人入胜。

北京交通广播的《曹女士事件引发的思考》,以一起交通突发事件为切入点,再现了当生命危在旦夕时,电台、听众、交警、百姓、政府部门齐心协力,把一位陌生人从死神手里夺回来的感人场景。丰富的音响资料和巧妙的串联把这个故事讲得感人至深。节目歌颂了人间真情,反映了社会和谐。节目从法理、医学角度全面分析了事件避免的可能性,提醒大家经常忽略的问题,最后上升到人们的社会公德意识。节目播出后引起了强烈的社会反响,听众一方面为真情所感动,另一方面也反省自身。

8.特别节目

特别节目主要针对某一重大事件、重要活动、人物、纪念日、节日、庆典等专门制作,所以不可避免地出现资源上的差别。如果事件本身具有重大意义,那么节目就具有先期优势。但是这并不意味着以一些相对平凡的事件为素材不能做成精品。本次获奖的作品分别为:江西交通广播的《传承长征精神,传唱交通赞歌——纪念长征胜利七十周年特别节目》和羊城交通广播的《"3·16"特大交通事故直击》。

2006年是红军长征胜利七十周年,江西是中央主力红军长征出发地。江西交通广播精心策划,联合全国六家省级交通电台和四家市级电台共同协作,推出本期直播特别节目,该节目力求运用大范围、大时空和多层次的交叉整合,融合新闻、专题、资讯和听众短信,在有限的节目时间内为听众提供大量丰富的信息。节目运用大量生动的现场音响、历史音响及典型音乐等多种声音元素,通过对长征路上的现象变迁、思想脉络和精神内涵的综合发掘,使伟大的长征精神再一次以生动鲜活并富有力度的方式展现在广大听众面前。

羊城交通广播的《"3·16"特大交通事故直击》具有以下特点:事件影响大,社会关注程度高;两个多小时跨度的现场报道,引发听众群的高度关注;羊城交通广播及时、权威、全方位直击报道的特点被发挥得淋漓尽致。羊城交通广播作为当地最早报道该信息的媒体,积极参与直播报道,对指引车辆有序行驶以及协助职能部门开展工作起到重要作用。当时,羊城交通广播是唯一一家允许进入事故核心现场协助广州交警作疏导报道的新闻媒体,这是交通广播的优势和骄傲。

通过近几年的创优评析我们发现,特别节目的整体质量一直保持较高水平,这表明广播媒体对大型的、直播的、战役性报道的整体策划越来越成熟。

9.广告

参评的广告通常是商业广告和公益广告,也包括报时广告、台标形象宣传广告等。送评作品大多是前两类,目前台标形象宣传广告送评增多,因为它在一定程度上反映了频率理念,为频率树立起别具一格的品牌形象。评为一等作品的有湖北交通广播的《招商"向右"篇》、福建交通广播的《电信小灵通开心套餐》和山西交通广播的《"悬赏"求助》。

在湖北交通广播的《招商"向右"篇》这条广告中,"最右端的调频"、"2005年中国广播广告最高奖"都是其他电台无法复制的,从实际市场反馈来看,效果良好。

福建交通广播的《电信小灵通开心套餐》贵在能跳出老套,塑造一个让受众备感亲切的广告主角,用幽默生动的语言,自然传达了本来枯燥的广告信息,使受众乐于接受。该广告感召力强,尤其能巧妙地将套餐名称"开心系列"与现实社会人们追求的"开心生活"理念合二为一,并多次重复"开心"品牌,让人对"开心"品牌印象深刻,情感诉求深入人心,受到客户和听众的一致好评。

山西交通广播的《"悬赏"求助》悬念叠起、煞有趣味,表达的主题昂扬向上,听众可以在一笑之余回味无穷,可谓寓教于乐的一篇佳作。

### 三、小结

创优评析活动对各台来说有很强的指导性,被评定为优秀的作品,往往会被同行借鉴、学习。这种导向性使我们感觉到肩负的责任与压力,对于每一件作品都认真评析,做到公平、公正、全面。评审过程中,专家们仔细审听、热烈讨论、严格投票,一等候选节目如果没有获得小组三分之二的选票,专家们要进行再次投票,所以这次评选出来的优秀作品能够代表目前全国交通广播节目的总体水平。

通过 2006 年的创优评析我们发现,有些问题还需要强调:首先,作品一定要有交通特色。有的电台选送的是文艺性、音乐性节目,与交通无关,在某种意义上,它就要出局。其次,送评类别一定要选择准确。比如有的作品作为综合节目送评比较牵强,适合新闻专题或特别节目,因为这个原因而没能"上榜"很是可惜。不过综合节目和特别节目的界定问题也有待考虑,两者之间往往不能硬性区分,我们将对奖项的设置进行科学规划,以适应广播节目分类的实际情况。第三是送评相关资料的问题。一定要按照评审要求把相关资料附带完整,光盘和磁带一定要保证质量,评审中所要求的相关材料都是必要的参考,对于资料不完整或者质量不过关的作品,在评审过程中就可能处于劣势而失去机会。第四,鼓励创新。对那些形式新颖、大胆创造、制作精良的广播节目专门予以表彰,是希望广播人发扬一贯的创新精神,敢闯敢拼,创作广播精品节目。

总之,我们希望通过一年一度的创优评析活动调动大家的积极性,制作出更多更好的交通广播作品。我们也希望借此机会为全国的交广同仁提供一个互相借鉴、互相交流、取长补短的平台,使大家可以在交广大家庭中共同学习、共同进步。需要强调的一点是,2006 年我们还评选出了两篇作品参加中国广播影视大奖的评比,这两件作品代表着全国交通广播节目的最高水平,预祝这两篇作品能够取得好的成绩,为全国交通广播赢得荣誉。

〔王娟:中国传媒大学 2005 级新闻学研究生〕

# 与交广人谈节目创优的总体构想

张君昌

**一、舆论导向正确,体现为人民服务、为社会主义服务、为全党全国工作大局服务的方向,符合团结、稳定、鼓劲、正面宣传为主的方针,富有时代特色**

当前,新闻作品舆论导向主要表现在五个方面:(1)坚持马克思列宁主义、毛泽东思想和邓小平理论,认真搞好理论宣传,宣传辩证唯物主义,阐释社会发展规律;同时加强理论联系实际,提高理论宣传的说服力和感召力,不断提高舆论引导水平;(2)牢固树立为人民服务、为社会主义服务、为全党和全国工作大局服务的思想,坚定不移地坚持"一个中心,两个基本点"的基本路线,为改革开放和现代化建设提供有力的舆论支持;(3)重视和加强精神文明宣传,通过丰富多彩的形式,宣传爱国主义、集体主义和社会主义精神,大力弘扬社会正气,倡导精神文明,巩固和发展积极、健康、向上的新风尚、新气象;同时,旗帜鲜明地批评消极腐败现象,鞭挞歪风邪气,有助于形成扶正祛邪、惩恶扬善的社会风气;(4)贴近群众、贴近实际、贴近生活,对政治生活、经济生活、文化生活以及人生观、世界观、价值观和道德观、审美观、消费观等各个方面都加以正确的引导;(5)坚持正面宣传为主,宣传格局总体把握要有利于团结、稳定、鼓劲,加强舆论监督,注意舆论平衡,热点报道、批评性报道要把握好"度"。

所以,获奖作品应当在政治导向、舆论导向、思想导向、文化导向、审美导向、消费导向等各个方面都不出现"杂音"。

**二、题材重要,主题鲜明,形式新颖,制作精良,具有较高的新闻价值**

现阶段,重要的新闻题材应该紧扣时代脉搏、突出时代精神,善于从实践中发现鲜活的典型,体现服务于党和政府工作的大局意识。

抓好一个重大选题,要从多侧面、多角度选材,要多工种、多环节配合,使其具有相应的表现手段,具有深刻的内涵,产生深远的影响。

### 三、内容真实,细节准确,现象与本质相统一

新闻真实性的内涵十分丰富,其含义有三点:一是事实准确;二是事实全面;三是事实有辩证性。因此,优秀的新闻作品要体现实事求是的作风,内容真实、准确、丰富,善于从我国改革开放和现代化建设的第一线获取生动、鲜活的素材,热情讴歌人民群众的伟大创造以及现实生活中的典型人物和典型事迹。

### 四、信息丰富,内涵深刻,能给人以较多的思考和启迪

记者、编辑在获取信息时就要注意筛选信息,在制作、修改时注意精简篇幅,删掉一切与主信息无关的内容,保留重要的有效信息。"短快多"是新闻写作的一个重要原则。"短"指篇幅短小,"快"指报道及时,"多"指信息量大。同时,"短快多"三方面也有着内在的联系。即为了迅速传播,新闻应尽量写短些;向受众提供更多的新闻,使信息更为丰富;一条新闻报道,如果能够挖掘出更多的思想内涵,使隐性信息表达更为充分,就会多一分感染力,从而发挥更好的社会效益。

### 五、作品应有较强的时效性,并且注重时效性与时宜性的统一

努力缩小新闻事件与新闻发布之间的时间差,力争同步报道,是当代新闻传媒追求的目标,是新闻改革的重要内容。报道什么、何时报道、怎样报道,一定要从大局出发,既重视时效性,又考虑时宜性,时时从维护安定团结的局面、维护人民的根本利益、维护国家形象等方面考虑,做到帮忙而不添乱。

### 六、作品取材或写作难度较大,需要过人的勇气和毅力去采访,需要深厚的理论功底对客观现象进行概括、提炼,使之升华为本质真实

优秀新闻作品的思想性来源于新闻事实本身,同时也是作者思想观点及其识别能力、表达能力的反映。记者应善于选择事实,通过事实传递思想观点,坚持真理,鞭挞谬误,正确引导舆论。采访的紧迫性、突然性、多变性也是衡量采访难度的重要指标。对事件性新闻而言,有了扎实的采访,才能产生合格的作品。而对于非事件性新闻,前期扎实的采访只是成功的一半,另一半源于在后期的写作中提炼思想观点,进行符合事物发展规律的前瞻性思考。这需要记者具备深厚的理论功底和思想政策水平。

## 七、作品应富于创新意识,体现媒体特色

新闻作品要富于创新意识,体现媒体特色,这不但是新闻工作者的追求,也是社会需求使然。广播作品则应在音响上做文章,让更多更好的新闻作品出现在每天的报道之中,更好地完成新媒体的历史使命。

## 八、作品的社会反响大,主观评价与客观反映相一致

优秀的作品应当突出主旋律,以其艺术感染力深深地打动人,能够陶冶人的道德情操,塑造人的美好心灵,提高人的精神境界和认识水平,并以此获得良好的社会效益,有机地将社会效益和经济效益统一,从而在社会上产生重要影响,并且能够经得起时间的考验。无论采写新闻还是创作文艺节目,应当尽可能地对作品所产生的社会效果作出正确的估量。

〔张君昌:中国广播电视协会学术部主任〕

# 2008 年度

## ·行业前沿·

## 突发事件彰显广播的魅力
——从各地交通广播参与冰冻雪灾报道所想到的

潘 力  刘丽君

2008年1月中旬以来,我国南方部分地区遭受了历史上罕见的低温、雨雪冰冻灾害,交通严重受阻。为协助政府快速处理交通突发事件,帮助灾民及时获得有效信息,各主流媒体展开了一场轰轰烈烈的冰雪鏖战。在这场战役中,交通广播不仅较好地完成了报道任务,还在交通信息报道、交通疏导、交通救援、灾情发布、安全预警、事故处理等方面彰显出独特的媒介社会功能,成为党和政府处理应急突发事件的指挥中心。

为总结50年难遇的特大冰雪灾害,2008年2月22日,中国传媒大学广播产业研究所在所有灾害情况较为严重的19个省、市、自治区中,随机抽取13家交通广播电台作为调查样本①,得到如下启示:

---

① 调查问卷由中国传媒大学广播产业研究所2008年2月22日制作,经电子邮件和传真发至湖南交通广播、羊城交通广播、江西交通广播、河南交通广播、湖北交通广播、武汉交通广播、荆州交通广播、安徽交通广播、浙江交通广播、杭州交通广播、南京交通广播、江苏交通广播、宁夏交通广播。文中涉及的所有的数据均来自本调查。

## 一、应急预案奠定冰冻雪灾报道成功的基础

突发事件造成的信息不对称,非常容易滋生社会上的不稳定情绪。在社会日益信息化的今天,充当权威信息的发布平台,及时报道突发事件,正确引导舆论,舒缓社会矛盾,是大众传媒义不容辞的社会责任。[①] 实际上,自 2003 年"非典"爆发初期,大众传媒出现失语的尴尬局面后,准备应急预案已经成为诸多媒体的共识。

突发事件的爆发性、紧急性、复杂性,决定大众传媒只有在充分准备的情况下,才能及时、全面、有效地完成报道任务。灾害天气伊始,全国超过半数的交通广播就相继根据各地情况,以最快的速度启动频率恶劣天气应急预案:2008 年 1 月 12 日,江西、河南、武汉、安徽、宁夏五家交通广播率先开播雨雪天气特别节目;1 月 13 日,已有逾半数交通广播电台启动冰冻雪灾报道(如图 1 所示)。

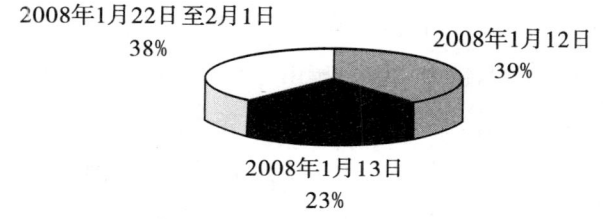

■ 2008年1月12日:江西交通广播、河南交通广播、武汉交通广播、安徽交通广播、宁夏交通广播
■ 2008年1月13日:湖南交通广播、湖北交通广播、江苏交通广播
□ 2008年1月22日至2月1日:荆州交通广播、浙江交通广播、羊城交通广播、南京交通广播、杭州交通广播

图 1　各地交通广播启动报道统计

突发事件的失范性、可变性,决定了大众传媒需要与时俱进地调整应对方案。以江苏交通广播为例,1 月 13 日,频率就针对江苏省连续遭遇冰雪雨雾的特殊天气情况,迅速启动恶劣天气应急预案,并据此提早制订春运报道计划。1 月 21 日,频率结合权威气象部门发布的全省特大暴风雪预警信息,进一步完善应急保障机制,明确责任和相关流程,先后出台黄色、橙色、红色三级应对方案,推出《2008 年春运风雪相伴》特别节目,动员采编人员投入冰冻雪灾报道战役。

---

[①] 陈淑伟:《大众传媒在突发事件应急管理中的角色与功能》,《青年记者》2007 年第 1 期,第 75 页。

可以说，提前准备的应急预案，奠定了交通广播顺利完成冰冻雪灾报道的基础；而与时俱进的应对方案，则是交通广播出色完成报道的关键。

**二、资源融通，连线直播，第一时间发布灾情预报**

1. 跨区域联合

区域性本是广播的特点，但在报道跨地域突发事件时，这种区域性的优势就变成了跨区域信息难对流的劣势。因此，一旦面对全国性的突发事件，广播必须打破地域，走联合之路。

这次交通广播的冰冻雪灾报道的成功就充分说明了这一点。在接受调查的交通广播中，超过90%的单位采用了跨区域连线直播、联合报道的方式，最大限度地实现了各地各台之间的优势互补。

在江西，作为全国最早启动省际信息联动的媒体之一的江西交通广播，与湖南、湖北、安徽、浙江、福建、广东、深圳、佛山、沈阳、唐山等全国20多家交通广播进行了台际连线直播；在广州，羊城交通广播与中央电台以及北京、湖南、江西等十几家地方电台进行了上千次的连线报道；在湖北，湖北交通广播几乎每天与全国20多家交通广播进行新闻连线，互相沟通抗雪灾情况，沟通春运信息和路况信息。

交通广播的跨区域联合报道，不仅省级电台在做，省会市台同样也做得很出色。在湖北，作为市级电台的武汉交通广播与全国十多家交通广播取得联系，30多次连线播出当地交通情况。

可以说，跨区域连线直播已经成为全国交通广播之间一种约定俗成的合作模式。这种模式不仅在突发性事件报道中被采用，在非事件性报道中也经常被用到，譬如节假日推出的"黄金周出行大联播"。不过，每当事件性新闻发生时，交通广播作为交通专业频率，在这种模式的运用上，相比其他媒体更频繁、更灵活、更具规模。

2. 跨媒体联合

在跨媒体合作的领域，交通广播同样也取得了令人满意的成果。在安徽，安徽交通广播与安徽电视台、安徽日报、安徽商报、新安晚报等多家媒体通过对雪灾现场的联合采访及人物专访共享部分交通信息资源，全方位再现救灾工作。这些跨媒体报道产生的联动效应，大大提升了交通广播在社会上的影响力。

3. 内部资源融通

资源融通不仅体现在媒体外部，同样也体现在媒体内部的资源整合。最大限度地整合频率内部资源，也是一个最经济的报道方式。

在江苏，南京广播中心内部拥有交通和城市管理两个定位不同的频率。由于定位不同，在以往节目中两套班子基本是各自为政。考虑到这次冰雪突发事件涉及百姓生活的方方面面，中心领导决定：两台记者联合编队，以最强的采编力量进行报道。整编后的新队伍集合了20多名采编人员。其中，交通分队以交通信息的快捷、全面为优势，城管分队以关注民生为特点，一稿两发，一人两用，两套班子的冰冻雪灾报道合二为一，信息量倍增。据统计，这套组合的临时记者团队共发回现场报道和连线报道565人次，播出现场录音报道近300篇。同时这次频率内部的资源融通，也为南京广播今后的重大突发事件应急报道提供了可资借鉴的经验。

### 三、中国交通广播网成为发布《全国冰冻雨雪天气路况信息》的平台

协助各地交通广播加强跨区域、跨媒体联动，及时了解雨雪冰冻天气各受灾省市的交通路况、车辆滞留情况等信息，行业组织在各地交通广播与政府主管部门之间的沟通、协调中，充分发挥了桥梁和纽带的作用。作为全国71家交通广播"守望者"的中国广播电视协会交通宣传委员会，接到公安部紧急求援后，及时将全国各地公路交通、雨雪天气路况等信息通过中国交通广播网门户网站发布给全国各地交通广播，再由交通广播向公众发布。为此，战役伊始，在中国交通广播网（www.ctbn.cn）每天10点和16点推出由公安部公安交通管理局提供的《全国冰冻雨雪天气路况信息》。在接受调查的13家交通广播中，接近80%的交通广播采用了该信息（如图2所示）。

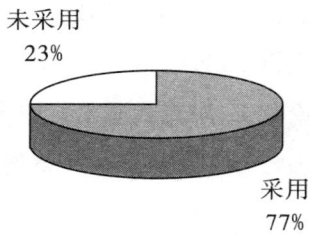

■ 采　用：湖南交通广播、江西交通广播、河南交通广播、湖北交通广播
安徽交通广播、杭州交通广播、江苏交通广播、宁夏交通广播
南京交通广播、羊城交通广播

□ 未采用：武汉交通广播、荆州交通广播、浙江交通广播

图2　各地交通广播采用信息统计

## 四、交通广播在应急突发事件中承担的角色

从社会学的角度看,媒介的影响力体现着媒介存在的必要性和权威性以及在社会中的信誉度和在受众中的分量。①交通广播独有的信息性、功能性、便捷性,决定其在应急突发事件中承担重要角色。在本次冰冻雪灾报道中,交通广播的规模、内容、时间、效果在众多媒介中独树一帜,不仅成功地完成报道任务,还成为各地救灾的应急指挥中心。

### 1. 规模

规模决定媒介影响的范围,规模效应能迅速吸引受众的注意力,提升媒介的影响。在冰冻雪灾新闻报道的发布形式上,交通广播普遍采取大规模直播报道的方式。

报道规模的空前强大,从频率领导的参与程度可略见一斑。为打好这场抗冰雪救灾战役,几乎所有交通广播都是总监带队、全员参与报道。在广东,羊城交通广播发扬"站在交通最前线"的优良传统,由总监林玲亲自组织频率全体人员深入采访一线,疏导车站滞留人员;在武汉,为了保证直播成功,两位副总监柳莺、陈波亲自上阵分别担当导播和节目主持。此外,由于第一手路况信息的供不应求,各频率参与冰冻雪灾报道的一线记者人数也普遍超过往年纪录。

### 2. 内容

各地交通广播的冰冻雪灾报道内容重点集中在:(1)报道高速公路、国道、市内高架、立交、桥梁、隧道的最新路况;(2)发布中央和地方党委、政府的最新措施;(3)报道长途汽车、火车的运通状况和飞机航班;(4)报道气象、公交、地铁、水电气、农贸市场、旅游、医院等民生资讯;(5)舆论监督,曝光交通出行中出现的不合理现象;(6)为稳定受困人员的焦躁情绪,开辟心理疏导特别节目;(7)策划特别活动,解决特殊受困人员的个别难题,如江苏交通广播的《电波婚礼》、《夜救产妇》;(8)组织各种爱心活动,如羊城交通广播的《2008春运大捐助》。

### 3. 时间

报道的及时性增强了受众对媒介权威性的认同,报道的持续性增强了受众对媒介的依赖程度。

当突发事件造成水、电、汽、煤、油、食品供应出现短缺,当滞留车辆被困9小时以

---

① 唐朝:《传播学视野中的媒介影响力》,《郑州大学学报》2005年第1期,第115页。

上,哪一种手段能够最快捷地疏导交通,哪一种手段能够最有效地缓解被困人员的焦虑情绪?唯一的答案就是广播。

交通广播多时段、高密度的报道有效指导了出行,及时把党和政府的声音传遍千家万户:面对冰冻雪灾造成的严峻形势,超过 90%的交通广播选择了打破常规时空版面,加大新闻滚动,以多时段、高密度的方式及时报道最新路况、车辆滞留等信息。在湖南,湖南交通广播启动特别节目《抗冰救灾,我们在一起》,连续 23 天滚动播报抗冰救灾最新信息;在江西,江西交通广播从 1 月 15 日起,连续 23 天全天候 24 小时播出特别节目《冰雪路上,温暖同行》,播发及时路况信息 15 万多条次,接受电话咨询 6 万多次,创江西省媒体现场进程式报道的时长和速度之最。作为为行进中的群体提供服务的专业广播,交通广播充分显示出它的独特魅力。

4. 效果

交通广播交通资讯的权威性和广播现场调度作用,使交通广播成为这场冰冻雪灾报道中最受关注和最值得依赖的传播媒介。

在湖南,湖南交通广播第一时间连线国务院总理温家宝慰问抗战一线军民、受省委省政府重托发布重大决策,成为政府发布政令、指挥救灾的指挥平台;全国第一个开辟"心理疏导"节目,成为听众表达愿望和倾诉痛苦的交流平台;多次组织企业运送物资救援京珠高速公路被困人员,成为企业和各界人士支援救灾的爱心平台。

在江西,江西交通广播每隔 5 到 10 分钟播出高速、国省道等交通管制、分流信息;时刻与高管、路政、大桥等交通管理部门保持联系,通过直播连线,随时播报最新的交通信息、出行提醒,指挥交通出行,成为全省交通信息的重要"集散中心"和全省抗灾救灾工作的重要指挥平台。

在河南,河南交通广播联合省公安厅、交通厅共同组建"河南道路交通临时应急指挥中心",充分发挥广播优势,实现空中调度,指挥疏导过境车辆 4 万多辆次,实施救助上百次,直接救助上万人,先后得到了交通部部长李盛霖、河南省委书记徐光春、省长李成玉、副省长张大卫的好评。

在安徽,安徽省委副书记、省长王三运专程到安徽交通广播检查指导,称赞安徽交通广播"已经成了人民的贴心人";副省长黄海嵩在安徽交通广播的抗雪防冻工作汇报上亲笔批示:"在大雪纷飞、天寒地冻、滴水成冰的日子里,安徽交通台通过无线电波传播党和政府抗雪救灾的指示、措施;传播路况信息,导引车辆通行;传播广大司乘人员的诉求,沟通与政府的联系,形成了强大的宣传波,为抗雪保通作出了贡献。"

电波联动了全国交通广播电台,打通了全国道路交通信息传播的省际区域通道。

电波传达了党和政府的声音,搭建了一座座政府和群众之间的连心桥。

**五、冰雪鏖战带给交通广播人的冷思考**

　　冰冻雪灾彰显了广播的魅力,也给交通广播人带来了前所未有的困难:(1)人手不足,力量有限。受灾害天气影响,一线记者中受伤、生病的情况时有发生;(2)缺乏丰富的抗冰冻雨雪经验;(3)长时间超负荷工作,心理压力大;(4)交通工具落后;(5)在断水、断电、短路的特殊情况下,广播的技术支持还不够;(6)职能部门提供的信息及时性、全面性、准确性与群众要求仍有一定差距;(7)个别部门对交通广播在突发应急指挥中所发挥的作用还缺乏足够认识。冰冻雪灾报道战役结束之后,这些令人忧虑的问题,应该引起交通广播人的足够重视。

　　交通广播人带着关切和责任迎难而上,谱写了一曲曲冰雪路上的感人篇章。冰雪无情人有情,感同身受送温馨。困境中,交通广播人不畏艰苦、连续作战的顽强作风、前瞻意识;交通广播运筹帷幄、空中调度的大局观念和独特魅力,证实交通广播在这场冰冻雪灾报道战役中,确实是一支关键时刻拉得出、危险时刻冲得上、能吃苦打硬仗、能战斗能奉献的专业媒体队伍,是党和政府在处理突发应急事件中的得力助手。

〔潘力:中国传媒大学广播产业研究所所长;刘丽君:中国传媒大学2006级新闻学研究生〕

# 交通广播成为突发事件应急主力军
## ——对 5·12 汶川大地震中交通广播表现的考量

潘 力 陈 婷

2008 年 5 月 12 日,四川省汶川县发生里氏 8.0 级特大地震,一些重灾区的交通、电力、通讯设施受到破坏,于是广播成为这些重灾区了解外界信息的唯一通道。

继 2008 年初的特大冰雪灾害报道后,广播又一次冲在了各媒体的前面,充当突发事件应急主力军,成为指挥抗震救灾、抢救灾民生命的"社会中枢神经"和"生命线"。中央高度重视广播媒体在突发事件应急中的突出作用,不但通过广播发布救灾部署计划,还向前方运送近 30 万台收音机,保证灾区内外信息畅通。

### 一、媒介形态决定突出表现

广播的唯一符号是声音,声音符号系统沿循时间维度进行线性传播,因此具有远距离、线性、非实体和"一对众"等特征。但随着短信技术的介入,互动交流消弭了传受双方地位的差距,更好地满足了听者的需求。此次,交通广播充分利用媒介形态特征,在重大突发事件中最大限度地发挥信息传播作用。

1. 快速传播:"第一时间"播报危情

时效是新闻的基本特征,是当今世界新闻媒介之间激烈竞争的焦点。由于地震具有很强的突发性和不确定性,往往需要借助广播媒体信息传播快、渠道多等优势展开震后的应急工作。

重庆交通广播第一时间启动全天候《关注汶川地震灾区》特别节目,对抗震救灾情况进行全方位纵深直播报道,截至 5 月 23 日 24:00,已连续进行直播 236.5 小时。

地震发生后,云南交通广播立刻上门采访省地震局监测预报处处长,成为云南省第一家准确报道地震消息的媒体;同时迅速调整播出计划,取消了所有娱乐节目和娱乐资讯的播出,全面转播中央电视台新闻频道的《众志成城,抗震救灾》特别直播节目,成为全省第一家全程转播中央电视台新闻直播节目的媒体。

震感强烈的荆州交通广播在震后30分钟即开始进行长达180分钟的《关注汶川大地震特别节目》，成为当地反应最迅速的媒体。

辽宁交通广播连续9天平均每天18小时直播汶川地震特别报道，使交通广播成为辽宁省内了解汶川地震的第一媒体；它也是省内第一个采访地震局、旅游局、机场、铁路等职能部门的媒体，第一个迅速报道航班取消、延误、铁路运输受到影响的媒体，第一个与全省各大旅行社取得联系并开始寻找辽宁赴四川旅游游客的媒体。

2. 深入接近：现场连线增强感染力

广播受到传播信道的限制，只能专守于"声音"这一"单信道"，但新闻现场声音的传递，满足了受众的知情权，给其身临其境之感。在连线报道过程中，现场丰富的同期声和一线记者的即时描述与播报拉近了听众与新闻事件的距离，使新闻更有接近性，从而也更具可信性和感染力。

唐山交通广播第一时间赶往一线的记者陈思每天忙碌到深夜，发回150余次现场报道，带给听众无数次感动。

河南交通广播副总监牛剑光在震后20天内两次带车队入川，既要运送救灾物资，又要完成采访，每天风餐露宿，经历多次余震。该台记者廖忆在深入灾区的半个月中，共发回连线报道60多条，累计时长300多分钟，另外还通过手机短信的形式，发回即时消息十余条。记者姚享随队报道河南省道路工程建设应急队援助灾区道路修复的工程进展情况，7天内累计播发连线报道30多条。

大庆交通广播数次连线报道该市第一批赴灾区执行任务的武警官兵的所见所闻所为，所发报道的音响和素材被当地电视、报纸等其他媒体争相转载。

银川交通广播派出记者赶赴灾区，跟踪报道宁夏各单位对灾区的救援，共发回报道十多篇。

3. 跨越空间：73家电台联合直播

汶川大地震发生后，灾区道路、通讯中断，然而广播媒介的易得性，打破了灾区的信息孤岛局面。30万台收音机被送往灾区，在前线指挥、传递信息、稳定人心的救灾关键时期，广播成为最重要甚至是唯一有效的信息工具。四川交通广播成为全省公安、交通、红十字会等抗震救灾相关部门的信息传递平台，每天要接收、播放和转发各类信息上万条。

正如丹尼斯·麦奎尔所说，广播提供了实时观察、传布和记录现场事件的可能性，人们感知周围社会变动情况的速度也因此而加快。广播媒介使人们的社会行动节奏加快了。

5月22日早上8：00,全国73家交通广播联合直播抗震救灾大型特别报道开播。各地交通广播在节目中讲述了全国各地一方有难、八方支援的感人事迹,为灾区同胞开启一扇了解外界关怀和支持行动的窗口。这次特别节目由四川交通广播发起、中国广播电视协会交通宣传委员会组织,为全国人民的抗震救灾行动提供了有力的信息支援。

　　"和全国各行各业的人们一样,全国各地从事交通广播的工作者不断地问自己:还能为灾区人民做些什么？还能为抗震救灾做些什么？于是便有了今天开播的这场特别节目,于是便有了中广协交宣委组织呈现的我们'心连心'全国交通广播抗震救灾大型直播特别节目。"这是中国广播电视协会会长李丹在特别节目开播辞中一段饱含深情的话语,"全国各地的交通广播听众通过交通广播实时了解抗震救灾情况,也通过交通广播、行业组织的互动积极地参与、参加募捐,深切表达对灾区人民的爱心和对抗震救灾的声援。"长达14个小时的直播节目创造了中国广播史乃至世界广播史之最——参加的电台数量最多,规模最大,联合直播时间最长。

　　4.互动交流:整合共享信息资源

　　进入21世纪,广播与电话、互联网等通讯方式相结合,构成多渠道互动传播模式,明显地改善了广播传播的单向性,使广播具有传受互动的交流功能。这既有利于及时回馈传播效果,又极大丰富了传播过程中的信息流量,降低了信息搜寻成本。

　　5月18日中午,青岛中信银行因为买不到与捐助帐篷配套的防潮垫而向山东交通广播求助,山东交通广播立即插播求助信息。1分钟后,就有热心听众打电话提供线索;不到1个小时,所需的140个防潮垫已经全部落实;下午18点前,防潮垫已被送到了济南,随后紧急运往灾区。

　　宁夏交通广播播出了关于四川阿坝州红十字急需帐篷企业联系方式的消息后,热心的的哥的姐迅速通过短信平台和热线电话告知多家企业的联系电话和地址,宁夏交通广播汇总后,交由宁夏红十字会传真至阿坝州红十字会。

　　甘肃交通广播开通"交广报平安,找亲人热线",通过省通信管理局和电信、移动、联通、铁通、网通、卫通六家通信运营商,在最短的时间内,全力帮助听众找亲人。

## 二、社会责任成就公信形象

　　面对公共危机和灾难,媒体要充分发挥服务受众、预警应急的功能;及时向公众通报危机真相、澄清谣言和虚假信息,保证受众的知情权;还要积极配合政府行为,有效引导社会舆论。媒体作为重要的社会力量,应该积极介入危机事件,推动事件发展,帮助解决困难。交通广播在地震发生后,开辟多个公益服务栏目、组织多项慈善活动,共募集到2亿多元爱心捐款,不仅深刻诠释了"大爱无疆"的浓厚情感,也为自身描画出富有责任感和公信力的媒体形象。

### 1. 澄清事实,发布真相

在信源结构和信息传播主体发生变化的情况下,信息传播渠道更加繁杂,如果不能对信息进行有效把关的话,社会将出现信息爆炸、良莠杂陈、真假莫辨的混乱局面。特别是在突发事件的传播进程中,尤其要注意澄清事实,发布真相。

5·12汶川大地震的重大灾情考验着中国新闻媒介的社会良知、社会公信力和影响力。在谣言和虚假信息面前,主流媒体担负着调查真相、公布事实、澄清谬误的重大责任。

地震发生时,网络上盛传浙江上海交界处发生了5级地震,不少无锡听众通过无锡交通广播免费路况平台1062188501069询问真实情况,电台立即派出记者前往无锡市地震局采访,并在当天17:00晚新闻节目中以连线报道的方式辟谣。

北京交通广播不但第一时间澄清了"北京当晚还会发生余震"的谣言,稳定了人心;并在5月14日的《警法时空》节目中向广大市民普及"在重大突发事件发生时造谣惑众者应承受的法律责任"。

### 2. 慈善公益,引起共鸣

基于广播媒介的性质特征,麦克卢汉在40年前就论断广播"有力量将心灵和社会变成合二为一的共鸣箱"。广播与多样化的社会群体密切结合,传者和受者之间关系亲密,受众对通过听觉传递的信息更为敏感。因此,在募捐、献血等爱心活动的倡议、组织过程中,交通广播显现出了让人深度参与的力量。

在深圳交通广播的号召下,40多家企业慷慨解囊,共捐赠价值近400万元的帐篷、棉被、收音机等物资。深圳交通广播与深圳航空公司联合租用一架波音747大型货运专机,将重逾60吨的赈灾物资送往四川灾区。这是中国广播史上第一次由广播电台牵头、用大型货运专机运送赈灾物资。

同样经历过悲恸天灾的唐山人,第一时间组织派出了多支救灾队伍。他们不仅是灾区的救援人员,也是唐山交通广播特邀的"战地记者"。无论何时,只要有来自前方的报道,唐山交通广播都打破播出常态和栏目界限,及时连线这些救援人员。

天津交通广播两天募集70万元善款,决定将其中一部分捐款用于建设临时性希望学校,其余用于建设一座以"天津人民广播电台"冠名的永久性砖混结构希望学校。为表彰交通广播在本次抗震救灾宣传和募捐活动中作出的突出贡献,天津市红十字会将公益慈善最高奖"博爱奖"授予了天津交通广播。

汶川地震发生后,中国电信把四川全省的灾民热线全部交由无锡电信承接。为协助114话务员接听灾民热线,无锡交通广播在全市招募能讲四川话的青年同志,仅半天时间就有30多名志愿者报名。

3. 对内传播,鼓舞士气

尽管广播是以"一对众"的方式传播,但在5月12日之后,"众"的概念被明显地划分为灾区内的众人和灾区外的众人。将灾区内的信息传递出去和将灾区外的关怀、支持、鼓励转达进去,是广播媒体这段时间最重要的两大传播任务,前者强调广播的功能属性,后者强调媒体的社会责任。交通广播充分考虑灾区内同胞的处境和需求,为他们量身定做节目内容,鼓舞士气,在对内传播的工作中作出了表率。

温州交通广播邀请两位获得国家心理咨询师和心理咨询员资格证书的主持人在中午12点开辟特别节目,循序渐进为听众分析,进行心理疏导。

唐山交通广播连续一周在晚间推出《夜空下的思念——两地连线》节目,把赴川救灾队员家属的电话与前方接通,或把队员家属请进直播间,互相安慰、彼此鼓励。

### 三、广播初建应急机制

2003年"非典"过后,我国就开始反思自身的危机管理能力和突发事件应急机制。建立应急机制不仅是国家的需要,也是各级新闻媒体的当务之急。应对突发事件已经成为新闻媒体快速反应能力、准确判断能力、创新策划能力、整体协调能力等媒体综合实力的检验和体现。这次交通广播反应迅捷、有效,在国家应急机制的建设中起着不可或缺的作用。

1. 广播的危机传播管理

地震危机发生后,广播媒体在报道的角度选择上表现出了一定的灵活性。除播发新华社的通稿外,广播媒体还采访了政府相关职能部门、交通部门等,直接连线灾区,充分发挥了交通广播在其专业领域内的职能。这次开放、透明的政策大环境,也极大尊重了广播媒体的专业主义和职业特点。交通广播把握住了危机新闻发布的时间性、准确性、公开性和一致性,这对于整个危机传播管理来说,有着极为重要的作用。

多元化的社会需要广播媒体发挥多元化的社会功能,一方面要继续保持党和政府的喉舌功能,另一方面也不能放松舆论监督,以建立媒体的社会公信力,抢占市场。甘肃交通广播接到不少群众反映:有些灾区商店、商贩哄抬物价,给灾区人民的生活造成极大影响。随后甘肃交通广播立即向相关部门反映情况,于是灾区物价很快得到平抑,灾区群众情绪得到稳定。

### 2. 交通广播应急机制初现雏形

在地震灾难发生后,多数交通广播成立了突发事件领导小组,确保对事件的准确判断和快速反应。启动突发事件的领导机制,统一领导、组织、协调,减少中间环节,提高效率,做到管理有序、有力、高效,发挥整体协调能力。建立上级沟通机制、掌握报道方针、维护新闻纪律,做到报道安全,发挥稳定社会的导向功能。

各地交通广播都根据自身特点确立报道规模、手段、方式,精心策划。策划力求创新,能发挥自身优势、突出主题。唐山交通文艺广播抓住唐山人感恩、回报的情结,进行了大规模的抗震救灾特别节目的播出,弘扬和诠释了感恩、博爱、开放、超越的新唐山人文精神。

在人员配备上,各台组织重点报道力量,抽调精兵强将。编辑、记者、主持人等各个环节人员协调配合,打破部门界限,进行横向联合,组成任务小组,使报道有充分的人力保障,实现人力资源的有机协调。

全国超过半数的交通广播都采取"特别直播"的节目形式,这是优化整合频率资源、打破原有节目和人员安排的结果。它是特定时期形成的开放性频率的"时间版面",现场连线成为"特别直播"的主打形态,将声音传真、传情、传神的听觉冲击力发挥得淋漓尽致。

### 3. 现实意义

广播应急机制能够保障公众知情权,稳定人心。美国传播学家梅尔文·德弗勒提出的"媒介依赖论"认为,社会发生重大变化、情况不明时,公众常常急于通过媒体了解事实真相,而且依赖性明显增强。广播确立了事件报道的正确出发点,也就为广播应急播出创造了良好的舆论环境。

广播应急机制能增强媒体吸引力,提高媒体地位。快速反应、积极跟进的广播媒体会受到更多公众的注意,此时高质量的节目和报道有助于提高广播的权威性和影响力、提升其社会地位。

广播应急机制能化解社会矛盾,促进社会和谐发展。媒体一方面下情上达,及时将各种信息反馈到相应的政府部门,促进事件快速解决;另一方面上情下达,及时将政府有关部门的指示传达给民众,引导公众正确选择,消除可能引发的二次危机。

## 四、交通广播在突发事件中成长的冷思考

1. 抓住机遇,寻求发展

从2008年初的冰雪灾害到5月的汶川大地震,交通广播在两场重大突发事件中都发挥了突出作用。这不仅使正处在发展瓶颈的交通广播获得了巨大的成长空间,也再次把广播媒介推向业界竞争和学界研究的主流位置。然而交通广播如何借此机会在广播领域形成绝对优势的影响力,是交通广播本身需要思索的发展大计。

2. 圆满收尾,持续影响

在实际操作层面,汶川大地震已经进入灾后重建期,而广播对此的关注度也开始下降,逐渐进入新的议程设置。此时的交通广播将面临如何做好收尾工作,如何为影响力持续加温的考验。

3. 总结经验,科学论证

73家电台联合直播把广播的跨地域合作推进到更成熟的境地,为个性和共性的互促共存树立了良好的典范。但要继续实践跨地域广播的课题,还需要认真总结以往的经验,科学论证实践效果,以更好地指导实际。

4. 建立模式,完善管理

尽管广播应急机制在这次重大灾情报道中慢慢浮现出了轮廓,但它尚未成熟,还缺乏系统的研究论证、传播要素的合理优化以及与整个国家突发事件应急体制的相互配合。各地交通广播的当务之急是,借由这次成功的紧急应对,总结出一套适合广播媒体运行的应急模式,以完善自身管理和自身建设。

〔潘力:中国传媒大学广播产业研究所所长;陈婷:中国传媒大学2007级新闻学研究生〕

·总监论坛·

# 创新为梦想插上腾飞的翅膀
## ——写在安徽交通广播开播五周年之际

李 玉

2004年1月1日,安徽交通广播正式开播了。在省级交通广播中,安徽交通广播是最后开播的几个台之一,开播5年对于省级交通广播而言,可以说太年轻了。年轻的安徽交通广播不敢说有什么经验,我们是站在各地交通广播的肩膀上,学习了各兄弟台的先进经验,得以快速发展的。5年来,我们的创收实现了平均每年40%的增长,节目收听率在安徽地区一直名列前茅,移动人群的收听份额高达71%,品牌影响力逐年提高。回首5年,总结一下我们自己的发展历程,我们认为是不断创新为我们快速的发展奠定了基础。

安徽交通广播开播时,合肥上空有中央台在内的近20个频率,同时合肥交通台也开播5年了,如何在起步晚、竞争激烈等不利条件下争得一席之地并快速发展,是摆在我们面前的难题。在充分分析当时形势的情况下,我们发现,只有创新才能使我们站稳脚跟,快速发展。在今天,创新能力就是国家、民族发展能力的代名词,是一个国家和民族解决自身生存、发展问题能力大小的最客观和最重要的标志。对于媒体来说,我们制订了打造品牌、差异化服务、特色化管理、立体化经营的创新理念,在节目、活动、经营、队伍建设等方面以创新的理念和思路确定频率定位,使安徽交通广播很快在安徽上空创造了收听新局面,并一直引领安徽广播收听的风尚。

**一、增强创新意识,创造品牌价值**

创新意识是为了满足新的社会需求,是用新的方式更好地满足社会需求,从这个角度来说,创新意识就是求新意识。虽然广播已经进入了专业分频时代,但还是简单、粗放的直播体系。交通广播在开播时就以企业CI设计定位频率,以时尚精细的频率包装,在安徽上空创造了收听新风尚。创新的节目定位和节目风格,也在很大程度上为快速打造品牌奠定了基础。

在活动方面,翻开安徽交通广播的大事记,每年我们的活动都有五六十场。从开播起,我们就把打造品牌作为广播频率的核心竞争力。围绕品牌打造,我们从视觉、听觉、感觉等方面立体地让人们认知交通广播。同时,我们提出"真情、平安、快乐"的品牌宣言。我们围绕品牌宣言确立了品牌活动:如连续4年的1月1日的九华山大愿平安祈福活动,已经达到5个省的交通广播、100多辆车共同参与的空前规模;全省17个地市共同发起的"爱心送考"活动,达到10000多辆车参与的盛况;此外,还有每年8月的"送清凉"慰问交通从业者大型采访报道活动、国际车展的全程直播等,这些活动使创新的意识融入品牌的打造过程中。创新意识代表着一定社会主体奋斗的明确目标和价值指向性,成为一定主体产生稳定、持久创新需要、价值追求和思维定式以及理性自觉的推动力量,成为唤醒、激励和发挥人所蕴涵的潜在本质力量的重要精神力量。除了每年的品牌活动,我们还以创新的思维方式策划了一系列有影响的大型活动,如奇瑞100万辆下线仪式,开创了广播史上全国30家省级交通广播同步直播的奇迹,同时又邀请了百名记者"十七大"前看安徽活动,为全国交通广播创新整合营销提供了成功的案例。之后,我们又策划了全国15家交通广播的"百车千人下徽州"大型自驾游活动等。创新的思维、创新的策划,为交通广播迅速提升品牌影响力、创造品牌价值作出了贡献。

与媒体全方位的合作,是我们创新理念的又一次新尝试。我们与安徽卫视等电视媒体合作,联合打造《超级大赢家》广播版,主办或协办了所有安徽顶级的娱乐活动,最大限度利用明星资源,迅速提升安徽交通广播的知名度。与安徽多家纸媒合作,互为宣传平台,发挥各自媒体的优势扩大影响力。同时我们还在户外的公交车、出租车等户外移动媒体上宣传安徽交通广播的形象和活动,使得安徽交通广播品牌形象迅速提升,得到听众的广泛认可。创新意识转化成了品牌价值。

## 二、提高创新能力,打造核心竞争力

创新能力是个体运用已有的基础知识和可以利用的材料,并掌握相关学科的前沿动态,生成某种新颖、独特的有社会价值或个人价值的思想、观点、方法和产品的能力。如何能够创造提高创新能力的环境是增加核心竞争力的重要保证,这就需要我们在个体创新能力的特色管理方面不断创新。我们提出在"智力要素型"企业中,推行特色化管理理念,从企业文化层面引领员工树立统一的价值观、道德观,打造阳光团队,鼓励员工把工作当成自己的事业来做,力争人尽其才,调动员工的智力潜力,共同为频率的发展贡献智慧。同时按照频率总体规划，根据员工的具体情况找到适合和可以最大限度发挥他们优势的岗位，并提出"服务、创新、分享"的频率理念。服务是频率的根本宗旨，我们致力于为出行人提供全方位的服务；创新是频率的奋斗方向，只有不断创新，频率才能不断快速发展；分享是员工们的共同目标，频率取得的所有成果，都要与所有员工共同分享，提升员工对频率的忠诚度。我们先后进行了节目公开竞标上岗、节目质量要素考核、节目流程质量考核；提出员工微笑计划、每月优秀员工评选计划、年度优秀员工评选计划、员工生日计划等，加强团队建设力量，增强团队凝聚力，以和谐的团队精神引领频率快速发展。有了强烈的创新意识的引导，个体才可能产生强烈的创新动机，树立创新目标，充分发挥创新潜力和聪明才智，释放创新激情。有了创新的环境和条件，员工才能在自己的工作岗位上不断创新。

正是个体的创新组成了交通广播整体创新的机制，也正是整体创新的提高，才使得安徽交通广播以平均每年40%的速度实现了创收的不断增长。从安徽没有广播广告代理公司，到2008年的24个行业22家代理公司，我们走过了创新、学习、培养广告市场和代理公司的艰辛之路。但是从中我们也在不断总结反思，认识到创新意识促成了社会多种因素的变化，推动了社会的全面进步。创新意识根源于社会生产方式，它的形成和发展必然进一步推动社会生产方式的进步，从而带动经济的飞速发展。创新为年轻的安徽交通广播插上了腾飞的翅膀，创新也将为安徽交通广播实现新的梦想创造无限的空间。

〔李玉：安徽交通广播总监〕

# 十年一剑琢"信赖"
## ——务实经营媒体　稳立竞争潮头

许立权

2008年是吉林市交通广播创建第十年,十年的栉风沐雨,吉林市交通广播发展之路一步步清晰。立足交通、关注民情,让吉林市交通广播牢牢地站稳市场;凝聚民心、汇聚民意,让吉林市交通广播显现出不可阻挡的魅力;十年的淬火历练,让吉林市交通广播前行的步伐更加坚定。

**一、扎实做交通,强化广播凝聚力**

1998年7月5日,吉林市交通音乐广播成立。创立之初,吉林市还处在"AM时代",调频广播尚未普及。为了让这个年轻的频率尽快地为社会所接受,我们交广人走上街头,为出租车调试调频广播,向市民发放调频收音机。

在精心经营之下,吉林市交通广播节目的影响力不断增强。而在此过程中,吉林市道路交通参与者的数量和结构也在发生着很大变化。十年前,吉林市有出租车2000多辆;现在,吉林市有出租车4000多辆。十年前,吉林市有车辆10万多台,公家车占90%以上;现在,吉林市有车辆近25万台,私有车辆占90%以上。如今,道路交通参与者的概念已经不仅仅是司机,而是涵盖了所有行走在路上的人。

十年中,我们一直用心研究市场变化,针对听众人群的不断细化,针对听众对道路、车辆的信息需求量的不断增加,以及信息需求的深度和广度的不断增加,我们的交通专业类节目也在不断调整、发展。

针对稳定扩展的出租车收听群体,我们推出了由的哥老关主持的《的士先锋》节目。原来每天上午一小时,现在晚上增加了一小时,还加入了一位善解人意的主持人小茹,使白班和晚班司机都成为《的士先锋》的忠实听众。说车类节目由原来的简单介绍汽车维修、养护常识进一步发展为今天的汽车评论节目,从汽车知识到汽车文化,成为都市文化的一道风景。通过与吉林市交通警察支队紧密合作,打造了权威专业的交通节目《江城大交通》,在每天上午10:00—11:00的交通次高峰期播出。三位资深交通警官轮流走进直播间,谈道路、说法规、讲安全,他们成了司机的老朋友,使这档节目在听众中威信极高。

在发展的过程中,吉林市交通广播也深刻认识到,媒体影响力的增强要以节目为纽带,节目影响力的加深必须以社会为依托。基于这个认识,2004年以来,吉林市交通广播把节目的影响延伸到社会生活中,以《的士先锋》节目为依托,成立了"的士先锋俱乐部",先后组织开展了"的士健康大行动"、"的士踏青之旅"、"的士爱心公益行动"等一系列活动,有效团结了的士司机这一群体。我们还以汽车评论节目《车行天下》为依托,招募成立了"车行天下"私家车车友俱乐部,组织"知车、知路、快乐驾驶"系列讲座、"驾爱车,游江城"自驾游活动等,为一大批私家车车主创造了学习和交友的空间,让私家车车主逐渐聚集到交通广播的"声场"当中。

最强的凝聚力来自于最务实的服务。近年来,我们把交通广播的服务渗透到生活的每时每刻,我们成功地把吉林市交通广播的热线打造成市民生活的服务热线。如今,吉林市交通广播的热线电话已经成为城市生活百事通,每天回复的道路信息、航班信息、高考服务信息、商务咨询信息等难以计数,交通广播热线的影响力由此可见一斑。

## 二、精心搞策划,彰显广播活力

十年的经营发展让我们意识到,广播不仅是传播信息的媒介,更是一种文化的载体,应该充分发挥文化的包容力和影响力。近年来,我们开始注重打造广播的文化品牌,以广播文化影响社会。

2007年,文化学者于丹来吉林市讲学,受到其观念的启发,我们策划推出了"幸福计划、和谐吉林"行动,为每一个真实善良的梦想圆梦。这一策划的推出,受到市民听众的广泛欢迎。身患红斑狼疮被父母用心呵护的女孩张秋新,希望通过自己的劳动赚钱,在母亲节为妈妈买一束鲜花。一位老妈妈的丈夫在一次车祸中去世了,她至今不能忘记在抢救她丈夫的过程中默默帮助她的一位小伙子,她希望找到这个小伙子,并对他说一声"谢谢"。影响力最大的是一位老知青王秋茹,希望大家把闲置图书捐出,为她当年插队的贫困山区的孩子建一座书屋,让农村孩子能够在书海中尽情遨游,成为新一代有知识、有文化、有见识的年轻人。她的想法得到了许多听众的回应,我们顺势发出倡议,为贫困地区的孩子捐书籍、书架、书桌,建立"希望书屋"。如今,吉林地区已经由社会群众捐款捐书,建立了12个"希望书屋"。"希望书屋"建设工程已经引起了新华社、《人民日报》等媒体的广泛关注,成为吉林市精神文明办公室2008年面向全地区推广的重点工程。

2007年,我们又通过借鉴兄弟电台的经验,策划推出了"长白山湖"第一届江城的士欢乐节,在吉林市引起轰动。2008年推出的"协和医院"第二届江城的士欢乐节同样在江城掀起热潮。同时我们还紧紧抓住私家车迅速增加,都市人爱车、说车、渴望了解车的社会需求,策划推出了"欧亚杯"首届江城驾驶节等一系列活动,打造了吉林市汽车文化靓丽的风景线,也打造了吉林市广播文化的又一个颇具影响力和人气的文化品牌。

"幸福计划"、"的士节"、"驾驶节"……一个个广播文化品牌带着清新的活力和魅力,营造出浓厚时尚的都市生活的氛围,凝聚了市民的关注和信任。

### 三、关注民意,形成广播感染力

关注民心、了解民意一直是吉林市交通广播对节目和主持人的基本要求。2008年是奥运年,我们抓住都市百姓关注的热点,在第一时间策划推出"和世界一起奔跑"、"我是奥运火炬手"、"奥运倒计时100天倒计时牌揭幕暨火炬手、志愿者宣誓活动"等奥运主题系列活动,在吉林市掀起奥运浪潮。2008年6月1日,国家规定限制使用塑料袋,交通广播公益广告及时跟上,在城区不同区域发放购物袋,万名市民排队领取,重复使用购物袋成为吉林市的一道风景。

这些活动让市民们时时感受交通广播的影响,交通广播的声音和公益形象通过一次次活动走进城市的每个角落,带给听众以熟悉、亲切和信任感。

曾经,媒体流行炒作。但是,十年的历练和经验,让我们坚信办好专业广播不能凭一时的炒作,只有用诚心、做真功、求实绩,才能稳稳地抓住和交通相关的收听群体,在竞争中站稳市场,和城市、和社会、和听众一起不断发展成长。

〔许立权:吉林市人民广播电台台长助理、吉林市交通广播总监〕

## ·自驾游论坛·

# 一路畅通游天下
## ——羊城交通广播自驾活动的运作

林 玲

近几年,交通广播随着社会经济的发展不断提升影响力,为了与时俱进,不断超越,交广人开始进行各种新的探索。依托频道品牌开展自驾游活动,从而与听众建立更紧密的合作关系,延伸广播产业链,拓展广告外经营就是其中的一项。由于各种原因,羊城交通广播直到2007年才开始组织赢利性的自驾活动,这使我们有机会借鉴其他兄弟台的先进经验,少走了许多弯路。

### 一、"一路畅通游天下"系列自驾活动的推出和运作情况

2007年8月,为配合羊城交通台的台庆,我们正式开始组织自驾活动。由于广东各类旅游活动开始得较早,当地人的旅游维权意识很强,我们的第一次自驾活动选择了公益性较强的主题入手——组织听众到广东电台对口扶贫的梅县农村捐建路灯。活动虽然入不敷出(主要是工作人员的费用要由频道支付),但反响不错,这使我们树立了放手大干的信心。因此,2007年底,我们又和北京交通广播联合组织了"一路畅通游美国"自驾活动。双方各自宣传组织听众参加,各自签证,在北京汇合,同游美国。虽然时间紧、收费高,但听众报名踊跃,活动略有盈余。

目前,我们正准备组织"一路畅通游澳洲"活动。为区别于一般旅行社,我们自己设计产品,走高端路线,现在报名情况良好,准备4月出行。2008年,我们还计划组织多项自驾活动,包括一路畅通游北京、游井冈、游美国、游欧洲等,并且已经有广告公司开始关注我们的自驾活动并寻求合作。

### 二、羊城交通广播汽车俱乐部正式挂牌成立

借鉴北京台汽车俱乐部的成功经验,我们也开始筹建汽车俱乐部。该俱乐部采用

股份制的形式,由广东电台和台外一家私营公司合作经营。公司将整合交通广播的各种社会资源,通过对信息的多次加工,反复利用,为广大听众和车主提供一站式管家服务。目前,首要的工作是发展会员和组织自驾游。

### 三、在节目版面设置上留出空间,与自驾活动相呼应

在2008年节目改版的过程中,考虑到自驾活动作为频道品牌的延伸,我们在节目版面的设置上专门安排了《一路畅通FUN FUN踪》栏目,以此作为自驾活动的依托,希望通过直播节目和地面活动相互配合,相互提升影响力。

### 四、自驾活动的一些困惑

对于羊城交通广播来说,自驾活动是频道广告经营发展到一定阶段的产物。作为广告经营的拓展,自驾活动今后将进入公司化经营,将面临激烈的竞争。在这个过程中,上级和我们自己对这个事物的理解和认识,公司与频道的关系,我们现行的事业化的财务机制、税务机制、用人机制、自驾的风险机制等都将对自驾活动的发展有重要影响。

延伸广播产业链,拓展广告外经营,将是我们今后一段时间经营工作探索的重点,在这些方面我们完全没有经验,衷心希望得到各兄弟台的指教和帮助,也衷心希望在条件成熟的情况下,与各兄弟台加强合作、寻求共赢。

〔林玲:羊城交通广播总监〕

# 红色之旅"春夏秋冬看井冈"
## ——深圳交通广播自驾游活动启示

潘永汉

2007年,深圳交通广播策划了"春夏秋冬看井冈"红色之旅自驾游系列活动,四季的主题分别为"春看杜鹃"、"夏亲流水"、"秋溶红叶"、"冬赏冰凌"。该活动与吉安电台合作主办,中信银行深圳分行提供赞助,参与人员为深圳车友。

四次活动参与人数约1000人,车辆230辆,里程7000多公里,连线报道130多次、累计约11小时,网络上载消息图片约500篇,深圳报纸、电视及吉安各媒体也多次进行报道。

### 一、市场需求是拓展自驾游的基础

深圳私家车保有量达120万辆,是全国第二个私家车超100万的城市,广大车主迫切需要有层次、有深度、有组织的自驾游引领他们的周末生活。市场需求营造自驾游的文化氛围,多家专营自驾游的旅游公司也"应市而生"。

### 二、交通广播组织自驾游的独特优势

有市场就有竞争。深圳多家汽车经销商、4S店也在抢占自驾游市场。他们的优势来自购车时车商的承诺,如优惠、回馈等,对自驾游文化的拓展却未能涉足。

交通广播是城市汽车生活的倡导者,它不仅在新闻、路况方面服务广大市民,更在汽车文化上引领汽车生活消费时尚。自驾游是交通广播拓宽节目内容与扩展经营渠道的有效方式。

### 三、企业联姻是搞活自驾游的条件

交通广播主办、企业投放广告、自驾游俱乐部承办,是我们目前主办自驾游的模

式。其特点是媒体主办车主相信,企业投放解决资金,专业公司承办转移旅游风险,分工合作、有统有分、各司其职、相辅相成。这种三角形合作模式运营多年,行之有效,电台打造了品牌,企业得到了成效,"人车行"收到了效益。

### 四、媒体合作是提升自驾游品牌的重点

与当地电台合作是提升自驾游品牌的有效手段。与当地广播媒体合作有几个有利因素:一是通过当地广播与车队互动,通过广播与两地听众互动,增强深圳交通广播的影响力;二是通过广播能有效地与当地各项资源沟通,如交通、饮食、住宿、景点等;三是加深两地电台的互相了解,为以后的合作打好基础;四是增强了车友跟随交通广播自驾游、提升个人价值的信心。

### 五、主持人是扩大自驾游影响的资源

通过旅游公司承办自驾游,并不代表交通广播就无事可做。我们把这些活动当做重点工作,投入大量的人力物力。特别是由主持人陪伴去旅游的做法,深受深圳车友的喜爱,也是我们吸引广大车友参与自驾游的重要手段之一,这个优势是其他自驾游机构没有的。

### 六、精心策划是自驾游成败的关键

细节决定成败。我们为每一季的出游都定下主题,让深圳车友明确每一次活动的特色。每一次出发前,我们都要召集广告商、旅游公司开会,明确各自分工,制作倒计时表,解答车友疑问,制订应急预案等。对重要地点还要派人踩线,把住宿、餐标、路线以及加油点、护航车等细节一一敲定。

精心策划、注重细节的好处,就是事事有人跟、处处有人管,有事不慌乱,齐心保平安。秋季活动时,有辆车碰了车头不能走,护航车留下处理,车上的人与别人拼车,照样玩得开开心心、笑声不断。

### 七、周到服务是延伸自驾游活动的动力

自驾游只是一种旅游活动,但活动的成功却延伸了活动的内涵。中信银行作为赞助方,通过一年四次活动,参与活动的车友有85%成为其客户。这次"春夏秋冬看井冈"活动,有车友四季都参与了,我们为此专门给他们颁奖。我想周到的服务、亲切的态度、融洽的团队、家庭般的温暖是他们多次参加的重要原因。

2008奥运年,大家都把目光投向北京,我们就实行差异化经营,把眼光收回在广东,组织车友到广东四大名山自驾游,包括道教名山罗浮山、喀斯特地貌丹霞山、北回归线明珠鼎湖山、南海一柱西樵山。

〔潘永汉:深圳交通广播总监〕

# 对自驾游运营模式与推广的再思考

潘 力 张艳玲

广播的经营模式一直是以节目为核心,从传统意义上说,电台的经济效益来源于对播出渠道的掌控及对广告投放的决定权。

但是,要把广播产业的蛋糕做大、做强,除了要着力经营频率和广告之外,更要注重广播延伸服务、衍生产品以及品牌的营销。现代营销学之父菲利普·科特勒将市场营销分为三个层次:回应式营销、预期式营销、塑造需求式营销。依托连锁运作来经营传媒,这不仅有利于将一个个产业孤岛联结起来,贯通产业链,实现规模经济,同时也是塑造、重构、培育受众需求的有效手段[①]。

目前,随着我国个人汽车占有量的日益增多,围绕汽车及服务的延伸性消费的汽车后服务市场也日益勃发出生机。要将品牌延伸开来,经营交通的后服务是现有资源的理性整合方式。广播业只有积极运用市场手段,在经济学营销理念的指导下,把"交通"与"广播"相结合,努力把资源优势转化为经济效益,塑造广播事业发展中新的经济增长点,实现自身的可持续发展。

因此,依托交通频率资源,组织以有车一族为主的自驾游活动并逐步形成规模效应,建立全国性的交通广播自驾游联盟,发挥交通广播的特色,突破媒体、区域、行业的限制,交通与广播、交通广播与各种媒体结成同盟,促进交通广播自驾游运营模式在全行业、全社会范围内的推广,是广播人探索产业链、把资源优势转化为经济效益的重要一环。

## 一、最具效益的一张牌

随着交通广播对媒介产业认识的不断加深,建立以汽车俱乐部为平台进军汽车后

---

① 支庭荣:《羽衣霓裳——当前我国传媒产业遭遇四重蜕变》,《南方传媒研究(第十辑)》,南方日报出版社2007年版。

服务市场、开发交通广播产业经营的思路愈发清晰。这是交通广播依托自身优势的延伸,也是广播产业链的本质属性。延伸就是要以受众为目标消费者,有步骤地进行有效辐射;开发适合广播人经营的产品,从而产生与此相关的边缘领域的联动效应。

目前,全国各地分别建立了十几家交通广播汽车俱乐部、车友会,北京、江苏、大连、深圳等均利用俱乐部的经营属性,对组织以交通广播受众群为主体的自驾游活动进行了初步尝试。

深圳交通广播在2007年策划的"春夏秋冬看井冈"红色之旅自驾游系列活动,与自驾游目的地电台合作,由中信银行深圳分行提供赞助,组织深圳车友1000人次、车辆230辆,里程7000多公里,连线报道130多次,网络上载图片约500张,联动当地报纸、电视进行报道。他们的红色之旅自驾游活动主打"影响牌",在交通广播产业链的构建上,取得了良好的社会效益。

交通广播组建自驾游在打造品牌形象的同时,还创造了巨大的经济效益。江苏交通广播仅2007年组织的自驾游就多达20场,参与车辆约383辆,总计人数1572人。北京交通广播1039俱乐部组建后,结合会员的消费需求,多次组织到埃及、英国、马来西亚等国的境外旅游和自驾游活动。① 2008年,北京交通广播还计划与羊城交通广播俱乐部会员一起,同赴美国开展自驾游,创造更直接的经济效益。

可见,交通广播组织自驾游,无论从影响力上着眼创造社会效益,还是从经营上着眼创造经济效益,都是交通广播产业发展的有益尝试。

## 二、最具特色的一张牌

交通广播组织自驾游,其实质是打破传媒业传统的经营模式,探寻广播价值的增量。而交通广播依托自身资源,开展自驾游活动,是目前最直接、最有效创造效益的途径,也是发挥交通广播特色优势的集中体现。

交通广播组织自驾游有其自身特色。首先,交通广播是城市汽车生活的倡导者与领跑者,引领汽车生活消费时尚,自驾游是交通广播拓宽节目与扩展经营的有效方式。其次,交通广播的主要受众群是有车一族,历经十几年的发展,交通广播已经在这个受众群体中形成独具特色的品牌优势。第三,交通广播利用节目资源,不断进行传播,为自驾游活动提升影响力。第四,交通广播与当地媒体合作,利用广播与车队、广播与听众之间的互动,彰显移动收听的魅力。

北京交通广播1039俱乐部在开展国内外自驾游取得经济效益的同时,还积极发

---

① 田恩宇:《依托强势媒体 延伸汽车后服务产业链》,《中国广播》2006年12期。

展以公关活动及自驾游为主体的汽车文化产业,开展"西藏助学游"、"重走长征路——1039红色之旅"等大型活动,阐释以汽车为主体衍生的汽车文化,走出了交通广播自驾游的特色之路。

江苏交通广播在全省各地举办的车友节,利用由主持人、记者组成的交广艺术团走进各地演出,主持人、记者与自驾车旅行者零距离接触,不仅树立了品牌,维系了自驾游参与者对交通广播的忠诚度;而且通过与当地传媒人的合作,彼此增进了了解,为今后的合作共赢打好基础;同时也增强了车友跟随交通广播自驾游、提升个人价值的信心。

因此,交通广播组织自驾游,必将创造广告以外巨大的利润空间。只有发挥优势,才能打好特色牌。

**三、最具影响的一张牌**

产业对市场的拓展能够带来影响力,在注意力经济时代,强势影响力必然引起广告客户的关注并带来经济效益的叠加。

交通广播组织自驾游,是要增加产品的附加值,探求交通广播产业链的构建。实践证明:交通广播组织自驾游是创造效益空间最直接的方式。

以"红色之旅"自驾游为例,"千车万人进吉安看渼陂上井冈自驾游"活动依托媒体的优势,为驾车人提供一系列的优惠活动。该活动既维护了媒体的品牌形象,还增强了自驾者对媒体的忠诚度和美誉度;自驾者到达景区后,也带动当地旅游业、餐饮业、住宿业、汽车维修业等相关行业的发展,对繁荣地方经济具有重大的影响。

"红色之旅"自驾游以"合作、共赢"的理念使传媒业打破长久以来的"条"、"块"分割现状,按照市场经济所遵循的"利益最大化"原则,采取互惠互利的政策,打造出全新的、经得起市场考验、有运营潜力、得到驾车人认可的"红色之旅"模式。交通广播以"红色之旅"运营理念、运作方式和手段,逐步打造出"张家界模式"、"九华山模式"、"长白山模式",使更多的自驾者可以选择不同区域和特色的自驾游产品。"红色之旅"自驾游必将如井冈山上的星星之火,形成燎原之势,燃遍全国,最终让市场检验得失,让效益连接交广,让联动创造影响。

**四、最具优势的一张牌**

任何媒介发展到一定程度,都面临拓展新的生存空间的问题。交通广播的独特性质,使得其具有进行产业化探索的先天优势,交通广播是"广播"也是"交通"。[①] 行业组织在"资源整合、协调发展、打造品牌、全面推进、共创效益"的总体思路指导下,成为联系政府和各地交通广播的纽带,使交通广播组织自驾游成为最具优势的一张牌。

作为行业组织,中国广播电视协会交通宣传委员会拥有全国71家会员单位,利用自身影响,通过整合各地景区景点旅游资源,搭建全国共享的平台,使其优势凸显:一是依托行业组织的力量,各地统一行动,其影响力上升为全国;二是行业组织在和当地政府旅游部门、风景区管委会合作时,可以获得更多的优惠,既有利于吸引更多受众的参与,也有利于交通广播自身的发展;三是全国交通广播联动,打破广播的地域限制,在合作的媒体间进行宣传、节目联动,借节目宣传活动,又以活动带动节目。节目质量提高的同时,也促进了交通广播自驾游模式的推广。四是充分发挥传媒高校的作用,打造影响力。传媒高校是传媒人才的集散地,是自驾游交通广播模式推广的先锋。中国传媒大学广播产业研究所将从实战高度进行总结、深化经验、寻找规律,不断深化广播产业链的探索。

未来的交通广播自驾游模式,将更加灵活多样,在交通广播自驾游联盟的统一组织下,整合优势资源,强化专业特色,建立运营团队,统一服务标准,规范经营行为,搭建商业运营平台,用同一个声音说话。利用行业的组织力量,构建全国的自驾游产业链,打破媒体的地域限制,实现跨省、市乃至跨国的自驾游活动,打造具有交通广播媒体优势的自驾游活动。

### 五、小结

市场在塑造传媒,传媒也在塑造市场。如何在自驾游风生水起的今日,再现特色和优势,并且在有效运营和推广上做好文章?这已成为交通广播人整体思考的课题。

运营模式能够在市场上得到检验,其实并非易事。只有发挥交通广播的整体优势,打好效益、特色、影响、优势四张牌,全面提升交通广播的影响力,才能形成真正的优势互补、合作共赢,才能使自驾游运营在全国范围内得到推广,并最终促成广播产业的大发展、大繁荣。

〔潘力:中国传媒大学广播产业研究所所长;张艳玲:中国传媒大学2007级新闻学研究生〕

---

① 李丹:《依托媒介资源　开拓交广产业》,《中国广播》2006年12期。

· 策划大师 ·

# 为消费者选择一款最适合的车
## ——2007年哈尔滨国际汽车工业展览会策划方案

谭 丰

哈尔滨交通广播一直以"路上的广播,关注路上的人"为节目宗旨,以汽车移动人群为频率的主要收听群体。为此,哈尔滨交通广播专门打造三档精品汽车节目《晓青车论坛》、《汽车顾问》和《汽车聊吧》。新颖时尚的节目形式、丰富准确的汽车知识、及时权威的专业点评,使节目深得哈尔滨市汽车消费者的喜爱。

### 一、活动背景

由哈尔滨市政府主办的哈尔滨国际汽车工业展览会是东北地区最具影响力的车展。黑龙江省内每年参观人数达到50万以上,哪家媒体掌控如此巨大的参观人数,就等于提高了节目收听率,提升了品牌知名度和广告传播效果。

### 二、频率背景

从2004年开始,频率进驻每年一届的哈尔滨国际汽车工业展览会现场直播,与市民、企业面对面交流,互通信息,搭建平台,成为哈尔滨国际汽车工业展览会最具影响力的媒体。目前,哈尔滨交通广播作为唯一指定的展会广播媒体,已成为哈尔滨国际汽车工业展览会的主办单位之一。

### 三、前期准备

首先,哈尔滨交通广播与哈尔滨国际汽车工业展览会主办方长城展览公司合作,车展开幕一个月前,推出公益广告宣传,频次铺满全天节目,巨大的冲击力带来前所未有的效果。每天哈尔滨交通广播接听听众的咨询电话500个以上。

其次,哈尔滨交通广播每天在三档精品汽车节目中播报展会最新情况和参展车型,邀请汽车参展企业谈展会,与听众在电波中亲密交流,以方便市民参观时了解车型和汽车厂家。

最后,哈尔滨交通广播在形象上颇下了一番工夫。设计了代表红绿灯形式的近百平方米的"925"幕布悬挂在展会门前;搭建玻璃直播间,内外透明,打破广播的神秘感,充分发挥广播快捷、方便、互通信息的优势。

### 四、活动现场

哈尔滨交通广播在汽车展会上的报道形式新颖独特,花样翻新,并且每天频率设立上下午各一小时的汽车展会特别报道。

1. 最权威的发布保证节目的收听效果

记者深入展会现场,通过电话与主持人沟通,第一时间传递展会内容。同时将厂商代表请入直播间,与主持人、听众三方现场交流,国内各大汽车品牌老总们如奇瑞汽车公司的秦力洪等纷纷上阵。

2. 直播间搬进汽车展台,主持人与厂商共同发布最新上市车型

哈尔滨交通广播与一汽大众东北区协力打造新车上市发布,主持人走出直播间,迈上汽车舞台,在第一时间将现场氛围传递给听众,这也是汽车厂商期盼的。

3. 名嘴与名车同台"竞技",借主持人声望提升汽车品牌形象

哈尔滨交通广播的四位首席主播裴桐、晓青、俞美、晓诺在北京现代展台上悉数亮相,提升北京现代品牌在展会上的人气。

### 五、活动效果

"为消费者选择一款最适合自己的汽车",一直是哈尔滨交通广播遵循的原则。直播现场邀请汽车业界专业人士,与主持人、听众对几款车型的性价比进行分析、判断。权威点评、周到服务,让消费者打消购车疑虑,购买一款适用的车型。

在为期一周的2007年哈尔滨国际汽车工业展览会上,哈尔滨交通广播现场直播共接到听众咨询各种汽车的电话1000余个,组织3次大型现场团购活动,帮助听众购买车辆超过百台,达到了办节目服务听众的目的。

## 六、活动影响

哈尔滨国际汽车工业展览会现场直播不仅仅是一次提高收听率、服务听众的活动,同时得到国内外汽车厂商的认同,在为品牌宣传和产品促销上起到了不可低估的作用。通过哈尔滨交通广播,消费者和汽车厂商之间有了互通信息的平台,真正体现了传媒的力量。

## 七、活动评估

哈尔滨交通广播 4 年成功进入哈尔滨国际汽车工业展览会现场直播,2007 年现场直播策划活动成为历届车展广播巅峰之作。从 2006 年开始,哈尔滨交通广播成为哈尔滨国际汽车工业展览会的主办单位,并被组委会指定为唯一的广播宣传媒体。同时,哈尔滨交通广播车展现场直播为频率的活动提供了经验,奠定了基础。

〔谭丰:哈尔滨交通广播主持人〕

# 全民健身与奥运同行
## ——"全民健身与奥运同行——庆祝奥运倒计时100天"活动策划文案

方 楠

北京2008奥运会是中华民族的百年期盼，也是我国各族人民的共同心愿。在奥运倒计时100天来临之际，为表达全市人民支持奥运、参与奥运、奉献奥运的热情，提升江城的知名度和影响力，促进对外开放、推动和谐江城建设，吉林市交通广播在与市体育局成功举办"奥运火炬手就是你"奥运火炬手、护跑手选拔活动的基础上，再次策划并拟定承办"全民健身与奥运同行——庆祝奥运倒计时100天"活动。

### 一、主题定位

"参与奥运、快乐健康"，"和奥运一起激情飞扬"，"放飞梦想"

### 二、宣传口号

"全民健身与奥运同行"，"我运动、我健康、我快乐"，"我参与、我奉献、我快乐"，"迎奥运、讲文明、树新风"，"同一个世界、同一个梦想"等。

### 三、活动原则

本项活动将按照"创新形式、突出特色、丰富内容"的思路，以坚持"有影响、有规模，群众喜闻乐见"为原则，营造出市民"迎奥运、讲文明、树新风、全民健身"的和谐氛围。

### 四、主办单位、承办单位

主办单位：吉林市体育局
承办单位：吉林市交通广播

### 五、活动时间、地点

活动时间：2008年4月30日上午10点
活动地点：世纪广场
参与人数：活动人数不少于3000人

### 六、活动内容

整个活动内容要体现的是"2008北京奥运全民参与"、"与奥运同行"的宗旨，每个节目在表演之前需要有代表表达自己的奥运心愿。

（1）主持人开场
（2）领导讲话
（3）奥运火炬手、护跑手展示
（4）奥运火炬手、护跑手代表誓师
（5）吉林市领导为奥运倒计时100天计时牌揭幕
（6）志愿者宣读倡议《通向自然，放飞梦想》
（7）歌曲：《超越梦想》
（8）全民健身活动（广播操）
（9）腰鼓、太极扇、健身秧歌、威风锣鼓、舞龙舞狮等

### 七、实施细则

1. 世纪广场活动

活动定于2008年4月30日上午10点至11点，体现全市市民、职工、学生、老年人在内的社会各界支持奥运、参与奥运、强身健体的热情。邀请参加活动人员总数不少于3000人。

2. 活动周边布置

世纪广场氢气球10只、过街条幅10条、电子屏幕活动介绍、中心舞台、彩虹门、活动背板。

3. 操作流程

活动组织协调、市领导邀请、领导讲话稿落实、新闻媒体邀请、市民健身团体邀请由市体育局负责。

活动策划、活动实施、活动现场及周边布置、活动前期宣传等由吉林市交通广播负责。

### 八、媒体宣传

1. 媒体宣传

由市委宣传部邀请省市各新闻媒体全面报道。吉林市交通广播联合松花江之声广播联机对活动进行全程现场直播,并策划特别节目,对全市各县区活动进行系列报道,联合省内其他城市媒体进行多角度、全方位连线报道。

在整个活动过程中,把宣传"全民健身、与奥运同行""绿色奥运、科技奥运、人文奥运""迎奥运、讲文明、树新风""经济发达、人民富裕、生态良好、社会和谐的新兴现代化城市"等理念贯穿始终。

2. 宣传口号

"迎奥运、讲文明、树新风","全民健身与奥运同行","我参与、我健康、我快乐","每天锻炼一小时,健康工作五十年,幸福生活一辈子"

### 九、活动影响

通过举办本次活动,不仅提高了民众对奥运的热情,同时提升了广播媒体对社会的影响。

### 十、活动评估

实践证明,大型主题活动的策划,要体现出其丰富的内涵,策划要细化到各个环节。

〔方楠:吉林市交通广播副总监〕

·活动探微·

# 情系地震灾区　电波传递真情
——记全国73家交通广播直播抗震救灾大型特别节目

王晓岚　李岳峰

5·12汶川8.0级大地震发生以后,灾区道路、通讯、电力完全中断,给抗震救灾工作带来了极大的困难。在这危急、紧迫的关键时刻,广播成了灾区人民了解外界的唯一渠道。通过收音机,受灾群众知道了党和国家领导人在第一时间、在最危急的时刻来到了他们的身边,正在举全国之力奋力抢险、拯救生命。

2008年5月22日上午8点,全国73家交通广播联合直播抗震救灾大型特别报道开播。"我们心连心",同一个声音划破长空,回荡在中华大地,电波把全国人民和灾区群众的心紧紧地连在了一起。这次由四川交通广播发起、中国广播电视协会交通宣传委员会组织、全国73家交通广播共同参与的抗震救灾大型直播特别节目,创造了中国广播史乃至世界广播史之最——参加的电台数量最多、规模最大、联合直播时间最长。

中国广播电视协会会长李丹在开播致辞中表示:"全国交通广播联合举办的这次大型直播报道活动会把全国各地交通广播听众对灾区人民的爱心传递,会把全国各地交通广播听众和灾区人民众志成城的坚定信心凝聚,会体现全国各地交通广播人和他们的听众与灾区人民心连心。"

5月22日,在长达14个小时的直播过程中,各地交通广播表达了当地人民对这次8.0级大地震中遇难同胞深深的哀悼,讲述了大地震以来全国各地一方有难、八方支援的感人事迹,讴歌了抗震救灾中各行各业涌现出的英雄模范。重庆交通广播介绍说,在这次大地震中,尽管重庆也遭受了一定的损失,但重庆市委市政府决定,要动员一切力量,全力以赴支援四川重灾区。唐山市交通广播讲到,唐山人是从大地震中走过来的,最能理解地震给人们带来的悲伤和痛苦。这次汶川8.0级大地震发生后,一支又一支志愿者队伍从废墟中救出了一个个生命。北京交通广播更是将节目时间延长了一倍多，因为北京听众一再要求听到更多来自地震灾区的消息，他们每时每刻都在关心抗震救灾的进程，关心灾区群众的生活。安徽交通广播在灾难发生后，马上调整播出节目，组织社会各界筹集善款1000万元，并表示将再捐助一所希望小学，解决灾区儿童的上学问题。济南交通广播积极组织爱心捐助活动，除了为灾区捐款捐物之外，将帮助灾区解决100百名孤儿的上学问题。深圳交通广播总监说："就在我们节目进行的过程中，深圳交通广播租用的一架满载救灾物资的大型飞机降落到了成都机场，很快就将把价值400万的物资送到灾区。"

一个个催人泪下的动人故事、一首首震撼心灵的诗词歌赋，传达出全国人民情系灾区的拳拳爱心。大家纷纷表示愿与灾区人民手拉手、心连心，众志成城、战胜灾害，共建美好家园。据了解，四川交通广播已经成为全省公安、交通、抗震救灾相关政府部门、红十字会等慈善机构的信息传递平台，24小时不间断播发通过各个渠道获取的灾区信息，每天接收、播发和转发各类信息上万条。电波承载着所有交广人的爱心和执著，共同谱写了一曲抗震救灾的动人旋律。

〔王晓岚：四川交通广播记者；李岳峰：中国交通广播网网络运营部主任〕

·年会特辑·

# 不负使命　开拓进取
## 创造中国交通广播电视的美好未来
### ——在中国广播电视协会交通宣传委员会第五届理事会上的讲话

李　丹

在全国喜庆奥运成功的热潮中,我们迎来了中国广播电视协会交通宣传委员会第五届理事会的召开。这次会议是认真贯彻十七大精神,努力开拓协会工作新局面的一次十分重要的会议。

交通宣传委员会是中国广播电视协会最有活力、最有实力、最有影响力的工作委员会之一,在交通广播界乃至全国广播界都有十分重要的地位和影响。五年来,特别是 2004 年中国广播电视协会更名以来,交通宣传委员会第四届理事会在协会领导下,以邓小平理论、"三个代表"思想为指导,落实科学发展观,依靠全体会员单位,团结交广行业,联系实际,开拓创新,转变职能,热情工作;切实增强了行业自律和维权意识,积极组织学术理论研讨,认真组织节目创优评析,努力探索产业发展路径;坚决抵制节目低俗之风,积极推进行风和职业道德建设,努力提高职业人员素质,各方面工作都取得了新的成绩。队伍不断壮大、活动不断扩展、影响不断扩大,对密切政府部门与交通宣传从业人员之间的联系,对促进我国交通广播持续、有效、快速的发展起到了重大作用,作出了积极的贡献。

今后五年,将是中国广播电视协会发展的重要时期,交通宣传委员会新一届理事会应做好工作,发挥出应有的作用。

第一,要进一步认清形势,明确任务。王太华部长在中国广播电视协会第五届理事会的讲话中指出:今后五年,中国广播电视协会将进入改革发展的重要时期,责任更加重大,工作更加艰巨,面临的机遇前所未有,面临的挑战也前所未有,机遇大于挑战。抓住机遇,迎接挑战,努力开创中国广播电视协会工作新局面,必须认真落实和学习党的十七大和全国中央宣传会议的指示和精神,高举中国特色社会主义伟大旗帜,以邓小平理论和"三个代表"思想为理论指导,落实科学发展观,围绕兴起社会主义文化新高潮的战略任务,坚持改革创新,立足广播电视协会的性质、地位和作用,着眼于从学术研究机构向行业组织的转变,着眼于为广播电视行业的改革大局服务,着眼于规范行为、反映诉求的总体要求,依据法律,行使职责,充分发挥作用,加强自身建设,努力做好各项工作,为广播影视大发展、大繁荣作出新的贡献。可以说,这是为中国广播电视协会今后一个时期的工作明确了总体形势、总体任务,也为中国广播电视协会的分支机构——交通宣传委员会明确了总体形势和总体任务。对此,交通宣传委员会第五届理事会新一届领导班子要充分认识,正确领会,积极贯彻。中国广播电视协会正是根据总局领导为我们明确的总体形势和总体任务,制订了今后五年的工作规划,最近正式下发到各地学会、协会、各地工作委员会,希望交通宣传委员会也能参照协会的五年计划制订自己的五年规划。

第二,要进一步强化组织制度建设。形势和任务确定以后,就必须要有组织严密、行为规范、运转顺畅的强有力的组织结构和严密的工作制度来保证贯彻落实。在这方面,中国广播电视协会领导十分重视,会前由协会分党组专门研究了交通宣传委员会的换届工作。特别是新一届理事会的组织制度建设,分党组非常重视。这些建议和意见在刚才的表决中已经获得通过,我们认为通过这次换届工作,交通宣传委员会的组织制度建设工作会有一个比较大的强化。这表现在一方面我们接纳了交通电视和移动电视两个方面的力量,进一步扩展了委员会的业务范围,壮大了委员会的组织力量;另一方面是增设了四位常务副会长和三名副秘书长,这样就完善了领导和工作体制,适应了形势的需要,也适应了可持续发展的需要。这些调整为新一届理事会更好地发挥作用奠定了更加坚实的组织基础。此外,这届会议为新加入的交通电视栏目(节目)和移动电视播出机构的兄弟单位在理事、常务理事、副秘书长、副会长、常务副会长留出了相应的名额,这些经过分党组认真批复,并在常务理事会上进行了传达,通过了正式表决。希望新一届领导班子根据理事会决议,加快调整步伐,使新的体制和以新章程为核心的新的组织制度能尽快到位、顺畅运转,进一步推动委员会职能转变、健康发展的步伐。今天的交通宣传委员会规模扩大了,实力壮大了,交通电视和移动电视加入进来了,行业的期望值也相应提高了,对自身也有了更高的要求,这意味着必须加强组织的正规化建设、工作制度的规范化建设,对此必须要有清醒的认识。具体来说,就是要组织健全、制度完善、档案齐全、财务规范,新阶段要有新起点,正规化的队伍才能大踏步前进。

第三,要进一步找准工作的用力方向。强化组织制度建设的最终目的是为了更好、更快地推动工作。新一届理事会在推动工作时,要在进一步发挥"勤"字精神的基础上,在"善"字上下工夫,善于抓根本、抓重点,如王太华同志所讲,找准工作的用力方向。具体来讲,协会要秉持一个原则,做好三个方面的基础工作。一个原则就是始终坚持"围绕中心,服务大局"来开展工作,作为行业组织,交通宣传业内的中心工作就是委员会的中心工作,必须围绕这个中心来服务大局。

根据这个原则,新一届理事会要根据工作方针,做好以下三个方面的基础工作:

第一,继续做好学术理论研究的工作,继承学术研究的传统,发挥科研优势,多组织和出版研究成果,提政策建议,为中国交通广播电视的发展,提供有利的理论支撑。

第二,继续探索实现行业自律维权的工作,为自我发展、自我管理,积极借鉴国内外经验,积极探索和加强行业自律的新方式和新手段,提高行业自律水平。当前,针对行业组织存在的问题,还需继续开展工作。比如虚假新闻、有偿新闻、低俗之风等都应继续成为开展工作的切入点,争取主动,防止被动,一旦发现问题就相互提醒,相互帮助,提高认识。去年协会做过这样的工作,今年协会也希望各会员单位、各工作委员会进行配合。可以进一步解释和宣传协会通过的《中国交通广播行业自律公约》,让其转化为行业成员自觉遵守的行为规范,要围绕规范市场秩序,加强行业诚信建设,规范行业行为,建设有序市场,这都是协会的职责。

第三,全面推动交通广播事业的产业化进程。推进产业发展,是推动交通宣传委员会可持续发展的保证。近年来,交通广播从业人员以敏锐的感觉居安思危,在良好氛围中没有满足于小富即安,在产业拓展方面作了很多积极有力的探索。中国交通广播汽车俱乐部切入汽车后服务市场,是近几年一直在推动和探索的,也得到了越来越多的会员单位的支持和响应。一些会员单位已经成立了交广俱乐部,进行了实践摸索,取得了不少的经验。上个月,交通宣传委员会还专门派人到美国、韩国考察了世界最大最强的3A汽车俱乐部,从考察团回国的报告来看,获得了很多启示。协会对此很重视,将继续加大力度推动,建议新一届领导班子在这方面要有所作为,取得新的突破。希望尽快研究成立中国交广汽车俱乐部产业发展专项工作组来进行专门推动。这一项目运作3年来,已经取得了一定成效,在增强观念上有进步,并在各地成立了十几个车友俱乐部,取得了不同程度的发展。在新阶段,要互相支持,形成品牌概念,增强自信,引起外界重视,内外联手取得突破。现阶段,要集中智慧和精力做好这项有前景的工作。我相信,用5年左右的时间,中国汽车俱乐部一定会发展起来,这是几千亿美元的市场,必须求真务实,真抓实干,因此要成立专项工作组,并吸收一些有成绩的交通广播电视会员单位加入,形成突破。此外,对其他委员会的工作也能有所借鉴。

交通宣传委员会要在新一届理事会的领导下,遵循协会章程和委员会章程,切实做到民主协商、民主决策、民主监督,形成开门办会和民主办会的机制和氛围,调动全体会员单位的积极性、主动性和创造性,推动交通宣传委员会工作持续健康发展,为中国广播电视大发展、大繁荣作出新的有益的贡献。

〔李丹:中国广播电视协会会长〕

# 2009 年度

·行业前沿·

## 做中国交通传媒行业的领跑者
——从交通宣传委员会成立十五周年所想到的

潘 力

自 1995 年 8 月 7 日成立至今,中国广播电视协会交通宣传委员会(以下简称交宣委)已经走过了 15 个年头。这些年来,交宣委与交广频率总是相伴相生、相互促进、协调发展、共同进步。一路走来,风雨同舟,壮志满怀。目前,会员单位的规模,已经从最初的 11 家交通广播单位发展到今天的包括 78 家交通广播播出单位、40 家交通电视栏目和 30 家移动电视播出机构的联合舰队。2008 年,仅全国交通广播会员单位的广告收入就达 20.6 亿元。交宣委所联合的全国交通广播频率已经成为中国广播界举足轻重的核心主流团队。

全国交广是一家已成为交广人的共识,它的影响与传播就在于彼此交流与合作的交广精神,而搭建起桥梁和纽带的正是行业协会——中国广播电视协会交通宣传委员会。在中国交通广播初创、成长、发展的历史进程中,交宣委发挥了积极的、无可替代的作用。在总结交通广播迅速崛起、不断壮大的原因时,国家广播电影电视总局副局长胡占凡指出:在交通广播成长发展过程中,中国广播电视协会交宣委起到了行业的推动、引领作用。

15年来,在中国广播电视协会的直接领导下、在全体会员单位的大力支持下,交宣委以促进交通广播大发展为己任,反映诉求、提供服务、规范行为、开拓进取,成为全国交通广播行业的领跑者与助推器,为建设具有中国特色社会主义广播事业发挥了应有的作用。

## 一、引领行业方向,推进行业进步

"创新、超越、携手、共享"是交宣委遵循的媒介精神,这种精神给予交宣委不断进取、不断开拓的勇气和信心。一直以来,交宣委在提升观念、理论研究、提供服务、规范行为上不断推出新思路、新做法,以"思想的渗透,智力的援助"不断推陈出新,引领中国交通广播走在中国广播界的最前沿,使交通广播成为广播媒介"最值得倾听的声音"。

### 1. 观念创新

在改革开放的背景下,经济和社会的进步为有"无距离媒介"之称的交通广播提供了广阔的传播舞台。城市化进程的加快、汽车数量的增加,使得人们在"车轮子"上的时间越来越多,为广播这种伴随性极强、能提供即时路况信息的唯一听觉媒体的发展提供了前所未有的发展契机。15年来,交通广播与时俱进,从无到有、从有到优,创造了一个又一个媒介神话,成为中国广播界的一支后来居上的生力军。

与此同时,作为行业组织,交宣委始终坚持创新理念,把握时代节奏,不断超越自我,参与新媒体革命,实现跨媒介大融合。交宣委成立之初,在"关注交通广播事业、推动交通广播发展"的前提下,目光锁定交通广播事业;在成长进程中,以"与中国广播同步、与交通广播同行"为指导思想,带领中国交通广播向前发展;在发展进程中,以媒介品牌打造为基础,以"大传播、全媒体"的行为理念为中国交通广播电视引领方向。正是有这样明确的发展思路,交通广播以及刚刚加入行业组织的交通电视、移动电视,才能融入这个交广大家庭,才能探索媒介融合之路,打造可持续发展的合作新模式。

2005年11月,中国广播电视协会组织的职能转变培训研讨班提出:从科研理论为主的"学会"转变为行业组织的"协会",要求各分会尽快统一思想,转变职能。交宣委积极响应,在《中国交通广播》月刊上分"政策篇"、"法规篇"、"案例篇"连续三期刊发重点文章,解读相关政策法规。同时,修改原章程,并制定出《中国交通广播行业自律公约》,使协会的新的定位在全行业深入人心。

在关于"加强宽带通信网、数字电视网和下一代互联网等信息基础设施建设,推进三网融合"的国家第十一个五年规划建议要求下,2005年12月,交宣委作为具有传媒与高校背景的代表,出席了"北京网通 2005 增值业务论坛",作题为《嬗变与融合——探索广电传媒与通信增值业务的轨迹》的主题演讲,与数百位通信、IT 界人士共商大计、谋划发展。2006 年 3 月,在 IPTV 产业发展研讨会上,交宣委又以《破解视听新媒体——IPTV 的媒介定位以及与传统广电的协调发展》为题,对视听新媒体进行解读。同年 7 月,在第六届中国信息港论坛上,交宣委又以《探向与追寻——勾勒广电传媒与电信应用的轨迹》为题,发表演讲。2006 年 8 月,在北京举办的全国第二届数字新媒体高峰论坛上,交宣委以圆桌对话主持的身份,参与了"新广播的新武器"的研讨盛会。

2008 年 9 月,中国交通电视和中国移动电视两个板块整体加入交宣委。正像中国广播电视协会会长李丹所说:这是行业组织发展到一定阶段的产物,它不是多种媒体之间的叠加,而是把各自媒体资源的优势全部展现。这丰富了交通宣传的传播渠道和表现形式,揭示了一个崭新的全媒体概念,使传统的广播电视与数字新媒体互相融通,从而形成资源的有效配置和价值链的拓展,为今后媒体资源整合提供了新机遇,这正是行业协会要关注的。

最前沿、最专业、永立潮头、引领方向,是交宣委的核心价值理念。

2. 理论创新

实践离不开理论的指引,否则将陷于低层次的循环。交宣委这 15 年的发展,很重要的一条成功途径是:得益于中国传媒大学的研究平台。一大批在学界有影响的专家、教授投入到交通广播媒体领域方面的研究,从而不断总结经验、开掘新的领域和资源,在交通广播事业发展进程中划出一道理性的轨迹。

交宣委在这一土壤中不断吸收营养,关注业界、学界最前沿的理论动态,充分利用已有的教学和学科背景进行有针对性的新广播媒体实务研究和探索。自 2000 年以来,先后出版《交通广播总监启示录》、《交通广播精品战略》、《最值得倾听的声音——中国交通广播创优评析点评实录(2005)》、《高新技术与广播传播方式变革》、《现代传播新技术与广播发展》学术论著 5 部。2007 年出版《新广播媒体经典案例剖析》。2009 年 9 月还将出版《最值得倾听的声音——中国交通广播创优评析点评实录(2005—2007)》一书,打造广播节目的精品工程。这些著作从不同角度对广播媒体的现状与未来的竞争态势进行阐述,推动了中国广播事业的发展。

2008 年 9 月 4 日,全国交通广播近 200 人齐聚宁夏,参加由交宣委组织的"媒介产业创新与实践——中国广播未来发展走势"高峰论坛。会上,中国传媒大学副校长、博士生导师胡正荣教授、湖南电台台长罗毅、云南电台台长覃信刚等学者专家作了主题演讲。代表们认为,交通广播只有打破地域、扩展节目平台和沟通渠道,才能形成规模效应,才能实现产业链的拓展。同年10月25日,交宣委又在"改革开放30年"中国传媒论坛大会(杭州)上,举办"交通广播汽车类节目运营与思考"和"08移动电视的创新与实践"两个分论坛,为中国交通广播产业链的拓展和中国移动电视合作平台的建立提供了理论支持。同时,全面展现了交宣委各分会会员单位的综合实力和风采,提升了行业组织的影响力和号召力,是一次较高水平的盛会。2009年5月5日,作为交宣委会员单位,中广传媒集团领导班子成员来到交宣委秘书处所在地——中国传媒大学,双方就行业之间合作新模式进行专题研讨。这次交流活动是行业协会与学界、业界互相沟通、实现共赢的有益尝试。

与此同时,全国交通广播的蓬勃发展也是行业组织依托传媒高校的研发优势进行科学研究的有力佐证,从而开辟了新的研究领域和方法。这是行业协会与中国传媒教育界和广播电视界成功合作的范例。

3. 服务创新

15年来,交宣委以"行业服务"为宗旨,把服务创新体现在本行业各个环节中,尽心尽力为会员单位做好服务工作。

1997年创刊的《中国交通广播》月刊伴随交广人走过了11个年头,它已经成为交通广播行业理论前行的一面旗帜,是展现各地交广风采的窗口,是传播交广理念和实践的舞台,是全国交广人的良师益友。随着行业组织新成员的加入,2009年1月《中国交通广播》更名为《中国交通新视听》。新刊将成为全国交通广播电视人理论学习、信息交流、实务操作的交流平台,以不断求新,增强刊物的贴近性、服务性、理论性和指导性为前提,开设了包括"主编访谈"、"思想广场"、"菁英会"、"视听新干线"、"探索与争鸣"等有针对性的专栏。同时聘请传媒高校的教师专职办刊,强化采编、美工力量,使《中国交通新视听》杂志成为中国交通传媒人沟通思想的创意园地。

同时,依托传媒高校人才培养优势,组织全国交通广播系统在职人员进行岗位培训。聘请总局、总会相关部门负责人、传媒高校学者、业内专家、一线采编人员,对行业内的记者、编辑、主持人、广告经营人员等进行专项培训,有效实施人才开发战略与人才管理机制,推进传媒行业向专业化、产业化、规模化方向发展。

除了在国内举办经营新思路的研讨及交流活动,2008年6月29日至7月12日,交宣委还组织各地交广总监和电台负责人共27人,赴美国考察Clear Channel广播电台集团、美国洛杉矶AM1300中文广播电台、美国AAA汽车俱乐部和韩国首尔TBS交通电台及道路交通情报中心。通过考察,一方面,了解数字新媒体在广播领域中的运用及频率的运作方式和管理经验。另一方面,围绕交广产业链寻求美国AAA汽俱乐部如何以移动人群和有车族为市场目标，形成交通广播界世界第一的市场规模和效益。此次学习考察，对整合各地交通广播已初步建立的相关产业资源、形成以媒介为产业链条的全国交广汽车俱乐部的整体品牌具有一定的指导意义。

近年来，交宣委十分重视与各会员单位之间的沟通与交流，把情感交流当做延伸服务的一种手段，增进彼此之间的了解和认同。2007年，交宣委陪同中国广播电视协会领导亲临黑龙江、大庆、邯郸、陕西、延安、南京、广东、深圳等十几家会员单位进行实地考察调研，了解一线的工作情况。同时，各地交广的总监也被邀请到交宣委做客，一年中，大约有十几家交通广播总监亲临协会秘书处（北京），与行业组织共商交通传媒发展思路。这些举措有力促进了交宣委的工作，使双方联系更加紧密、沟通更加畅达、研讨更加深入，全国交通广播电视行业的整体水平有了明显提升。

同时，交宣委十分注意规范秘书处的通联工作，增强服务意识，提高秘书处工作人员的媒介专业素养，完善工作要求与流程，从树立行业形象、礼貌待人等细微之处着手，规范行为，使会员单位得到真正有效的服务。

### 二、构建平台，打造联合舰队

15年来，在"求真、务实、和谐、发展"的行动理念指引下，交宣委通过在会员单位中建立信息、节目与活动平台，实现了引领行业的发展目标，打造了一支中国交通广播电视的联合舰队。

#### 1. 信息平台

经过努力，2000年交宣委建立了自己的门户网站"易路通"，2004年更名为"中国交通广播网"，与会员单位之间形成了"上有网、下有刊"的信息互动交流格局。《中国交通新视听》和中国交通广播网（www.ctbn.com.cn）已经成为行业组织与会员单位之间信息畅通的两大信息交流平台。2009年，由交宣委、中国传媒大学联合京、津、冀交通广播共同搭建的"京津冀都市圈综合交通信息平台"即将启动，这将对提升全国交通广播的综合实力、实现跨区域之间的信息融合，真正为出行者提供服务、展现媒介风采、强化台际交往起到积极的推动作用。

#### 2. 节目平台

为了全面提高交广节目质量，交宣委每年都把中国交通广播的创优评析工作放在重要位置。除严格按照规范的节目评审原则外，还邀请业界、学界的专家学者讲评节目。从1999年开始，将每年的中国交通广播创优节目制作成CD光盘，并将优秀文字内容整理成册，方便会员单位和其他专业人士对交通广播精品节目进行分析与研究。

通过指导节目评析活动,全面提升了交通广播的节目质量,摸索出适合交通广播的节目风格和节目特色,提高了整体节目创意理念和制作水平,促进了中国广播节目形态的良性发展。

近年来,北京、上海、南京、黑龙江、河北、江西等地交通广播创作的作品已在中国新闻奖、中国广播影视大奖的评审会上崭露头角,显示了节目创优的蓬勃生机。从2006年开始,交宣委获得了申报年度"中国广播影视大奖"的资格。由交宣委推荐,北京交通广播选送的新闻专题《曹女士事件引发的思考》、评论《从北京地铁五号线说起》、短消息《一周内两次调整奥运限行方案百姓乐道》连续三年荣获国家级政府大奖,这既是北京交通广播的荣誉,也是全国交通广播人的骄傲。除此之外,2007年度,浙江宁波交广的辛雪莉、黑龙江交广的亓欣莉荣获由全国新闻工作者协会举办的第八届"长江韬奋奖",再次为全国交通广播赢得最高殊荣。2008年,在交宣委的倡议下,并报中国广播电视协会批准,在中国交通电视评奖中荣获一类作品的节目将参加中国传媒大学"学院奖"的角逐,这也是行业协会与传媒高校的又一次深度合作。2009年8月,由交宣委交通电视分会会长台——北京电视台发起的,全国交通电视栏目参与搭建的"中国交通电视节目交换平台"工作已进入实施阶段。10月20日,在南京举行的"新中国成立60年"中国传媒论坛大会上,中国交通电视节目交换平台正式启用。届时全国交通广播电视播出机构将通过这个网络平台进行节目交换,将通过传输平台向外界发布大量有价值的信息。

3. 活动平台

行业协会实际上就是一个有组织的"行业大家庭",每个成员在享受权利和义务的同时也乐在其中,行业组织的凝聚力和向心力通过大量的活动得到充分的展现。

从2000年起,交宣委每年都要组织跨区域联合采访,并以"中国交通广播网"的名义对重大活动进行专题报道。每逢重大、突发事件发生,交宣委都会积极面对、主动出击、精心策划。2008年,由交宣委主办的"改革开放30年"全国交通广播采风大联动,吸引了珠三角、长三角、东三省交通广播单位的广泛参与。它们走遍中国海岸线,穿越长江三角洲,走渤海经济圈,穿越东北三省,感受改革开放30年我国交通领域方面的巨大变化。2009年是新中国诞辰60周年,也是交宣委成立15周年,由交宣委主办的全国性的大型系列报道活动全面展开。2009年3月28日至30日,由邯郸交通广播发起的全国交通广播"邯郸行"采访活动在邯郸市举行;2009年4月9日至12日,由陕西交通广播发起的"我为延安种棵树,共植中国广播林、中国交通广播林"启动暨揭碑仪式在延安清凉山隆重举行,国家广播电影电视总局副局长胡占凡为活动发来贺信,陕西省委常委、延安市委书记李希,中国广播电视协会会长李丹,中国传媒大学副校长丁俊杰,陕西电台台长徐来见等领导分别为"中国广播林"、"中国交通广播林"揭碑;2009年7月26日至30日,由大庆交通广播发起全国交通广播"走进大庆"采风报道活动在大庆市隆重举行;2009年8月26日至28日,由石家庄交通广播发起的全国交通广播大型采风"走进西柏坡"活动在石家庄市隆重举行。这些有组织、有策划的系列活动的成功举办,提升了全国交通广播品牌的影响力,促进了会员单位之间的交流,验证了行业协会的组织协调能力。

值得一提的是,2008年初的冰雪灾害和5·12汶川大地震中,各地交通广播成为重要的信息通道和连接政府与群众的桥梁,交宣委通过中国交通广播网协调各地交广资源,实现跨省跨媒体联动,使突发事件报道任务圆满完成,获得中宣部及社会的普遍好评。奥运期间,中国交通广播网与公安部再次合作,第一时间报道国家有关部门发布的北京地区的路况信息及交通管制信息,并通过各地交通广播及时、准确地将公安部发布的信息进行有效传播。

行业协会组织的跨区域的采风活动和搭建的交流沟通网络信息平台,使各区域之间的合作成为现实,扩大了全国交通广播的整体影响和实力,是交通广播打破地域,打破行政级别,打破省、市、地台界限,实现共赢发展的创新模式,必将对中国广播电视媒体向集约化经营、规模化发展,实现跨地域、跨媒体的联合起到示范作用。

**三、迎接各种挑战,实现职能的根本转变**

目前,我国广播电视事业面临很多发展战略与现实操作方面的问题,交宣委的定位就是要承担起行业组织的职责,以卓有成效的工作业绩,引领全国交通广播电视的发展,使其成为中国媒介竞争的佼佼者。

1. 拓展理论研究的新视野

一直以来,交宣委不断进行理论创新,以理论创新的成果来指导行业的实际工作。办好《中国交通新视听》杂志,推出广播电视媒介经典案例剖析、节目创作精品大全、创意节目新构想、频率经营大典、媒介托管经营等专业图书。交宣委还将继续组织开展全国性的"寻找广播的声音"广播频率调研活动,对相关电台的节目构架与特点、广告经营的方式与现状、内部管理的机制和方式、广播产业的拓展和经营等方面作深入细致的分析,通过与广播频率相关人员的交流和实地考察,力争找到广播存在的问题,分析广播未来发展的趋势,使理论研究更具针对性和可操作性。

## 2. 抓好行业维权和自律工作

作为行业组织,要在"提供服务、反映诉求、规范行为"上大做文章。一个是要做好中介工作,做好政府主管部门与会员单位之间的纽带和桥梁,把政府主管部门发展行业的指导性政策、意图传递给大家,把在实践中遇到的各种问题和意见反馈上来,尽心尽力为政府主管部门服务、为会员单位服务、为行业发展服务。另一个是要维护行业会员单位的合法权益,当会员单位在现实工作中遇到利益上的纠纷时,依据相关的法律、法规、规则进行协调、调节,努力维护会员单位的合法权利。

今后,交宣委还要履行行业自律管理职能,在接受行政主管部门监督管理的同时,严格自律,对全行业高度负责,满足广大人民群众的精神文化需求,维护行业的良好秩序,反对同质化竞争和恶性竞争。在各会员单位之间,倡导"地位平等、相互尊重、互惠互利、共谋发展"的理念和思路。

## 3. 探索行业标准的制订工作

制订行业标准是行业协会的一大主要职责。为了有利于行业大发展,制订相应行业的准入机制是未来媒介发展的方向,它包括行业准入标准、行业从业人员标准、节目质量评价标准、行业广告代理标准、职业道德规范标准,等等。交宣委从2008年开始着手进行行业标准调研工作,借助传媒高校人才优势,组织全国交通广播系统内相关问卷调研,对在职人员进行岗前培训,完善人才开发战略与人才管理机制,探索行业标准制订工作。

回顾15年来,交宣委所走过的历程,见证了中国交通广播电视锐意进取、推进发展、创新理念、投身祖国建设事业发展的足迹。伴随着经济的快速发展,行业组织将承担起与政府、传媒、高校、学界之间沟通、交流的桥梁和纽带作用,并通过融合集体智慧,提供思路、避免弯路,促进各地交通广播电视的成长和发展,加强协作,充分利用信息资源、节目资源、广告资源和人力资源,增强媒介市场的竞争力。相信在未来传媒事业的发展中,行业协会这个"会员之家"一定会营造出更加充满活力、充满智慧、体现创新精神的服务团队,为会员单位办好事、做实事,为改革和发展作出新贡献。作为全国交通广播电视的"勤务兵"和"瞭望哨",交宣委将进一步为全体会员单位创造互相了解、互相学习的条件,带领整个行业进行新的探索与尝试,共谋发展、共创繁荣,全面提升媒介的核心竞争力,做中国交通传媒行业的领跑者。

〔潘力:中国广播电视协会交通宣传委员会常务副会长兼秘书长,中国传媒大学广播产业研究所所长〕

·总监论坛·

# 树立强势品牌　打造精品广播
## ——天津交通广播15载路上行

### 安　迅

作为1994年1月1日开播的天津交通广播已经走过了15年的辉煌历程。它以移动人群为目标受众，将广播、汽车和出行紧密结合，在天津电台的系列台中独具特色，是天津交通信息的发布中心、城市交通运行的空中红绿灯、广大交通参与者的亲密朋友。

经过近15年的不懈努力与求索，天津交通广播形成了"现代时尚、平和高雅、贴身服务、好听相伴"的独特办台风格，节目亲切、休闲、轻松、自然。多年来，天津交通广播作为驾车人士的首选频率，其收听率在天津地区所有能接收到的广播频率中一直位居第一位，30天内几个高峰期的听众数量均超过40万人，车上收听率高达96.4%，车外综合收听率也位居天津电台之首，市场表现突出，广告效果显著，频率竞争力高居榜首。

### 一、突出精品意识　创新工作思路

"突出精品意识，强化品牌理念"是天津交通广播一以贯之的工作思路。尤其是在传媒竞争日趋白热化的今天，现代媒体的发展已经进入了品牌经营时代，品牌既是资产又是文化，代表着媒体的品位和内涵。媒体品牌意识的加强是市场竞争的必然结果，只有高品位、高收听率的品牌媒体才能拥有更多的受众，才能占据较大的市场份额。可以说品牌在塑造媒体良好美誉度和公信力方面，起到举足轻重的作用。

从抗震救灾系列报道和活动可以看出品牌频道的重要性。5·12汶川大地震发生以后，天津交通广播的全体编播人员以饱满的热情和对灾区人民的一片深情积极投入到抗震救灾的宣传报道和公益募捐活动中，发挥了广播媒体快速、及时的特点及交通广播出众的品牌优势，成绩突出，效果显著，提升了品牌影响力。

汶川大地震发生伊始,交通广播便以天津广播人特有的新闻敏感和职业素养在第一时间做出反应。地震当天下午就连线地震局的权威人士,播出了地震的相关消息并迅速播报灾区的新闻;最早与天津市赴灾区医疗队在节目中连线,报道了医疗队在当地救灾的情况;及时与天津各行业派赴灾区的救援队联系,采写录音报道或者在节目中连线播出;地震发生之后,交通广播还先后与四川交通广播进行了三次连线和一次并机直播,向天津市民介绍灾区的最新情况,并把天津市各行各业在抗震救灾中所作出的努力传递到灾区,表达了天津人民对灾区人民的关心和支持。在抗震救灾宣传报道中,导向、基调把握准确,反应迅速敏捷,报道充分及时,突出了交通广播受众面广、传播速度快的特点,提升了交通广播的品牌影响力,起到了鼓舞斗志、振奋精神、凝聚力量、呼唤爱心的积极作用,引起了社会的广泛关注。据5月30日收到的赛立信媒介研究公司在震灾期间对受众收听广播媒体的情况调查显示,广播媒体在突发事件中影响力骤增,成为获取信息的最好渠道,深受听众信赖,特别是天津交通广播成为听众收听首选的频道,占据了天津广播受众市场的一半以上,达到55.6%,凸显了品牌的价值。

随着抗震救灾工作的深入,交通广播的采编播人员出于新闻工作者的责任感和使命感,决定发动社会力量,为灾区的孩子们建起新的希望学校。5月25日,筹建"爱心希望学校"的宣传带一经播出,立即得到社会各界的大力响应,捐款踊跃,进展迅速。在短短8天的时间内,交通广播募集善款100余万元,用于在天津对口支援的陕西宁强和略阳捐建两所希望学校,彰显了交通广播品牌的影响力和公信力。鉴于天津交通广播在抗震救灾宣传报道和募捐活动中作出的突出贡献,天津市红十字会将公益慈善最高奖"博爱奖"授予了天津交通广播。

## 二、强化品牌理念　确保市场优势

铸品牌造精品是天津交通广播不懈的追求。针对现状,天津交通广播提出了强化品牌经营理念,以节目为核心竞争力,以收听率和市场份额为价值体现,以广告吸纳和产业发展为衡量标准的发展思路。

我们将交通广播定位为以交通专业节目为主导的综合频道,因此必须辩证地处理好专业与综合的关系。既不能偏离系列台布局,忽视专业化特点造成失位、错位;也不能因过于强调专业特色、指向性过强,造成听众层面狭窄,而失去目前节目的主流受众——非移动受众,动摇了赖以生存的根基,使收听率下降,市场份额缩减。

我们的节目理念是:利用品牌强势,确保市场优势。专业类节目要重办、要做专,非专业类节目要轻办、要做精。节目要有一定的文化品位和思想深度,在突出亲和力的同时,强化节目内涵的提升。我们衡量节目的标准是:收听率和广告吸纳的双赢。最低标准是至少两者占其一,或是收听率高,或是广告吸纳多。在收听率方面,横排(同时段排名)确保前3,纵排(全电台300多个节目)必保前100位;广告吸纳方面,广告占时率不低于标准设置值的50%。在现有三档的基础上,力争再多打造几档广告吸纳过千万元的节目,力争早日实现创收过亿的目标。

### 三、发挥品牌价值　拉动产业发展

天津交通广播具备较好的品牌、名牌栏目基础,拥有像《红绿灯》、《打开晚报》、《新闻早班车》、《笑一笑十年少》等一批在听众中有较强影响力、收听率和广告吸纳俱佳的集团、电台名牌节目。目前,几档新闻类节目比较成型,如《新闻早班车》、《打开晚报》等,特色突出、优势明显、收听率高、广告吸纳好,此类节目要继续确保优势,强化特色。几档文播类节目深入人心,如《笑一笑十年少》、《小说时间》等同样属于收听率高、广告吸纳好的节目,这类节目将在专业类节目全面提升后逐步削减。下一步节目的重点是强化交通专业类节目,《红绿灯》作为传统优势品牌节目要焕发新光彩、再创新辉煌。交通专业类节目要培养专家型编辑,特别是专家型编播合一的品牌主持人,这一点至关重要。我们将根据交通广播主持人各自不同的特点,挑选出有一定编辑能力的重点培养对象向专业主持人发展,为重点打造强档专业类品牌节目打好基础。

此外,我们要强化品牌的带动作用,拉动产业的发展。在确保广告创收的前提下,发挥品牌价值和核心资源的作用,促进广播产业化、市场化的不断深入。

随着城市化的发展和汽车的普及,在城市道路交通日益拥挤的情况下,作为车上伴随性收听的优势广播,人们对交通广播的依赖程度越来越高。展望未来,天津交通广播将以更加崭新的形象面对广大听众,呈现更精彩的广播节目。

天津交通广播——一路上有你!

〔安迅:天津交通广播总监〕

# 魅力源于"专业" 潜力依托"创新"

朱长虹

从事广播工作十几年了,但到内蒙古交通广播只有几个月的时间,便恰逢《中国交通新视听》的编辑约稿。翻看了以往几期杂志,深深被同行们锐意进取、博采众长的精神和字里行间闪烁的睿智所打动,没有资深的经历就不可能有深刻的感悟。

交通广播在风起云涌的广播改革大潮中应运而生,又在竞争激烈的媒体中独占鳌头,这里自然有它独具的个性和魅力,当然最能代表它符号的就是专业的"交通"二字,使它占据了"天时、地利、人和"的优势。而纵观各地交通广播发展脉络,无不与大踏步地"创新"息息相关。

## 一、因为专业,所以卓越

交通广播以"关注交通、服务大众"为宗旨,以"快乐、平安"为主基调。随着经济的发展、汽车市场的繁荣、城市化的推进,交通广播迎来了发展的春天。一大批交通、汽车专业类节目因其服务的贴近性和权威性而在各地都有很强的影响力,像北京交通广播的《汽车江湖》、天津交通广播的《红绿灯》、杭州交通广播的《我的汽车有话说》、重庆交通广播的《我淘我车》,等等。就内蒙古交通广播而言,从 2003 年正式呼号"交通之声"起,收听率、市场占有率、广告吸附量便节节攀升,一批勤奋刻苦、具有一定专业素养的节目主持人伴着名牌节目脱颖而出。像《飞哥评车》主持人孙飞是内蒙古地区唯一具有二手车评估资质的节目主持人,准确的评定、耐心的讲解使"飞哥"家喻户晓;《汽车时代》主持人张慧对汽车品牌、性能、价格的熟悉程度让专业人士都啧啧赞叹。因为"专业"、值得信赖,所以才能做到"人无我有、人有我精",才赢得了受众。

广播最重要的两项功能就是"服务"和"娱乐"。如果说专业类节目更多体现的是服务特色,那么轻松欢快的伴随性节目更是把广播"娱乐"功能发挥到了极致。像邯郸交通广播的《一路畅通》、唐山交通广播的《阳光路上》,交通广播的娱乐类节目因其将各类资讯、音乐、故事、话题互动甚至是相声、小品等多种元素融合在一起,加上主持人热情欢快、轻松幽默的主持风格,使这类节目成为出行人的最爱。像内蒙古交通广播的《欢乐同行》连续几年收听率、短信参与量位居全台节目榜首,两位主持人双双被评为内蒙古电台"十佳主持人"。说到"娱乐类"节目,也因其具有其他频率所不具备的专业化色彩而占得先机,比如路况信息的随时插播,就是它的一个"卖点"。

各地交通广播正是因为有了这样的专业节目做支撑,才有了交通广播独具的魅力和特有的气质。由此可见,精心打造专业类节目是交通广播在激烈的媒体竞争中获胜的根本。

**二、因为创新,所以发展**

交通广播固然有它独具的优势,但只有专业化而无"精耕细作"也很难站稳脚跟。十几年来,各地交通广播人以无比的热情和开拓创新的精神让"交广之花"越开越盛。从组织大型车展到常态的新车下线报道,从关注突发事件到节庆日的联动直播,各地交通广播可谓是"你方唱罢我登场"。内蒙古交通广播近年来打造的"欢乐车队"、"K歌大赛"等活动品牌,也极大地提升了自身的社会影响力和美誉度。

说到创新,不仅仅是"吐故纳新",更是在发展中继承、在继承中发展的过程。很多节目和活动在成为品牌之后,就到了"精雕细琢"的阶段。汪中求先生在他的《细节决定成败》一本书中就深刻地揭示了"细中见精"、"小中见大"的真理。其实无论是一档节目、一项活动抑或一个频率,要想获得预期的效果,都离不开"细节"二字。在创新中抓细节,在细节中找创新,这不仅是事物发展的规律所在,也是挖掘广播潜力的关键所在。

1. 节目抓细节是创新

从节目编排到主持状态,从录音效果到发音吐字,从审稿到监听,从日评到月评,每一个环节都要"精细",在确保节目亲和力的同时,使节目具有一定的文化品位和思想内涵。依托各类节庆日策划特别节目、大型报道:清明时节的"文明祭扫、平安出行",高考之日的"爱心传递、情暖人间",突发事件时的集体行动、多方报道……"泰山不拒细壤,故能成其高;江海不择细流,故能就其深。"一次次特别节目,累积起来的就是社会对交通广播的认同感。我们在用心,我们也在一次次超越自己。

2. 活动重细节也是创新

从策划到实施,从场地安排到主持词撰写,从每一个条幅制作到音响的配合,关注每一个细节,"既然做了,就要做好"。几年来,内蒙古交通广播组织的活动上百场,公益性宣传、商业化直播……有成功的喜悦、也有失误的沮丧,于是我们总结出"活动中的细节"更是成败的关键。一个微小的创意常常能锦上添花,而一个错别字可能会让整个活动黯然失色。

3. 自我宣传看细节还是创新

制作分布全天的与出行有关的温馨提示语、与其他媒体进行广告置换、印制宣传册、征集交广歌曲等,运用多种方式、依托各种媒介做好自我宣传。"路路相连、心手相牵,1056伴你精彩每一天"的过渡标识乐播出短短几个月,听众就已耳熟能详。

4. 合作中找细节更是创新

树立"大交通"理念,依托旅游节目《车外好风景》,与各省市电台通过对播、连线等方式,相互宣传。内蒙古广阔的沃野和狭长的地貌特点决定了内蒙古交通广播必须加强与各地级电台在节目、活动等方面的合作,以此将交通广播的触角真正延伸到能够覆盖到的地方。

5. 管理细节中含创新

完善硬件设施,建立路况信息通报系统;制订节目与"创收、创优、活动"相挂钩的绩效考核办法;营造良好的工作、学习氛围……看似普通的日常管理,如何在细节中体现"人文关怀",让大家感觉"工作着并快乐着",这是我们一直努力在做的。

6. 创收细节中求创新

在经历了将"健康讲座"排除在交通广播之外的蜕变后,交通广播成为品牌广告商家的青睐之地,内蒙古交通广播也不例外。从承揽到精心策划每一条广告,从音乐的选配到音量的调控……为了拓展创收渠道,我们努力在合办节目上做文章,积极同交管、铁路、民航、驾校等部门联系,通过合办的方式,既丰富了节目内容,又增加了收入。

交通广播因专业而精彩,因创新而发展。各地同仁的成功经验给了我们很好的借鉴,"路漫漫其修远兮,吾将上下而求索"。内蒙古交通广播将和广大交广人一起,在漫漫长路上留下一串坚实的足迹。

〔朱长虹:内蒙古交通广播总监〕

· 策划大师 ·

# "奥运火炬传递"、"城际铁路运营"直播报道赢得好评

包斯宁

按照天津电台总台的安排部署,天津交通广播除了承担奥运火炬传递过程中的直播、报道以及及时提供路况等任务以外,还独立承担了京津城际快速铁路正式开通运营全程现场直播的任务。

## 一、及时提供火炬传递沿线道路路况

在直播火炬传递的过程中,天津交通广播发挥独有优势,及时、准确、顺畅地提供了路况播报,把从交管局指挥中心获得的火炬传递路线的第一手路况资料提供给直播节目,丰富了火炬传递直播节目的内容,增强了直播节目的社会效果,有效地起到了交通疏导作用。在火炬传递结束后,天津交通广播在后续的节目中加大了路况播报的频度,向听众及时通报火炬传递沿线道路开放情况,得到了社会各方的好评。

## 二、10小时夜间节目全方位感受奥运

2008年8月1日和2日,在"点燃激情,传递梦想"奥运火炬天津站传递48小时直播的计划中,天津交通广播的《1068夜航班》节目承担了两天夜间0:00—5:00的直播任务。

天津交通广播编播人员进行了精密的节目策划。8月2日以播放历届奥运会主题歌为主,通过音乐的形式,强有力地表达奥林匹克精神对每个人的影响。8月3日着力表现奥运会带给我们每个人的影响,激励大家,每个人都能成为自己的奥运冠军。

稿件确定以后,主创人员积极寻找节目素材。其中寻找音乐素材是最困难的一环,很多奥运会主题曲或者因为年代久远,或者因为版本差异,要寻找到正宗的版本很困难。在大量收听收看当时的音乐素材和视频资料的基础上,通过网络、音像资料的多方寻找,主创人员终于找齐了全部的奥运会主题曲。

本届奥运会相关歌曲的播放也是直播的重头戏,而这主要体现在"多"上。本届奥运歌曲有几百首,要从中选择足够的歌曲,既要保证歌曲的听觉质量,又要保证节目的播出需要。在和音乐编辑多次沟通的基础上,主创人员选择了比较有代表性的50多首歌曲,一一审听,统一刻盘,为直播准备了足够的播出素材。

天津交通广播短信平台上收到很多短信,听众朋友们表达了奥运到来的激动之情,也表达了对电台直播节目的肯定和赞扬。

### 三、"城际快速"直播展现专业风采

8月1日开始,连接北京和天津的京津城际快速铁路正式通车运营。天津交通广播策划全程报道特别节目,用时70分钟,对中国铁路史上这一具有划时代意义的历史事件进行全程报道。

这次特别节目是天津交通广播首次跨越地区,在京津两地现场同步进行。铁路通车动态性强,在直播过程中,在时间和空间的把握上具有很大的不确定性。天津交通广播克服了种种不利因素,通力协作、灵活变通,圆满地完成了这次全程报道特别节目。

1. 多方沟通协调

直播前期天津交通广播进行了周密的先期采访,并与各单位进行多次沟通协调。随后,在安迅主任主持下,多次召开策划协调会,并调集8位记者投入直播报道。7月份在城际快速列车的不载客试运行阶段,天津交通广播就已经派出记者上车提前体验,并采访多位铁道部权威专家。

天津交通广播策划的初步方案是对通车运营仪式进行直播,并直接和铁道部沟通,联系直播事宜。由于京津城际铁路开通是全国的大事,也是铁道部重点宣传的工程,涉及北京和天津两大直辖市,并且有国家领导人出席,而且列车开通恰逢奥运会开幕之前。因此,国务院新闻办公室和铁道部对报道人员及报道程序的要求极为严格。经过多方协调、几次修改方案,铁道部初步同意了本台的直播方案。但是在勘查现场时,因有国家领导人参加,国务院新闻办公室和铁道部要求所有媒体一律不得对通车仪式进行直播。同时天津地区并没有正式的通车仪式,而是转播北京信号。为此,天津交通广播及时调整方案将现场直播仪式调整为铁路通车全程报道特别节目。由于铁路通车仪式重头在北京,国家领导人以及天津市领导人全都在北京,在铁道部初期不允许天津记者去北京的限令下,天津交通广播记者积极争取,并直接与铁道部宣传部长进行协调,争取到两张到北京采访并从北京上车的记者证。

2. 过程全程报道

以京津城际通车时间为例，铁道部一开始通知的发车时间是10：30。但是在特别报道前一天，突然改成了10：50，在8月1日当天早上又通知时间为10：45。直播过程牵一发而动全身，由于时间变动，直播稿也几经修改。整个全程报道中，本台7名记者分布在北京站仪式现场、北京到天津的列车、天津站候车大厅、天津站前广场、检票口以及天津到北京的列车上等各个点位，及时与直播间沟通，发回第一手报道。通知是两地同时发车，但确切发车时间是10：40和10：42，记者及时与直播间沟通，在发车的刹那间实现三方两地同时连线，时间把握准确，现场感极强。在列车停车瞬间，同样实现三方连线。可以说，在整个报道时间和空间不断变换的过程中，报道时间都精确到秒。

由于提前准备充分，记者在连线过程中采访了北京的市民、天津的市民、天津站总工焦莹等。在报道采访过程中，注意采集录音素材，采集了国务院副总理张德江、铁道部部长刘志军以及天津市市委书记张高丽的独家录音，播发后收到良好的效果。

特别节目用时70分钟，从开通仪式开始到铁路到达双方的终点站结束，中间穿插多个背景资料、专家采访录音等。主持人在串联过程中掌握资料翔实，现场发挥出色。节目紧凑而不紧张，内容丰富而不杂乱。天津交通广播人统一着装、统一标识，在全程报道过程中表现出了良好的精神风貌。

3. 社会反响强烈

京津城际开通当天恰逢奥运火炬传递到达天津。而天津交通广播在转播奥运火炬传递最后一棒后，时机合宜地切到京津城际全程报道中。事实证明，许多人同样关心京津城际铁路的开通。记者在报道回程打车时，出租车司机对京津城际的全程报道大加赞扬。通过特别节目，人们了解到京津城际的开通时间、班次、检票流程，了解到京津城际开通对于两地百姓生活、对于京津间"半小时经济圈"以及对于中国铁路发展的重要意义，对于未来京津之间的进一步沟通和发展以及天津的未来发展充满了期待和信心。这次直播组织严密、方案精细，比较圆满地完成了任务。

## 四、市区火炬传递前夜的"集体宿舍"

市区火炬传递前夜，由于担心交通管制会影响节目人员按时顺利到达台里，相关人员主动表示要提前住在台里。为了解决大家住宿的燃眉之急，安迅主任让办公室购买了两个充气床放在会议室，晚上10点多钟又带着食物慰问大家。天津交通广播发挥团队精神，积极主动克服困难，为顺利开展直播打下了基础。

## 五、积极协作、高度负责使广告圆满播出

由于直播过程中需要插播交通广播自有的广告,而且广告量比较大,需要重新编排广告播出时段,并在直播过程中严格按照时间进行切换。同时,在原有广告基础上,还增加了火炬传递的特约广告。交通广播积极与广告经营中心、技术部门协调沟通,并安排专人值守,保证万无一失。通过大家的努力,广告顺利播出。

## 六、零距离感受奥运火炬

火炬传递刚一结束,记者就邀请火炬手孔祥瑞来到交通广播进行座谈,大家一起感受了孔祥瑞作为001号火炬手激动兴奋的心情。孔祥瑞欣然向大家展示了001号奥运火炬,并和大家合影留念,为交通广播奥运火炬传递的直播报道又增加了精彩一笔。通过这次直播,交通广播发挥团队和敬业精神,锻炼了队伍并取得了良好的社会效果。

〔包斯宁:天津交通广播办公室主任〕

# 搅动车世界　舞动车生活
## ——大庆交通广播以汽车活动为载体提升品牌形象

高立君

近几年来,互联网迅猛发展、新媒体不断兴起以及市场营销模式的不断创新,给传统媒体带来了巨大的压力。但是在激烈的市场竞争中,交通广播的地位却稳中有升,形成了其独有的竞争优势,成为人们获取信息的重要渠道之一。这其中重要的原因在于,汽车行业的繁荣、汽车保有量的高速增长、广播媒体营销形式的创新,有效提高了广播的社会影响力。可以说,交通广播的繁荣与中国汽车行业的发展紧密相连。

"有需求,才有市场",汽车只是一个载体,是生活中的一种工具,只有深挖有车族的需求,围绕这些需求开展行之有效的社会活动,才能赢得听众的认可,进而提升交通广播的公信力和影响力。大庆交通广播正是凭借着广播独有的竞争优势,积极围绕汽车开展活动,全面促进大庆地区汽车行业的发展繁荣,从而奠定了大庆地区媒体品牌的强势地位。

### 一、发力汽车市场,扩大受众资源,依托活动提升品牌形象

近年来私家车的保有量高速增长,但如何选择、购买一辆称心如意的车,让很多消费者感到困惑。大庆交通广播紧抓这一市场需求,从 2004 年起每年举办"汽车进社区"系列活动,精心策划组织 30 多个汽车品牌、100 多款汽车参与到活动中。活动足迹遍布大庆地区各大主要社区,吸引了社区百姓的广泛参与,车队所到之处现场异常火爆。活动的持续举办得到了社会各界的热切关注,广大听众和社区百姓好评如潮,使活动直播收听率直线飙升。2004 年、2005 年举办的"百辆汽车大巡游"活动更是轰动大庆,200 多辆汽车结成长龙,场面很是壮观。活动伊始,大庆地区当时仅有的 6 家 4S 汽车经销店就积极响应,在系列活动中取得了可观的品牌效益和经济收益,如今都

已成为大庆汽车行业中的第一梯队,也成为大庆交通广播忠诚的伙伴,彼此间建立了稳固的合作关系。通过交通广播媒体搭台的形式,为汽车经销商与消费者之间建立了沟通交流的纽带,促进了大庆地区汽车市场快速成长,同时也切实提高了社会各界对大庆交通广播的关注度,扩大了大庆交通广播的媒体资源和受众资源,提升了大庆交通广播在大庆地区的地位,为后期的持续发展奠定了基础。

## 二、舞动新生活,引领新风尚,依托活动确立强势地位

汽车已经由原来的奢侈品成为百姓的家庭生活用品,在满足了交通代步工具功能的同时,有车一族对汽车文化生活的渴望与需求越来越强烈。大庆交通广播适时而动,凭借交通广播独有的传播优势精心策划组织了"吉利汽车蒙古风情之旅"、"百台马自达6回娘家"、"别克汽车堰塞文化采风"等大型自驾游系列活动。无论是活动的规模、形式,还是参与的人数都成为大庆的活动经典。特别是"百台马自达6回娘家"活动行程近千公里,规模之大、参与人数之多国内少有,活动得到了一汽集团领导的赞许与肯定,同时更赢得参与活动车友的支持。大庆交通广播汽车采风文化系列活动的开展,不仅为不同城市间的经济文化交流搭建了平台,而且有效地提高了受众对交通广播的忠诚度。越来越多的有车一族成为大庆交通广播的忠实听众,大庆交通广播的活动他们都会踊跃参与,大庆交通广播的公信力和影响力得到大幅提升,大庆交广成为大庆地区强势的品牌媒体。

## 三、打造汽车社区,依托活动创造全新节目形态

汽车消费市场的不断发展,呈现出对汽车文化的多元化需求,汽车活动的丰富成为必然。大庆地区独特的地理环境(区域间隔大、居住相对分散)和经济环境(人均消费能力强、追求个性生活),不仅为大庆汽车行业的发展提供了肥沃的土壤,而且对汽车文化的传播也形成了一定的影响。在经过详细的调研和讨论后,大庆交通广播提出了以家庭为主要单位倡导"好车、好生活"的汽车文化新定位。细分汽车人群,针对不同的有车族,整合汽车行业及其他行业资源开展丰富多彩的汽车文化活动。先后举办了"车友家庭风筝比赛"、"车友家庭篮球赛"、"车友K歌秀"、"车友趣味滑雪"等系列活动,从不同的角度满足了有车一族的多元化的汽车生活需求,赢得有车一族的认可。大庆交通广播也确立了在活动中办节目、在节目中办活动的全新运营形态。

大庆交通广播将坚持以汽车活动为载体,促进汽车行业的繁荣,舞动汽车文化生活的旗帜,引领有车一族开始全新的汽车生活方式。交广的力量在大众的社会生活中得以彰显,色彩缤纷、动力十足的汽车品牌活动,将推动大庆交通广播向着更高的目标全速前进。

〔高立君:大庆人民广播电台市场节目部主任〕

· 活动探微 ·

# "我为延安种棵树，共植中国广播林、中国交通广播林"活动侧记

李岳峰

2009年4月9日至12日，由陕西电台发起，延安市委市政府、中国广播电视协会交通宣传委员会、中国传媒大学联合主办的"我为延安种棵树，共植中国广播林、中国交通广播林"启动暨揭牌仪式在延安清凉山隆重举行。国家广播电影电视总局副局长胡占凡为活动发来贺信；陕西省委常委、延安市委书记李希，中国广播电视协会会长李丹，中国传媒大学副校长丁俊杰，陕西电台台长徐来见为"中国广播林"揭碑；中国广播电视协会副会长王甘文，中国广播电视协会交通宣传委员会常务副会长兼秘书长潘力，延安市委常委、副市长高春义，陕西广播电视协会副会长王明珍为"中国交通广播林"揭碑；延安时期新华广播电台播音员丁力，中国广播电视协会、全国部分广播电台、31家交通广播的有关负责同志，共160多名来自全国各地的广播新闻工作者出席了启动暨揭碑仪式。

2009年是新中国60华诞，"我为延安种棵树，共植中国广播林、中国交通广播林"活动得到了全国广播媒体的积极响应和热情参与。"中国广播林"、"中国交通广播林"在延安清凉山这片土地上生长，寄托了全国广播人对革命圣地生态环境的关注和饮水思源的情怀。

陕西省委常委、延安市委书记李希在接受记者采访时说，延安是中国革命圣地，延安的发展一直受到党中央、国务院和全国人民的关心，特别是延安的生态建设一直得到各级领导和全国人民的关注。希望通过"我为延安种棵树"活动的深入开展，改善环境，建设富裕、生态、和谐的新延安。这次"我为延安种棵树，共植中国广播林、中国交通广播林"活动，充分体现了全国广播系统干部职工饮水思源、奉献老区的深情厚谊。这不仅是一片生态林，也是一片爱心林。李希最后祝愿"中国广播林"、"中国交通广播林"的每一棵树都能在革命圣地的红色热土上茁壮成长，祝愿祖国的新闻事业蒸蒸日上。

中国广播电视协会会长李丹在致辞中指出，在新中国60华诞之际，在新中国广播事业发祥地延安清凉山举行"我为延安种棵树，共植中国广播林、中国交通广播林"启动暨揭碑仪式，具有非同寻常的意义。这是广播人一次朝圣之旅、寻根之旅、筑梦之旅，一次科学发展观的实践之旅。他希望所有广播电视人继承和弘扬延安精神，为开创广播电视事业新局面而不断奋斗。

丁俊杰副校长代表主办方中国传媒大学发言，延安不仅是革命的圣地，也是中国人民广播事业的发源地。1940年12月30日，中国共产党创办的第一座人民广播电台就是在这里向世界发出了第一声，开始了第一次播音，中国人民的广播事业就是从这里开始的。人们常说，一个没有记忆的行业，是一个不受尊重的行业；一个没有历史的行业，是一个没有前途的行业。中国人民的广播事业永远是一个备受尊重的行业，因为它有着永久的记忆，有着光荣的历史。而永久记忆的起点、光荣历史的起点就在延安，大家来到这里就是寻找中国广播人的尊严、寻找中国广播人的前途；更重要的是寻根，寻求中国广播人曾经的光荣，寻求中国广播人永远的梦想，同时也在汲取中国广播继续前行、发展的原动力。最后，他祝愿中国广播事业前程似锦。

延安市委常委、副市长高春义对出席启动暨揭碑仪式的中国广播电视协会交通宣传委员会、中国传媒大学、陕西电台和全国各省、市广播电台的来宾表示热烈的欢迎。他希望通过建设"中国广播林"、"中国交通广播林"这项活动，进一步密切延安和中国广播电视业界的关系，动员广播电视系统单位和个人积极支持"我为延安种棵树"活动，促进生态延安、和谐延安建设。延安人民一定会牢记广播界朋友们的深情厚谊，全力建设好、保护好"中国广播林"、"中国交通广播林"。

徐来见台长在讲话中对中共延安市委市政府、中国广播电视协会、中国广播电视协会交通宣传委员会对活动的大力支持及各兄弟电台的热情参与表示感谢。他说，正是因为有了大家的热情参与和共同努力，才有了这次活动成功实现。新时期的广播人从祖国天南海北赶来延安齐聚一堂，寻根追思的同时，更是昂首展望。祝福中国的广播事业在一代又一代广播人的不懈努力之下，书写奇迹，再创辉煌。

启动仪式结束后，有关领导及全国广播电台的代表挥锨铲土、提水灌溉，在延安新华广播电台旧址前共同种植下一棵棵绿树。

随后，代表们参观了清凉山脚下的延安新闻纪念馆。这座纪念馆外形就像依山而建的一片上下三层的窑洞，整个建筑的色调是浓淡相间的土黄色。一眼望去，它就是一座现代的新建筑，同时又与身后依偎着的清凉山浑然一体。这种西北黄土高原独具特色的设计风格，体现出一种寓意：党的新闻事业是从延安的土窑洞里孕育和发展起来的。纪念馆由"中共中央党报委员会"、"延安时期的新华通讯社"、"新中国出版事业的摇篮"、"延安时期的人民广电事业在这里起步"四个单元组成,在展厅二楼北侧还重现了新华社收发报室、延安新华广播电台播音室、中央印刷厂排字车间、印刷车间、解放日报编辑室和职工宿舍六大场景。

参观结束后,中国广播电视协会、中国传媒大学在延安新闻纪念馆门前举办了"中国广播电视协会爱国主义教育基地"、"中国传媒大学爱国主义教育基地"揭牌仪式。中国广播电视协会交通宣传委员会常务副会长兼秘书长、中国传媒大学广播产业研究所所长潘力教授主持揭牌仪式。中国广播电视协会会长李丹,副会长王甘文,副秘书长张莉,中国传媒大学副校长丁俊杰,延安市委常委、副市长高春义分别为"中国广播电视协会爱国主义教育基地"、"中国传媒大学爱国主义教育基地"揭牌。

中国广播电视协会副秘书长张莉在讲话中指出,在中国人民广播事业的诞生地、展示包括中国人民广播事业在内的新中国新闻事业创建过程和早期风貌的新闻纪念馆挂上爱国主义教育基地的牌子,对于中国广播电视协会来说,既是莫大的荣耀,更是沉甸甸的责任。希望协会每一位同志以此为开端,通过参加这样的活动,回顾历史、净化心灵、激发热情,认清自己肩上的神圣使命,增强对营造良好广播电视发展环境的必要性和重要性的认识,为开创中国广播电视协会工作新局面、营造中国广播电视行业健康良好的发展环境积极工作、大胆求索。

中国传媒大学副校长丁俊杰在讲话中指出,延安不仅为中国革命的胜利作出了不可磨灭的贡献,也为新中国的新闻出版事业积累了丰富经验,培养了一大批新闻出版人才。中国传媒大学在中国新闻事业发祥地建立"爱国主义教育基地"是寻根溯源、了解中国新闻发端、了解新中国广播新闻事业史,激发全体师生员工爱国主义热情,继承新闻事业前辈优良的、传统的、深厚的感情和责任。通过挂牌仪式,中国传媒大学将借助自身的学科优势与延安市委、市政府共同打造红色圣地的城市名片,为延安的文化创意产业项目提供新思路、新做法。学校还将与延安新闻纪念馆开展广播新闻事业发展史方面的合作,为中国广播电视事业的大发展、大繁荣作出新的贡献。

当天下午,与会代表听取了延安市经济社会发展情况和"我为延安种棵树"活动情况介绍,并为捐款单位颁发了荣誉证书。中国传媒大学副校长、博士生导师丁俊杰教授作了《经济危机背景下的传媒(广告)的思考》演讲。在延安期间,与会代表还参观了延安枣园革命旧址和宝塔山、南泥湾大生产展览馆、壶口瀑布,考察了吴起县生态环境建设情况,并拜谒了黄帝陵。

〔李岳峰:中国传媒大学广播产业研究所研究助理〕

# "全国交通广播走进大庆大型采风活动"侧记

李岳峰

2009年7月27日至7月31日,由大庆交通广播发起,大庆市委、市政府和中国广播电视协会交通宣传委员会主办,大庆广电集团、大庆电台、大庆旅游局承办的"全国交通广播走进大庆大型采风活动"在大庆市隆重举行。来自全国22个省、市、自治区的交通广播记者、主持人及负责人共计46人参加了以采风形式推介"绿色油化之都,天然百湖之城,北国温泉之乡"之称大庆的活动。大庆市人民政府副市长栾莹,中国广播电视协会副会长、交通宣传委员会会长郭宝新,大庆市广电集团总裁兼大庆电视台台长冀年勇出席启动仪式并讲话;中国广播电视协会交通宣传委员会常务副会长兼秘书长潘力为此次活动授旗,并宣布全国交通广播"走进大庆"大型采访活动正式启动。

2009年是新中国成立60周年,大庆油田发现50周年,大庆建市30周年。30年间,大庆为新中国的发展建设作出了巨大的贡献,"铁人精神"、"大庆精神"影响和鼓舞了几代人。胡锦涛总书记在2009年6月26日至28日考察大庆时指出,"大庆油田为国家、为人民所作的历史贡献,党和人民永远不会忘记。大庆精神永远是激励我们不畏艰难,勇往直前的宝贵精神财富。要发扬大庆精神,继承优良传统,树立更高目标,攻克更多技术难关,继续艰苦创业,为我国石油工业的发展作出更大贡献。"经过30年的发展,大庆在油田建设、生态环境、旅游资源、城市建设、文化创意产业等方面都发生了巨大的变化。为了全面展现大庆自然环境、人文环境和工业环境三者相得益彰的和谐之美,全国交通广播记者采访团走进大庆、宣传大庆有着重要的现实意义。

本次活动,恰逢中国广播电视协会交通宣传委员会成立15周年的喜庆之日,是继上半年举行的"全国交通广播走进邯郸"、"我为延安种棵树,共植中国广播林、中国交通广播林"、"中国交通广播南海论坛"等系列活动后又一次全国性的大型采风活动。中国广播电视协会副会长、交通宣传委员会会长郭宝新在活动的启动仪式的讲话中指出,这次组织的全国交通广播"走进大庆"大型采访活动是一次非常有纪念意义的不寻常之旅，也是感受"大庆精神"的朝拜之旅，还是体验"铁人思想"的奋进之旅。全国交通广播同仁齐聚大庆，将这里的独特风貌与繁荣、文明、美丽的崭新城市形象传播到祖国各地，让更多的人了解充满神奇和魅力的黑土地，感知大庆的历史变迁。同时，通过采访活动，大家相互交流与沟通，相互借鉴，探讨未来交通广播发展及市场运作的成功经验，为今后中国交通广播的大发展、大繁荣提供思想的源泉和创新的原动力。

在采风活动中，各地交广记者参观了铁人纪念馆、大庆油田历史陈列馆、1205钻井队、龙凤湿地、时代广场、珰奈湿地和阿木塔蒙古大营。在铁人纪念馆，看着馆内一件件珍贵的实物，听着铁人"宁肯少活二十年，拼命也要拿下大油田"气壮山河的话语，看到铁人在当年如此艰苦的条件下带领石油工人挥汗如雨、勇战油田的场景，采风团成员深刻领悟了影响全中国人的"铁人精神"的丰富内涵。1205钻井队是铁人生前带过的队伍，也是最能体现大庆石油工人气魄的队伍。在1205钻井队，采风团的记者们把1205现任队长胡志强团团围住，就油田工人工作情况、大庆过去取得辉煌成就和未来发展等问题一一提问。采访团记者纷纷与当地电台连线，把所见、所闻、所感通过电波传达出去，表达来到大庆、来到1205钻井队的激动心情。

在全国最大的城中湿地——龙凤湿地、珰奈湿地和杜尔伯特阿木塔蒙古大营，采风团成员则体会到了不一样的北国风光。湿地苇海，小舟荡漾，远离了都市的喧嚣，激荡起心灵的愉悦；草原风光，篝火晚会，让人忘记所有的烦恼，激情澎湃、其乐融融。

湿地探访，草原寻梦。大庆，这座既有钢筋铁骨撑起共和国脊梁，又有湿地草原让人身心愉悦回归自然的刚柔并济的城市，让采风团的成员们彻底为大庆的魅力折服。两天的采风活动，累计发稿100篇，时长约2000分钟，远远超出了预期的传播效果。

中国广播电视协会交通宣传委员会联合大庆市委、市政府主办的"全国交通广播走进大庆"采风活动，凸显了行业组织优势，实现了以新闻实践活动推动媒体异地采风的联动效应；凸显了跨区域全方位合作的新构想，发挥了行业组织桥梁和纽带的作用。全国交通广播"走进大庆"大型采风，是交通宣传委员会为祖国六十华诞举办的系列活动之一，同时通过此次采风活动也让更多的人了解到充满活力的城市——大庆，这对于宣传、推介、提升城市品牌形象、扩大交通广播在全国广播主流媒体的地位和影响有着十分重要的意义。

〔李岳峰：中国传媒大学广播产业研究所研究助理〕

# "全国交通广播走进西柏坡大型采风活动"侧记

赵瑞琦

2009年8月27日,由石家庄交通广播发起,中国广播电视协会交通宣传委员会主办的"全国交通广播走进西柏坡大型采风活动"启动仪式在河北省石家庄市广电中心隆重举行。来自全国多个省、市、自治区的38家交通广播的近百名记者、主持人参与此次采风活动。在两天采访活动中,各地交通广播记者和主持人通过自己的眼睛和声音来宣传报道西柏坡的历史巨变、石家庄市容市貌的"三年大变样"。这也是全国交通广播首次齐聚河北省,集中展示近年来石家庄、西柏坡等地取得巨大发展成就的宣传报道活动。

石家庄市副市长张妹芝代表市委、市政府致辞;中国广播电视协会副会长、交通宣传委员会会长郭宝新,石家庄广电局常务副局长胡全栋就采风活动发表了重要讲话;中国广播电视协会交通宣传委员会常务副会长兼秘书长潘力宣布,"新中国从这里走来——全国交通广播走进西柏坡大型采风活动正式启动",拉开此次采访活动的序幕。

"天下第一庄"石家庄和"天下第一坡"西柏坡,在新中国的历史上有重要的地位。在新中国成立60周年前夕,来到石家庄、走进西柏坡,具有特殊意义,因为共和国正是从这里出发,通往"下一站北京"的。周恩来总理曾说,"西柏坡是毛主席和党中央进入北平,解放全中国的最后一个农村指挥所。指挥三大战役在此,开党的七届二中全会在此",毛泽东提出的新中国成立后政治、经济、外交等方面应采取的基本政策,人民代表大会制度、多党合作制度,以及从国情出发"走中国式的建设道路"都在此间酝酿。更不能忘记的是,毛泽东在此提出了"两个务必",谆谆告诫全党,别学李自成,并把北上之路称之为"进京赶考"。此后的几代领导人邓小平、江泽民、胡锦涛等都到此重温"两个务必",表示要首先从自身做起。这对于经济快速发展、制度转型正在完成的中国,尤其具有启示和教育意义。

同时,作为"南北通衢,燕晋咽喉"的石家庄市,正努力以崭新的风貌向新中国六十周年献礼。在"三年大变样"目标的指引下,城市空间发展规划显著优化和提升,包括和平路高架桥、槐安路快速大道在内的20项献礼工程进展顺利。此外,城市环境质量持续改善,城市承载能力稳步提高,城市居住条件日益改观。一个和谐宜居的省会城市正在形成。在此背景下,组织全国交通广播对石家庄进行集中宣传,将进一步提升石家庄的知名度、扩大城市影响。

2009年,新中国成立60周年,中国广播电视协会交通宣传委员成立60周年。为了庆祝双喜临门,交通宣传委员会与全国交通广播台组织了一系列的全国大型采风活动,通过不断壮大的"交广大家庭"的集体行动,来见证祖国60年旧貌换新颜的巨大变化,夯实交通广播主流媒体的地位。"走进西柏坡"大型采风活动,是继上半年举行的"全国交通广播走进邯郸"、"我为延安植棵树,共植中国广播林、中国交通广播林"、"中国交通广播南海论坛"、"走进大庆"等系列活动后,交广人又一次的精神洗礼,是交广人为祖国60周年献上的又一份大礼。

启动仪式后,全国交通广播记者参观了石家庄市规划馆。石家庄规划馆共5层,面积1.36万平方米,包括共享大厅、城市总体模型大厅、城市发展历史厅、魅力石家庄展厅、规划公示展厅、多功能演示厅等。位于展馆一楼的"城市总体模型"是目前国内规模最大的城市模型,总面积1800平方米,是按照《石家庄城市总体规划》以1∶800的比例进行微缩的。整个大厅全部是城市总体规划模型大沙盘,沙盘的地理范围北到正定县以北,南到南石环路。墙上是栾城、藁城、鹿泉三个组团县(市)按照1∶1000的比例进行微缩的总体规划模型。走进规划馆,历史与未来交汇,图景与现实重叠。对于石家庄这座城市的三年大变样,不少记者倍感震撼、感慨万千。太原交通广播的记者远明说:"五年前我来过石家庄,真没想到,石家庄确实发生了翻天覆地的变化,我都快不认识了。"

9月27号下午,记者们来到正定国际小商品批发市场。该市场是华北规模最大的现代化小商品批发市场,是河北省重点建设项目,占地8万平方米,总建筑面积20万平方米。其经营品种包括:工艺礼品、饰品、日用五金、小家电、文体用品、服装、针织品、箱包、日杂用品、玩具、休闲食品等。其规划目标是集小商品交易区、国际商品交易区、步行街购物休闲娱乐区于一体,成为一个震撼华北商圈、引领中国北方小商品批发市场全面升级的商业航母。面对如此"大"的市场,来自全国的交广记者的表情,只有用"吃惊"来形容。来自延边交通广播的王大钊主任不无感叹地说:"以前石家庄我来过,南三条也去过。过去感觉那里已经够大的了,可今天来到了正定国际小商品批发市场我才感到,'楼外青山楼外楼'啊!相信只要假以时日,这里一定会像南三条一样繁荣,为三年大变样添砖加瓦。"

9月28日上午10点,全国交通广播采访团来到西柏坡。在党的七届二中全会会址前,记者们面对党旗,握拳庄严宣誓。在展厅内一幕幕历史画卷前,记者们不时驻足仔细观看。所有的历史资料无不向人们讲述着伟大的西柏坡精神,体现了我们党在事业兴旺之时的冷静和清醒,凝结了古今中外治乱兴衰的历史经验和教训。采风活动中,记者们也发表了自己的看法,认为应该在平常的工作中将西柏坡精神融入其中,扎扎实实做好每一件事。有的同志表示,要以"两个务必"鞭策自己,发扬艰苦奋斗的优良传统,保持艰苦奋斗的作风,在自己的工作岗位上,努力作出新的贡献。还有的同志结合新闻工作者的实际,讲述了党员同志们在百姓困难的时候挺身而出、率先垂范,最终帮助百姓摆脱困境的真实、感人的故事。来自全国交通广播的记者们在用自己的行动来证明自己无愧于"最值得倾听的声音"的称号。大巴车上、活动间隙,记者们就各自关心的问题,彼此热烈地交流看法并及时连线报道,将所见、所听、所想及时反馈给更多的听众。采风活动结束后,全体采访团的记者站在五大伟人的塑像前合影留念。

郭宝新会长表示,短短两天的西柏坡红色之旅,让全国交通广播更深刻地体会了党中央的红色精神。通过实地采访,对西柏坡的历史巨变、石家庄的三年大变样有了深刻的了解。全国交通广播对石家庄进行集中宣传报道,对于进一步提升石家庄市的知名度、扩大城市影响具有现实意义。

本次活动是跨区域全方位合作构想的又一次实践,再次展现了联动效应的威力。在活动组织与实施的过程中,交通宣传委员会发挥了行业组织的桥梁和纽带作用,突显了行业组织的优势。全国交通广播"走进西柏坡"是一次多赢的大型采风活动,提升了石家庄交通台在本地受众与主管部门中的形象,宣传、推介、提升了石家庄的形象,扩大了交通广播在全媒体时代的竞争力与影响力。

〔赵瑞琦:中国传媒大学广播产业研究所副研究员〕

· 年会特辑 ·

# 在中国广播电视协会交通宣传委员会第十五届年会暨全国交通广播总监工作会议上的讲话

李 丹

各位同仁：

大家上午好！首先，请允许我代表中国广播电视协会，对中国广播电视协会交通宣传委员会第十五届年会暨全国交通广播总监工作会议的顺利召开表示热烈的祝贺！向为这次会议的成功举办提供条件，并付出辛劳的东道主——延边朝鲜族自治州州委州政府、长白山保护开发区管委会以及延边广电局表示衷心的感谢！

2009年是中国广播电视协会交通宣传委员会（以下简称交宣委）成立15周年。在举国上下共迎新中国成立60华诞的喜庆时刻，我们交通宣传战线的同志们也迎来了自己的行业组织——交宣委成立15周年。在此，我也代表中国广播电视协会，对交宣委15周岁生日表示祝贺！

在历史的长河中，15年的时间虽然不长，但是可以说是见证了广播电视交通宣传事业从无到有、从小到大、从弱到强的发展全过程。交宣委的快速发展，得益于广电交通宣传的异军突起；而交通宣传的木秀于林，也凝结着交宣委的智慧和力量。唇齿相依是二者创造15年辉煌的重要原因，而不离不弃也应该是我们实现科学发展的一个座右铭。

作为广播电视交通宣传领域的行业组织，交宣委成立15年来，在服务行业、推动行业繁荣和健康发展方面发挥了积极作用，作出了独特的贡献。比如，自身建设方面，组织建设不断加强，业态覆盖逐步健全，会员规模日益扩大。学术理论研究方面，定位始终清晰，信息平台、节目平台、活动平台等体制机制逐步建立并开始发挥积极作用，研究活动日益活跃并取得了丰硕的成果。再比如，行业自律维权方面，通过做好评奖评析工作发挥引导功能，发布自律公约发挥自我约束功能，通过行业调研、考察发挥示范效应等形式，进行了初步探索并取得了一些经验，为下一步稳步推进奠定了基础。

还比如,在产业推进方面,通过年会、专题论坛深入研讨、广泛发动,通过积极支持各地成立交广汽车俱乐部,通过与国内汽车工业的联动和国外相关行业组织的交流,广电交通宣传业产业拓展已经初步具备了大推进大发展的基础条件,等等。在这里,我向为委员会的创立、发展默默耕耘、无私奉献的新老同志表示敬意和问候。向获得中国交通广播"突出贡献奖"的同志们表示祝贺,同时,向长期以来关心支持交宣委发展的同志们、朋友们,表示衷心的感谢。

关于交宣委今后一个时期的工作,我想提以下几点建议,供大家参考。

第一,要制订好发展战略规划。站在历史的某个节点上,除了回顾和总结之外,更重要的是展望未来,继续推进事业发展。在展望未来时,我想首先要做的就是制订下一个发展阶段的战略规划。规划,通俗地来讲就是要干什么,以及怎么干;是对未来整体性、长期性、基本性问题的思考、考量和未来整套行动方案的设计。大到一个国家,中到一个行业,小到一个单位甚至是个人,有一个科学的战略发展规划,是其生存和长期稳定发展并不断获得新的竞争优势的基础性条件和行动指南。2008年以来国际金融危机席卷全球,我国在应对过程中采取的一个非常重要的措施就是相继制定了包括纺织、轻工、文化产业等十一大产业振兴规划,每一个规划的公布都引起了广泛的社会反响。当前,经过十多年的快速发展,我国广播电视交通宣传事业取得了长足的进步,但是也面临着体制机制的进一步创新的问题,面临着产业发展手段单一、后劲不足的问题,面临着新媒体快速发展带来的挑战等问题。这些问题都需要我们重视战略研究,要突出全局性、战略性和前瞻性,要面向行业、面向社会、面向未来,搞好战略发展规划。

交宣委制订战略发展规划,我想应该包括两个方面的内容。一是委员会自身发展的战略规划;一个是站在行业的高度和角度,集中行业的智慧和力量,提出广电交通宣传业科学发展规划的建议。一方面通过总会向政府主管部门反映行业呼声,一方面为各个会员单位制订各自规划提供参考和借鉴。

第二,要进一步发挥产业发展推手功能。行业组织的优势在于行业、在于整体。在各个会员单位已经获得了较大的自我发展和积累的基础上,如何推动资源的台际链接和整体开发,是广电交通宣传业实现新一轮突破和发展的着力点,也是交宣委必须紧紧把握住的关键。交通宣传要想获得大发展,关键是要吃透"交通"这两个字。立足交通广播这一广播新类型,积极切入汽车后服务产业,组建全国交广汽车俱乐部,为广播可持续发展注入强劲动力,是我们近五年来一直在倡导的。为此,协会、交宣委作了包括呼吁、调研、研讨、组织建设等多方面的工作,目前,我认为推进这一项目的观念逐步深入人心,组织基础逐步建立,实践探索方兴未艾,联合发展的要求日益迫切,可以说已经具备了大力推进、加快发展的基础。

一是观念逐步深入人心。广播虽然是一个发展了上百年的电子媒体,但是广播人居安思危、不满足于小富即安的积极性和主动性非常强。从我参加交广年会开始的2005年,我们广播同仁就已经在探讨走多领域发展道路的问题,并逐步形成了"通过交通广播切入汽车后服务市场加速产业化,大力发展广播产业,实现广播振兴"这一理念。此后,每年的交广年会都在探讨这个问题,并且分别在新疆、云南和陕西举办了以此为主题的高层论坛或研讨会。可以说,经过多年的探讨和发动,这一理念已逐步凝聚为全国交通广播行业的共识。

二是组织基础逐步建立。在认识到交广汽车俱乐部这个广播产业化发展的可能途径后,交宣委在推动交通广播行业组织建设方面,做了一些工作。比如利用年会和专题研讨会发动思想,凝聚共识;利用长假出行、雨雪冰冻、抗震救灾和奥运报道等重大宣传战役,组织全国交通媒体联动,试验全程全网联动效果;指导推动部分地区成立交广汽车俱乐部,积极试水;组织会员到美国考察世界最大、最强的3A汽车俱乐部,获得了许多有益启示,等等。2008年,协会在交宣委换届过程中,明确要求要成立专门的交广汽车俱乐部项目推进小组,吸收会员台参加,领导推动,力争形成突破。

三是实践探索方兴未艾。在积极研讨的同时,许多台都在建立交广汽车俱乐部方面做了许多积极的实践探索。根据不完全统计,到目前为止,全国已经建立了十五六个交广汽车俱乐部,如北京、辽宁、江苏、广东、江西、新疆、河南、安徽、云南等省和沈阳、大连、深圳等市。这些俱乐部在自驾游、车险、救援、加盟商户等方面做了积极有益的探索,取得了一些经验。如2006年3月,北京交广(1039)汽车俱乐部有限公司成立。公司整合北京交通广播有关资源,以北京交通台1039汽车俱乐部为经营载体,深入拓展汽车、交通服务市场,其产业化经营格局包括智能交通诱导系统的研发及运营;基于CIF的客户资源管理和附加金融支付功能的会员卡服务;具备车辆、交通、日常消费引导、信息咨询功能的呼叫中心;车险、救援、汽车维护保养、美容装饰、二手车交易等汽车服务;以公关活动及自驾游为主体的汽车文化活动,包括交通台官方网站(www.fm1039.com)、1039龙行天下、1039手册、1039地图系列为主体的媒体整合营销等。

四是联合发展的要求日益迫切。随着我国逐步进入"轮子上的社会",有车一族驾车活动范围逐渐扩大,对跨地区汽车俱乐部服务的需求日益增加。局限于本地域的交广汽车俱乐部在跨区域服务时越来越力不从心,越来越需要兄弟单位的支持与配合。同时,散布于各个地域各自为战的俱乐部难以形成规模优势、实现规模效益、降低运行成本。因此,相近地域联动、联网甚至是组建全国性汽车俱乐部的要求被越来越多的台和俱乐部所认识和接受,一些已经开始进行相关方面的尝试。

那么,如何才能加快交通广播汽车俱乐部产业的构建和发展呢?在这里,我想再次强调一下,希望交宣委在组织、执行方面加大工作力度,加快工作进度,在实践、推动方面取得实质性的成效,充分发挥行业产业发展推手的作用。我的具体建议是:

第一步,建立项目组织机构。交宣委应尽快研究成立汽车俱乐部产业化发展专项工作组,让那些工作突出、有成效的会员单位进入工作组,领导推动交通广播汽车俱乐部项目进一步开展和突破。

第二步,制订项目发展规划。项目工作组要尽快研究制订交宣委关于交通广播汽车俱乐部产业化发展规划,就这一项目的目的、目标、任务、实现方式、工作进度等达成共识,并适时召开交宣委专门会议或是特别会议审议,推动更多会员单位认可、加入这个规划。

第三步,发起组建全国性实体。根据规划,项目工作组推动首批加入规划的电台,按照现代企业制度的要求,发起组建全国性俱乐部公司,制订公司体制、运行机制和服务标准。在此基础上,聘用专业经营团队,推动和指导各地成立本地域俱乐部,加入全国性公司,逐步形成全程全网的组织体制、运营机制和服务网络。

第四步,充分发挥新媒体的作用,实现交广汽车俱乐部虚拟世界和实体世界的和谐统一。相比实体组织来说,虚拟网络世界更容易实现互联互通。比如说,信息整合和共享就比较容易实现。如果通过互联网、手机构建一个全国出行服务信息的共享平台,会员通过电脑或是手机接入,就能查询和接收需要的信息线索,通过这个信息线索接入当地交广汽车俱乐部,就能得到所需要的服务,实现俱乐部服务快速响应和精确投放。

第五步,吸收全国性公司成为交宣委的会员单位,建立交宣委与全国交广汽车俱乐部良性互动机制。

在推动全国交通广播汽车俱乐部产业化项目的过程中,要注意处理好以下几个关系:

一是正确处理好与广播主业的关系。在与市场的对接过程中,应建立一个既源于广播又相对独立于广播的市场主体,由这个市场主体来运作交广汽车俱乐部。说要源于广播,是因为只有广播才能给予这个市场主体以其他行业无法获得的核心资源和核心竞争力。具体地说,就是广播的公信力和权威性。说要相对独立于广播,是因为广播具有事业和产业双重属性,广播直接办市场,很难拥有现代企业灵活的运行机制,很难处理好事业与产业的关系。

二是在参与市场竞争时,遵循立足当地又联合全国的原则。说立足当地,是因为广播的地域性特点，本地广播覆盖地域的听众和驾车人构成了俱乐部发展和服务的基本盘。说要联合全国，一是基于交通广播在全国普遍比较活跃的事实；二是在协会交宣委的组织下，全国交通广播具有较强的凝聚力；三是只有联合才能组建成网，只有成网才能实现规模化、标准化，从而形成新的不可替代的竞争优势。

三是在参与市场竞争时，应注意借力于广播又要反哺广播，形成良性互动。说借力广播，因为俱乐部需要广播作为出资方提供原始投入，同时也需要借用广播长期积累的公信力和权威性凝聚会员，打开市场。说反哺广播，是因为广播需要产业发展所获来加强基础设施等硬件建设，以及招揽人才、提升节目质量等软件建设。同时，俱乐部的经营也必须秉承诚信、合法的方式，进一步提升广播的公信力和权威性，二者相得益彰，才能互相促进。

第三，努力发挥行业学术理论研究的引领作用。今后一个时期，交宣委应进一步发挥学术理论研究职能，秉承来源于实践、高于实践、服务实践的宗旨，在求实、求新上狠下工夫。

具体来说，首先，主动了解行业求知需求。要通过发放问卷、实地调研等形式，搜集汇总业界在实践中遇到的问题、困惑，了解业界在学术研究和理论指导方面的最新需求，使课题与业界需求相结合、相对应。

其次，要积极推广行业创新成果。要及时了解业界在实践中的创新性活动，以及新观点、新提法，通过学术理论研究提供支持。有的可以上升为新的理论用以指导今后的实践，有的可以总结为先进经验予以推广普及。

再次，要紧密跟踪研究动态和最新成果。要密切跟踪广电行业其他领域以及国际上关于广电行业最新的学术理论研究动态和最新研究成果，积极向会员单位及其从业人员介绍，以开阔视野、获得启发和借鉴。

此外，要积极组织会员单位和从业人员参加总局和协会组织的课题立项资助竞标，使本领域的学术理论研究工作进入政府和全行业的视野，进一步扩大影响；要建设升级委员会网站，进一步办好《中国交通新视听》杂志，使其真正成为业界交流平台和学习园地等。

第四，要积极探索行业自律维权的新途径新方式。交宣委的15年，前10年是纯学术研究团体，后5年向行业组织转变。客观地说，这后5年，委员会在行业自律维权方面进行了一些探索，但是也仅仅还停留在制定发布行业自律公约阶段，离长效机制的建立还有很大的距离。今后一个时期，委员会还是应该在自律维权的组织机构建设、自律公约的细化和执行、自律维权方面事件举报的受理和应急反应机制建设等方面作进一步的探索和努力。在这其中，我建议委员会要重视做好行业调研报告这项工作。大家都知道,维权首先是要维护行业的生存权与发展权,而这方面,政策环境是非常重要的方面。要使政府制定出促进行业发展的政策,就必须首先让政府了解行业的最新、最真实的情况。委员会每年形成本领域情况调研报告,报协会汇总后反映给政府主管部门,是下情上达、获得理解和支持的非常重要的途径。因此,希望委员会从维护业界生存发展权的角度,重视、做好行业调研工作。

同志们,为行业协会服务的境界永无止境,过去15年的努力,已经为我们广电交通宣传领域行业组织建设和发展打下了坚实的基础。希望委员会的同志们能够继承和发扬好传统、好经验、好作风,开拓进取,扎实工作,不断开创协会各项工作的新局面。

最后,预祝本次年会取得圆满成功。

〔李丹:中国广播电视协会会长〕

# 共创产、学、研互利合作的新典范
## ——在中国广播电视协会交通宣传委员会 第十五届年会暨全国交通广播总监工作会议上的致辞

丁俊杰

尊敬的李丹会长、各位来宾、女士们、先生们：

大家上午好。值此金秋时节，我们迎来了中国广播电视协会交通宣传委员会成立15周年喜庆的日子，我代表中国传媒大学对交通宣传委员会15周年庆典表示衷心的祝贺。看到全国各地交通广播同仁齐聚一堂，共同欢庆、共商大计，备感亲切。

中国交通广播正处在可持续发展的重要历史阶段，其发展规模和自身的影响在逐步扩大，这一切都取决于不断创新的理念，取决于"务实、团结、奋进、开拓"的交广精神。中国传媒大学是我国广播电视信息传播领域的重要学府，以"校园大课堂、传媒大舞台"为育人特色，把做好人才培养、学科建设、师资队伍建设、科研创新等工作纳入学校整个教学体系中，在传媒高校中发挥了重要的示范作用。同时，学校的发展定位更加符合媒介发展的需要，与广播电视业有着良好合作关系。

交通宣传委员会秘书处落户中国传媒大学已有12年的历史，学校见证了它的发展足迹。除了在办公场地、人员、资金、设备等方面给予扶持外，还为行业组织的健康发展提供了智力援助。每届年会及论坛都有中国传媒大学教授的身影，应该说交通宣传委员会与传媒大学有着不解的渊源，你们的生日，就是我们的节日。中国传媒大学靠广播起家，关注广播事业的发展，赞赏交通宣传委员会近年来为中国交通广播发展所做出的不懈努力，赞赏交通宣传委员会在业界、学界、政府之间所起到的桥梁和纽带作用。15年来，交通宣传委员会充分发挥行业组织的引领作用，开展了丰富多彩、卓有成效的主题采访和研讨活动，特别是在重大突发事件中发挥了应有的作用，先后创办了《中国交通广播》月刊、《中国交通新视听》杂志、《传媒参考》电子杂志和中国交通广播网，搭建起全国交通广播信息发布和交流的网络平台，形成"上有网，下有刊"的媒介传播新格局，先后出版专业图书12本，强调理论先行的指导原则，"用思想引导行业,用智慧触动行业,用情感打动行业,用活动带动行业",加强与传媒高校、科研机构间的合作,开展行业调查和理论研究工作,这对于利用高校的教学、科研、人力资源起到了积极的助推作用。今后,中国传媒大学将在更加广泛的领域给予交通宣传委员会更多的支持,使其成为教学科研实践活动的有机组成部分。

我曾说过:没有记忆的行业,是没有根基的行业;没有根基的行业,是没有前途的行业。过去的15年,交通宣传委员会引领这个行业取得了辉煌的业绩。展望未来,交通宣传委员会一定能够继续携手业界、学界,把政府的资源优势、行业的协调优势、媒体的发布优势、高校的研发优势融合得更好,使中国交通广播成为最有前途的行业、最具活力的行业、最有智慧的行业,推进中国广播产业的发展和繁荣。

再次代表中国传媒大学祝贺交宣委 15 周年生日快乐。预祝"中国广播产业探索与创新"高峰论坛取得圆满成功!

〔丁俊杰:中国传媒大学副校长〕

· 评奖创优 ·

# 百尺竿头，还需再进一步

## ——2008年度中国交通广播节目创优评析活动综述

吴志勇

由中国广播电视协会交通宣传委员会、中国传媒大学广播产业研究所主办，延边交通广播承办的2008年度中国交通广播创优评审会于2009年5月30日至6月1日在北京举行。中国广播电视协会副会长郭宝新、中国广播电视协会专家组副组长王汝峰、中国道路交通安全协会副理事长罗俊仪等近20名专家学者参加了评审会。

本届创优评析活动的评审专家主要由中国广播电视协会领导、中国广播影视大奖评委、各地交通广播总监和交警代表几方面共同组成。创优评析活动得到了全国30个省、市、自治区，72家交通广播的积极响应，共送评作品392件。按照2008年中国交通广播节目参评数量及比例分布，经过评委专家的认真听评、讨论、投票评选出一类作品40件，二类作品60件，三类作品80件，获奖作品共计210件。

交通广播节目创优评析活动是推进全国交通广播行业节目创优工程和精品工程的一项重要工作，它对于各地交通广播在节目选题、制作、播出等方面有很强的示范性和指导性作用。被评定为优秀的作品不仅被同行借鉴、学习，而且也代表交通广播行业参加中国广播影视大奖的评审，同时也是交通广播在全国广播业界实力和水平的重要体现。创优评析工作的重要性使评析活动工作人员和评审专家都感觉到肩负的责任，所以对于每一件作品，评审前精心准备，评审时仔细审听、热烈讨论、认真投票，使得评审工作做到公平、公正、全面。一等候选节目如果没有获得小组三分之二成员的选票，专家们都认真地进行再投票，所以评选出来的优秀作品能够代表本年度全国交通广播节目的总体水平。

从2008年度的创优评析工作来看，交通广播制作和播出节目类型已经趋于丰富、完善，节目选题更加切合交通广播的特点，制作水平得到较大提高，节目编排也日渐科学。总体来看，全国交通广播节目水平有了较大的提升，能够从不同角度、不同层面、不同形式上完善交通广播服务听众、服务交通、服务国家大政方针的功能,从而为人们出行、为交通事业的发展、为和谐交通的建设作出自己的贡献。所以在评审过程中,出现评委们对有些类型节目的评选难以抉择,最后只能忍痛割爱、优中选优的现象。

  同时通过本届交通节目创优评析活动,我们也发现一些需要加以改进的地方。首先,从有些新闻节目中可以发现,节目采编人员的新闻基本功还不够扎实,标题、导语制作不规范,音响运用不到位,报送的文稿中出现大量错别字,所以抓好新闻基本功的训练还很重要。其次,交通广播在节目类型和节目构成上已经达到比较完善的程度,但节目的深度还稍显不足,需要增强报道的深度、广度,增加节目的信息量。第三,报送节目类别不准确,在评委听评过程中发现有一些报送评论的节目像专题,而有些报送专题的节目却像评论,这些送错类别的节目一般在第一轮的评选中就被淘汰掉了。第四,一定要按照评审要求把相关资料完整提交,同时确保报送节目制作质量。资料不完整、质量不过关以及光盘制作质量不过关的作品,在评审过程中可能会失去获奖的机会。最后,鼓励创新,对那些形式新颖、大胆创造、制作精良的广播节目专门予以表彰,实际上就是希望广播人发扬一贯的创新精神,在节目形式、内容、播出方式以及报道领域进行拓展,创作出大量新颖、悦耳、有价值的节目来,打造交通广播精品工程。

〔吴志勇:中国传媒大学 2006 级新闻学研究生〕

# 2010 年度

· 行业前沿 ·

## 坚持走合作共赢的发展之路
——在"畅行中国·精彩湖北
——全国交通广播走进鄂西"大型联合采访活动启动仪式上的讲话

李 丹

各位来宾、各位广电同仁：

今天，我们从四面八方畅行到武汉，参加"畅行中国·精彩湖北——全国交通广播走进鄂西"大型联合采访活动启动仪式。在这里，我首先代表中国广播电视协会，对活动的顺利举行表示热烈的祝贺！向为此提供支持、给予帮助的湖北省委宣传部、省新闻办、省旅游局、省广电总台表示诚挚的感谢！向前来参加采访活动的记者们表示亲切的问候！

"畅行中国"是中国广播电视协会交通宣传委员会 2010 年组织全国交通广播推出的大型联合采访系列活动。经过近一年的探索与实践，"畅行中国"先后走进黑龙江、吉林、内蒙古、湖南、上海，深受欢迎，已初步建立起品牌名称、品牌内涵、品牌模式，初步具有品牌的知名度、美誉度。本次"畅行中国"联合采访活动来到素有"九省通衢"之称的湖北武汉，可谓是相得益彰、适逢其所。

湖北是我国中部重要省份，区位优势明显、科技教育发达、产业基础良好，正处在国家促进中部地区崛起的战略机遇期,正处在大力实施"两圈一带"战略的黄金发展期。湖北历史悠久,交通便利,山川秀美。"畅行中国"活动走进湖北,就是组织全国交通媒体集中看湖北、报道湖北,就是让全国交通广播听众更多、更好地了解湖北。

近一年的实践表明,"畅行中国"系列活动是成功的。活动的成功,首先,在于它坚持立足于为党和国家中心工作服务。这个出发点和着力点是广电媒体的职责所在。其次,在于它把握住了交通广播的特质,那就是"行",我们所从事的工作就是关注出行、服务出行。最后,在于它坚持走合作共赢的道路。广播是区域性很强的媒体,一家交通台可以帮助大家在自己的地域内畅行,但是要想畅行全国就要团结协作。作为交通广播领域的行业组织,交宣委将分散在不同地域的交通台凝聚成了一个团结协作的集体,这正是"畅行中国"活动成功不可或缺的基础。

"畅行中国"活动成功的意义不仅仅在于活动本身,更在于它为交通广播下一个时期的发展提供了思路、指明了方向,那就是通过合作共赢,打造交广集群,实现规模效果和影响。我们应该认识到,我们正在迎来信息传播的新时代,一家媒体单打独斗都是难以生存发展的。联合、合作才有力量,才有影响。作为广播电视行业组织,中国广播电视协会始终坚持提供服务、反映诉求、规范行为的宗旨,交宣委作为协会的分支机构,积极推进"畅行中国"活动,值得肯定和鼓励。希望交宣委精心组织好本次走进湖北的活动,使活动达到预期效果,使"畅行中国"系列采访活动在助力湖北的同时,得到提升和发展,为交通媒体新的发展开阔新路。

〔李丹:中国广播电视协会会长〕

# 传媒与政府合作,实现自驾游运营模式的双赢

潘 力

传媒的作用在于客观、公正,用事实说话,它所具有的传播的有效性和影响力,已经成为人们获取资讯的重要来源,它所传递的价值成为人们选择的唯一标准。我将从三个方面进行论述。

## 一、借传媒之力推介旅游产品,带动红色区域经济的发展

近年来,国内盛行的自驾游,已经成为人们一种快乐的体验活动。它起源于欧美的周末短途旅行方式,是一种休闲、娱乐、冒险的体验之旅。首届井冈山国际杜鹃花节暨全国交通广播自驾游赏花会,将红色旅游产品与自驾游体验活动融为一体,以赏花为主,感受自然景观,体验生态之旅。通过"政府主导,社会参与,市场运作"的运营模式,举办丰富多彩的旅游、商贸、文化之旅等系列活动,成为全国交通广播助推旅游产品的有效传播渠道。

值得指出的是,由中国广播电视协会交通宣传委员会授予井冈山风景区的"中国自驾游首选目的地"是全国交通广播播出机构在风景区授予的首块牌匾。"首发"的分量和意义足以显示出革命摇篮——红色之旅的魅力所在、影响所在。在这里,我还要告诉大家,即将与井冈山市委市政府共同建立的"全国交通广播联盟——井冈山直播室"也将落户在这片神奇的土地上。

## 二、开发适合媒介推介的产品,拓展产业的联动效应

随着对产业经营认识的不断加深,建立汽车俱乐部产业平台,进军汽车后服务市场,成为全国交通广播拓展产业链的重要步骤。在自驾游运营过程中,媒介依托自身的传播优势,以有车族为最佳移动收听对象,把目标消费群体纳入有效的服务领域,针对他们的需求开发适合的产品,拓展产业的联动效益。

目前,全国各地相继组建了几十家交通广播汽车俱乐部和车友会,它们的成立印证了"有市场才有需求,有需求才有消费"的经营理念,以交通广播受众群体为主的自

驾游活动才有了真正的市场。

2009年9月，天津交通广播组织了"穿越长白山 探秘边境线"的长白山原始森林自驾游活动。此外，北京、羊城、楚天等交通广播已经走出国门，组织了埃及、英国、美国、马来西亚等国的境外自驾游活动。2010年的杜鹃花节，井冈山政府诚邀30多家交通广播和车友会代表组成的自驾游车队齐聚红色井冈，它所产生的影响和辐射作用远远超出活动本身。汽车厂商的关注、广告主的投放、旅游客源积累等相关的产业链，必将给当地经济发展带来潜在的利润空间。

### 三、让联动创造影响，让合作实现共赢

推广自驾游运营模式，交通广播具有得天独厚的优势。作为便捷、可信的宣传推广平台，交通广播组建的汽车俱乐部和车友会能够凝聚最广大的受众群和车友群，使其成为自驾游活动的忠实参与者和体验者。同时，在提供公共信息服务、旅游出行向导、餐饮住宿服务、舆论监督等方面所形成的媒体公信力，使交通广播发布信息的权威性得到车友群的认可，从而加入到自驾游活动中。

在"资源整合、共谋发展、共创效益、全面推进"的媒介理念引导下，调动社会上可以利用的资源，在"强化专业特色、统一服务标准、规范经营行为、搭建运营平台、提高策划水平"等方面，成为"联动政府、扶持企业、推进发展"的有力助推器。在自驾游运营模式中，通过媒介与政府的合作，不仅可以发展"红色生态旅游"，还可以诚邀各地交通广播，进行跨省、市、区的井冈山风情游、采风游、探秘游、寻访游等，吸引更多的自驾消费者关注这张红色的城市名片，使"中国自驾游首选目的地"成为吸引全国自驾游的红色乐园。

同时，传媒定期为"井冈之旅"组织系列的推广活动，扩大井冈山景区的知名度和影响力，给广大自驾者带来实惠，给当地餐饮服务业带来利润。通过媒介形象与当地旅游产品的展示，主持人、记者与自驾者的零距离接触，增加自驾游活动的氛围和乐趣，使规模效果提高，实现经济效益和社会效应的双丰收。

因此，"井冈之旅自驾游"以"合作共赢"的理念，打破长期以来的封闭现状，遵循市场规律、互惠互利，实现"利益最大化"；打造全新的、经得起市场考验、有运营潜力、得到自驾者认可的"井冈之旅"运营模式，让更多的有车一族选择"多样化、差异化、个性化、特色化"的旅游产品。"红色之旅自驾游"必将如井冈山上的星星之火，形成燎原之势，最终让"市场检验得失，让效益连接交广，让联动创造影响，让合作实现共赢"。

〔潘力：中国广播电视协会交通宣传委员会常务副会长兼秘书长，
中国传媒大学广播产业研究所所长〕

# 业必归会,办有思想的行会
## ——立足服务,做行业的领跑者

潘 力

2009年,中国广播电视协会交通宣传委员会(以下简称交宣委)在中国广播电视协会的直接领导下,在各会员单位的大力支持下,注重发挥行业组织的桥梁和纽带作用,以"思想引导行业、以智慧触动行业、以情感打动行业、以活动带动行业"的行为理念,组织会员单位进行主题性研讨和具有推广价值的活动,使"思想的渗透力、行业的凝聚力、品牌的影响力、媒介的融合力"不断增强,成为交通传媒领域充满"生机、活力,具有专业主义激情"的创新团队,使行业组织的作用得到发挥。

### 一、以服务凝聚人心,带动行业发展

作为行业的组织者,交宣委以"反映诉求、提供服务、规范行为"为己任,注重研究各会员单位的诉求和建议,把"想实事、做好事、解难题、促发展"作为工作的总目标,以服务凝聚人心,以活动带动行业。

1.通过思想的渗透,促进媒介品牌建设

在行业内部,倡导"业必归会,办有思想的行会",打破地域、省地市之间、媒体之间及行政级别的格局,明确行业发展的目标,履行会员单位的职责和义务,强调真诚交流与互助,主动为行业的发展贡献智慧,通过思想的交流和业务的研讨,共同推进交通传媒品牌建设,提升综合实力。

围绕新中国成立60周年,由地方播出机构发起,依托当地人民政府主办的系列研讨和各类活动从2008年初全面展开,其中"中国广播未来发展走势"、"移动电视的创新与发展"、"汽车类节目的运营与思考"等论坛都围绕行业发展特点组织专题研讨;"全国交通广播电视记者走进邯郸"、"走进大庆"、"走进西柏坡"、走进浙江"数字交警"、"我为延安种棵树,共植中国广播林、中国交通广播林"、"创意中国——来自广播

的声音创意大赛"等大型主题活动都是由会员单位主动提交策划文案,由当地人民政府出资,交宣委指导整个活动进程,并报中国广播电视协会批准完成的。另外,早在2008年初的全国抗击冰雪灾害和5.12汶川大地震中,交宣委就利用已建立的中国交通广播网,通过各会员单位的资讯代表上传下达,及时反馈信息,协调当地交管部门,实现跨省、跨区域信息互动,使突发应急事件通过中国交通广播网及时有效地发布,得到公安部、中宣部的好评。奥运期间,中国交通广播网与公安部、北京市交管局再度合作,第一时间发布北京地区的路况及交通管制信息,并通过各地交通广播及时、准确地播报路况管制信息,成为当地政府应急突发事件的发布中心和指挥中心,提升了媒介的品牌影响。同时,为今后媒体策划和组织大型报道活动和品牌推广积累更多的经验。

2. 通过创优评析,提供"看得见、摸得着"的服务

创优评析是行业组织实施广播电视精品战略工程的重要组成部分。它不仅是各地播出机构竞技的舞台,也代表着交通广播电视人在节目创作领域中的创新思路。

在指导思想上,交宣委始终把突出节目品质和"三贴近"(贴近实际、贴近生活、贴近群众)联系在一起,增强节目感染力和吸引力,体现交通传播特色,贴近出行者的服务需求,在"好听、好看、有用、重要"上下工夫。从2005年开始,每年都对创优的优秀作品进行整理、挖掘,并将一等作品及获奖作者创作体会、专家点评等主要内容结集出版,以《最值得倾听的声音——中国交通广播创优评析点评实录》一书奉献给各会员单位;目前已累计出版12本专业图书,这对于交通传媒节目精品工程的建设和整个行业的发展起到积极的推动作用。从2006年开始,中国广播电视协会改革了中国广播影视大奖的送评渠道,由各专业委员会组织推荐,其中选送的广播专题《曹女士引发的思考》(2006年度)、广播评论《民意畅达呼唤制度保障——从北京地铁5号线加站说起》(2007年度)、广播短消息《一周内两次微调奥运限行方案百姓乐道》(2008年度)连续三年获得中国广播影视大奖一等奖,电视专题《流畅之美——香港交通面面观》(2007年度)、纪录片《有轨飞行》(2008年度)连续两年获得中国广播影视大奖提名奖。

除此之外,交宣委还把办好"一网一刊"当做行业组织头等大事来抓,使中国交通广播电视网和《中国交通新视听》杂志成为互动交流的窗口,成为引领行业发展的一面旗帜。"一网一刊"将贴近性、服务性、理论性和指导性融于一体,为交通传媒行业提供理论学习、信息交流、产业延伸、实务操作、媒介融合的共享平台,成为传达思想、升华理念、推进发展的孵化园地。

## 二、以思想引领未来,推动行业发展

"创新、超越、携手、共享"是交宣委遵循的媒介精神,它以"思想的渗透,智力的援助"为准绳,以不断进取、不断开拓的勇气和信心,不断推陈出新,打造一支汇聚各方优势资源的媒体联合舰队。

### 1. 促进媒介融合,迈入全媒体时代

2009年,随着交通电视、移动电视的整体加入,交通广播、交通电视、移动电视三个分会融入交宣委这个大家庭中来,按照不同的业态、不同的传播规律、不同的发展思路,不断发挥着各自的优势。

2009年3月21日至23日,在第十七届中国国际广播电视信息网络展览会上,移动电视分会首次以交宣委名义集体亮相展会,显示出交宣委移动电视分会在行业中不断增强的影响力;同年10月22日至25日在"辉煌30年·中国广播电视传媒发展论坛"上,全国40家交通电视栏目、31家移动电视作为交宣委会员单位整体亮相,成为交宣委家族中的新成员。中国广播电视协会会长李丹指出,移动电视和交通电视两个分会整体进入交通宣传委员会,为今后媒体资源整合提供了机遇和挑战,极大丰富了交通宣传的渠道和表现形式。它不是多种媒体之间的叠加,而是把各自媒体的优势全部展现,从而揭示了一个崭新的全媒体概念,使传统的广播、电视与数字新媒体互相借鉴和融通,从而形成资源的有效配置和价值链的拓展,拉开了中国交通广播电视对外宣传的帷幕。

### 2. 依托研发优势,研究新动向,提供新思路

交宣委的发展,得益于中国传媒大学的鼎力支持,这为交宣委秘书处与各会员单位保持正常工作往来、沟通交流信息、开展各项活动打下了坚实基础。同时,依托中国传媒大学高校的学科优势和人才培养模式,把提升会员单位的媒介素养列入人才培养规划中,解决在实际工作中遇到的难题,对广播电视发展的前沿动向进行科学的研究,为媒介未来发展和走势提供决策,推动交通传媒行业向专业化、产业化、规模化方向发展。

2009年5月5日,作为副会长单位的北广传媒集团一行50人来到交宣委驻地走访,这是行业协会联合业界、学界加强沟通、增进了解、互利共赢的一次有益尝试。同时,在北京举办"2009移动电视高峰论坛",研讨经济危机形势下移动电视产业所面临的挑战和应对措施,对提升移动电视行业的整体形象、增强移动电视行业凝聚力、促进行业整体发展具有重要的示范作用。

此外，由交宣委、中国传媒大学联合京、津、冀交通广播共同搭建的"京津冀都市圈综合交通信息平台"项目正式启动，它以传统媒体与新媒体技术为基础，依托已建立的实时路况系统，将各地餐饮、娱乐、住宿、游览、出行等综合信息建立在共享平台上，这是行业组织整合已有信息资源拓展产业的有益尝试，将成为"京、津、冀"都市圈经济一体化的助推器。

最前沿、最专业、勇立潮头、引领方向，是交宣委的核心价值理念。它将履行行业协会应尽的权利和义务，肩负起历史的职责，带领全体会员单位"不断创新、勇于实践、共谋发展、共创效益"。俗话说：没有记忆的行业，是没有根基的行业；没有根基的行业，是没有前途的行业。交宣委将在中国广播电视协会领导下，为广播电视行业的大发展、大繁荣努力工作，充分发挥"政府部门的资源优势、行业组织的协调优势、传媒高校的研发优势、播出机构的发布优势"，做中国交通传媒行业的领跑者！

〔潘力：中国广播电视协会交通宣传委员会常务副会长兼秘书长〕

· 总监论坛 ·

# 打造品牌　做强频率
## ——羊城交通广播发展全纪实

张　军

羊城交通广播成立于1993年,是全国第一批省级专业交通广播,频率为FM 105.2兆赫,覆盖以广州为中心、整个珠江三角洲及广东省内主要高速路,受众达5000万。羊城交通广播以专业、权威、及时的交通信息,贴心周到的服务,颇具影响力的活动赢得了广大听众的喜爱。

2009年,羊城交通广播的收听率再上新台阶,一跃成为广州地区收听率第一的广播频率,被权威部门评为"全国交通广播前三强",被誉为"华南交通第一台",实力与地位不断增强和提升。2009年,羊城交通广播分别被评为广东电台和南方广播影视传媒集团"优秀频率"。2010年,羊城交通广播秉承"宣传交通、服务交通"的办台宗旨,强化"2010广州亚运会指定交通信息主平台"角色,于1月11日隆重推出了新版节目,引发广大听众热烈追捧,并得到社会各界的广泛好评。

### 一、"24字"方针擦亮1052品牌

2009年初,羊城交通广播制订了"严管理、重细节,树明星、创新意,扬个性、亮品牌,齐协力、共争先"24字理念,汇成了羊城交通广播在"打造品牌、做强频道"方面的主要工作方针。面对广播媒体日趋白热化的激烈竞争,羊城交通广播如何突出重围、继续领先？我们认为,唯有加强管理,注重创新,充分调动员工的工作积极性,锻造精干队伍才是出路,因此决定以六招出手:通过"争"收听率第一,"保"经营创收,"创"新节目品牌,"扬"专业服务特色,"树"明星主持、记者,"亮"1052品牌,努力打造好"羊城交通广播"这一"金色招牌",不辜负广大听众的期望。

为了进一步打造品牌、提高节目收听率,羊城交通广播通过实行节目主管(制作人)制度、栏目主持人竞争上岗制度、节目听评制度、员工收入与收听率密切挂钩制度

等,激发员工的创造性和积极性。与此同时,羊城交通广播密切与省内其他主流媒体——包括广东电视台、南方电视台、广州电视台、羊城晚报、新快报、汽车杂志等合作,合办广播电视联动节目,开展多项具有影响力的社会活动。鼓励有能力的主持人、记者、编辑跨媒介发展,不断充实完善自身,通过打造羊城交通广播自己的明星,多渠道宣传羊城交通广播。

2010年,在进一步巩固《朝朝早、精神好》、《大吉利车队》、《有车有得挥》、《午餐话题》等原有知名栏目领先优势的同时,羊城交通广播积极创新、精心打造并推出了《一CALL即通,羊城交通》和《go go 的士 go》、《车、马、炮》、《晚安,珠三角》等全新品牌节目,立足服务交通参与者这一特定受众,进一步加强羊城交通广播的专业性和服务性,有计划、分阶段地打造羊城交通广播的节目品牌,使节目做得更细致贴心。

创新交通信息播报方式,力求做到"快、准、新"。"一CALL即通,羊城交通"是羊城交通广播提出的2010年交通信息服务新理念。继2009年实行高峰期每5分钟刷新一次路况后,2010年羊城交通广播推出全新举措,为听众"即点即播"交通信息。同时,根据驾车人士中新广东人不断增多这一情况,在粤语频道的晚上时段推出普通话交通消息。春运期间针对广大旅客而开设的"春运交通消息",为每年两届广交会来宾服务的"广交会交通信息",为服务广州亚运而策划专设的"亚运交通消息"等,都是2010年打造"交通专业服务第一台"的新举措。

"以节目为王",在进一步做好节目的同时,我们通过精心策划大量形式多样的宣传推广活动吸引更多人关注羊城交通广播。2009年,羊城交通广播举行各类户外活动30多场:与广州交警支队、亚组委共同主办了"和谐亚运、安全交通——2009绿色行动",组织车主亲自到生态公园种树,把汽车文化和环保结合起来。与广州市预防道路交通事故联席会议、亚运会服务部等部门联合举办"迎亚运,文明交通从我做起"系列活动,吸引了上万观众,让他们从中接受交通安全教育。与南方电视台、新快报等兄弟媒体联合主办5·12汶川地震一周年大型纪念活动"让黄丝带飘起来"、国庆六十周年期间举行的"祝福祖国——让红丝带飘起来"两大"丝带系列"公益活动,代表着1000多万广州市民饱含思念、祝福的数十万条黄丝带、红丝带在广州地区的道路和社区形成了一道特殊的风景线。"红丝带"活动被中央电视台作为国庆专题的内容在《新闻联播》节目中报道播出,更为可喜的是,"丝带寄情,祝福祖国"活动被评为2009年度广东电台"十佳活动"。"六一关爱,川粤同心",在儿童节前夕组织爱心人士向异地复课汶川中学的孩子们送去慰问金、礼品。与湖北楚天交通广播、湖南交通广播联合制作大型系列节目《千里飞跃武广线》。与北京、上海、天津、重庆、深圳、吉林、湖北、安徽、江苏、福建等十大省级交通广播联合主办2009广州车展《车展辉煌耀羊城》大型系列节目。还有为广州盲童筹款的《心中的彩虹》演唱会、赠送抗流感药包、免费为出租车司机和交通协管员体检爱心活动、送图书《的士实录》走进各大出租车队，等等。2010年，羊城交通广播将组织活动走进车队、走进社区、走进车站、走进车厂，通过举办"羊城的士节"、"羊城汽车嘉年华"、"武广快线1052旅游专列"等活动，使得羊城交通广播的品牌更加深入人心。

一直以来，羊城交通广播不仅注重节目品质的提升，更注重人文关怀和社会责任感的培养。

## 二、积极应对融合新媒体

作为全国交通广播前三强、华南地区最具权威的专业交通广播频率，羊城交通广播在交通信息资源、品牌知名度、广告客户认可度等方面优势明显。羊城交通广播牢牢抓住并且依靠这些优势，借助雨后春笋般出现的新媒体力量，积极开拓以智能交通信息服务为主、汽车生活消费为辅的2010年新业务，拓展在羊城交通广播主平台以外的宣传和经营。例如：以全球定位系统GPS、手机为载体，通过WCDMA、CNNB、DAB等技术手段，在全国率先推出语音、图文版实时交通信息导航服务系统。该系统将把汽车生活消费服务纳入其中，从车主加油优惠、预留停车位，到代办违章罚款、各类年审；从商场、酒楼消费打折、机票火车票电影票演唱会门票代购，到医院挂号受理、爱车维护保养全程服务等。除此之外，还将借助广东电台各大频道的优势，每天向缴纳月租的会员提供交通信息、新闻资讯、股市理财、网络购物等不同类型的点对点服务，打造车厢广播文化消费的新亮点。

新时期的媒体竞争，从某种角度来说就是新思维、新理念、新科技、新领域的竞争。现代交通广播离不开高科技手段相辅助。目前，羊城交通广播所使用的交通信息收集系统，当年曾领先全国，但发展到今天，领先优势已不复存在。2010年，羊城交通广播将与广东省交管局以及中山大学合作，利用省交管局目前正在使用的一套全国领先的智能交通信息系统，以高科技手段确保羊城交通广播在交通信息收集手段方面的领先优势，继续领跑广东广播。

联合新媒体进一步做强自己的同时，羊城交通广播还将发挥广东电台自身拥有三个电视频道（邮轮旅游、珠江电影、天天购物频道）、一个网络广播（Youngd.com）、《声报》的优势，以及羊城交通广播和1052汽车俱乐部在汽车消费、交通信息服务方面得天独厚的有利条件，开辟电视购车等新渠道，使羊城交通广播的节目资源得以充分利用，将羊城交通广播的品牌效益发挥得更加充分。

### 三、做强自己，在竞争中突围

在广东电台统一广告经营的新模式下，羊城交通广播将进一步加强与广告代理公司的密切联系，做好磨合工作，根据市场变化，出点子，亮新意，力争广告经营再上新的台阶。积极开拓新的经营增长点，精心打造1052汽车俱乐部，让汽车俱乐部成为塑造羊城交通广播品牌的新亮点、收入增加的纳金点。

羊城交通广播将继续在日趋激烈的广播竞争中立于不败之地，做强、做大自己。自己是强者，才有资格和强者对话。创新，是领潮者成功的法宝。我们要不断学习国内外广播媒体的先进经验，结合羊城交通广播实际，在频率的节目设置、经营模式、内部管理等方面不断追求突破，方能保持羊城交通广播优质品牌的常新、长久。依靠社会力量办交通广播，密切与交通管理、交通建设部门的合作，在良好的基础上不断开拓创新，是羊城交通广播在日趋激烈的广播竞争中位居翘楚的关键所在。

办"实用、好用、适用"的专业交通频率，办看得见的广播，办时尚的广播，"想车主所想之事、播车主所需之物"，迈向十七岁的羊城交通广播必将与听众一道，同途协力，跨步向前，精彩每一天！

〔张军：羊城交通广播总监〕

# 成 长
## ——北京交通广播一直在路上

李秀磊

十几年来,每当我听到人们用"根本不懂广播"、"完全不明白新闻规律"之类让人气馁的语言评价某些广播从业者的时候,我总是很庆幸,庆幸自己在进入广播这个行当的时候,走进的是北京交通广播。

在这里,没有人要求你一定要按照某些特定的规律做事,我们被告知"领导满意、听众喜欢、市场认可的节目就是好节目"。这是一个极务实的标准,北京交通广播的开创者汪良台长还对这个标准作了进一步解释——"不要自恋,就算你再下工夫,再觉得自己做出的是个精品,没有人听也是白费工夫"。当然,把听众和市场作为衡量节目优劣的标准也是非常残酷的,它使你在做节目时无章可循,因为听众的兴趣是复杂多变的,而市场的竞争又是极其激烈的。在这个标准的要求下,我们尽可能地将一切可调动的因素都调动起来,特别是早晚出行高峰时的节目,包括新闻资讯、路况信息、歌曲音乐,后来还加上了听众短信和互动话题。

回想最初的几年,我们不止一次听到有同行说我们的节目是"四不像";评奖的时候,我们的节目甚至找不到可以归类的奖项。当然,这一切在今天已经不再是问题了,这种节奏快、内容杂的节目已经成为许多电台的拳头产品,代表作就是北京交通广播荣获全国广播电视十佳栏目奖的《一路畅通》。

翻阅古书,"四不像"也并不全是贬义词。"四不像"学名麋鹿,提及它的古代名人不胜枚举,苏洵就有"泰山崩于前而色不变,麋鹿兴于左而目不瞬"的名句。麋鹿不仅是先人狩猎的对象、宗教仪式中的重要祭物,由于鹿角年落年生、生长神速,它还成为生命力旺盛的标志,常见于甲骨文、青铜器、原始岩画、民间绘画、建筑瓦当、宫廷遗物等。由于它性情温和,不伤人畜,不践踏花草,故称为仁兽。中国古代神话传说中的神兽麒麟即以其为蓝本。民间还传说麒麟会给人们带来儿子,使家族兴旺。据传孔子出生前,就有麒麟来到他家院里,口吐玉书。有时我想,"四不像"这样的比喻似乎真的给我们带来了好运气,北京交通广播不就是一个与百姓贴得很近的、亲和力很强的媒体吗?这样的媒体必然会像麒麟一样有强大的生命力。

在人际交往中,姿态是很重要的,它决定了彼此之间的关系;在做节目的过程中,姿态更为重要,它决定了媒体在受众心中的形象。既然是受众的贴身媒体,就有很大一部分功能是陪伴,加之广播收听方式又十分随意,广播节目就没有必要板起脸来,摆出一副高高在上的姿态。谁都希望每天陪在自己身边的是好朋友、好伙伴,用自己喜欢的方式与自己聊天儿,而不是那种一板一眼的领导或老师,用刻板的语调解释概念、进行说教。很多听众评价交通广播的主持人像他们的朋友、邻家的大姑娘、小伙子,主持人在节目中营造了一种家的氛围,树立起了"大家帮助大家的理念"。即使是政治性很强或政策解读类的话题,也会从离听众最近的角度切入,在拉家常般的过程中传递信息。

当然,轻松随意也好,亲切家常也罢,一个出色的团队终究离不开严格高效的管理。管理的目的是为了创造和谐有序的工作环境,提高工作效率、减少内耗,使产出效益最大化。领导也是人,是人就有情绪、是人就有好恶,要避免过多的情绪化因素干扰正常工作秩序,实现有效的管理只有一个途径——按制度办事。这就要求我们在定制度的时候,一要有充分的依据,考虑周详,既科学又要可以操作;二是在制度制订后,每个人都要严格执行,照章行事。

2001年,北京交通广播在全国广电系统内率先通过了ISO9001质量管理体系认证,为实施更加规范高效的管理提供了可靠保障。后来这套体系又被整个北京人民广播电台使用,并且越来越显示出独有的作用。

随着媒体数量的增加和彼此之间竞争的加剧,不关心受众需求而闭门造车制作节目的做法已经越来越被市场摒弃。所以在节目策划和传播的过程中,对市场进行不间断的追踪调查,之后根据分析结果进行调整是每个媒体面临的共同任务。这种调整不应是老调重弹、换汤不换药,而应该不断加入新鲜元素。比如我们视为生命线的路况信息,从半点插播到高峰时段随时播报,从平面的路况介绍到推出重点关注、综合分析的节目《路况会商室》和《路况参考数值》,应该说,北京交通广播在节目创新方面一直没有停止过探索的脚步。

此外,利用媒体资源优势,涉足其他领域,也是一条值得探索的道路。2006年,北京交通广播利用自身资源优势和影响力,在原有的"1039汽车俱乐部"的基础上,成立了北京交广股份有限公司,迈出了产业化运营的关键一步。依托交通台的平台,截至2008年,交广公司已经先后成立了三家子公司——1039汽车服务中心、1039广告公司和交广信息技术公司。总公司及三家子公司的各项业务蒸蒸日上,其中交广信息技术公司在北京奥运会前完成了服务"科技奥运"的"汇报演出"——集多种功能于一身的三款1039新媒体机投放市场并迅速受到热捧,其功能包括实时路况信息 GPS 导航,DMB 数字电视实时收看,DAB 数字音频广播收听,奥运、政务、财经、娱乐、体育、天气、出行、旅游、购物等信息的实时快报,移动办公,网上冲浪,娱乐平台等。

尽管媒体是一个产业,具有一切产业的共性特点,但我们要清醒地意识到,媒体更是一个特殊的产业,它联系的是人们的心灵,其产品满足的是人们精神层面的需求。因此,从事与人们精神需求相关的工作,必须将务实与创新结合起来,该变通时变通,该坚持时坚持,在变与不变中寻找突破,求得发展。

从1993年到2009年,北京交通广播开播已经16年了,这是一段艰难而美好的成长岁月。成长的含义有许多种——年龄的增长、容颜的改变,更重要的是心智的成熟。直到今天,我仍然认为,做人不能不留一份清高,否则便失了风骨。而做媒体,特别是大众传媒,则应该多一些、更多一些对世俗生活的关照,多一些人间烟火气,否则便会离普通百姓越来越远。领悟到这个道理,也是一种成长……

〔李秀磊:北京交通广播总监〕

# 服务性　本土性　娱乐性
## ——地市级交通广播发展之我见

吕永坚

广播作为唯一能解放眼球的媒体,其伴随性的收听特点,能让听众"一心二用",正越来越受到现代人特别是有车一族的喜爱。交通广播自20世纪90年代诞生以来,凭借交广人的执著和听众的青睐,迅速成长为主流媒体,并在当地广播频率中享有"第一广播"的美誉。北京交通广播4个多亿的年创收,让全国广播同仁为之钦佩。

交通广播在获得高速发展的同时,其危机也正在逼近。新媒体的竞争,特别是移动电视,它的受众也是移动人群,正在瓜分交通广播的收听市场。随着交通广播广告价位的提升,广播低价位、高性价比的优势正在逐渐失去。广播内部各频率之间的竞争加剧,汽车拥有量高速增长,广播内部各频率均把目标听众锁定在有车族上,同质化竞争越来越严重。广播时间资源有限,特别是广告时段,交通广播已处于超饱和状态,增长空间受制。因此,交通广播正承受着行业内外的多重压力。

地市级广播电台相对于省级台和中央台,没有那么大的覆盖面和收听规模,生存发展的压力更为明显。地市级交通广播在面临着巨大压力的同时,也具有自己的优势,地方台与听众靠得近,在"三贴近"上可以做得更好。本文就地市级交通广播的发展谈一点自己的想法。

地市级交通广播发展的关键还是要发挥地方台优势和广播媒体特长,练好内功,节目为本,让交通广播更具品牌号召力和媒介影响力。需努力做好三类文章:一是服务,二是本土,三是娱乐。这三类文章也可谓三大法宝。台州市地处长三角南翼,经济发达,交通广播发展态势良好,品牌知名度不断提升,创收保持高速增长。"服务性、本土性、娱乐性"三大法宝可谓十年发展实践的总结。

### 一、立足服务,打造最贴心的广播

广播电视作为主流媒体具有两重性,既有喉舌功能的政治属性,也有服务功能的产业属性。做媒体，就是做产业，这一观念正被大多数人接受。广播既是文化产业，也是为大众提供信息的服务性行业。

做好服务，提高服务水平，关系到广播频率的生存和发展。广播产品是节目，是听众的注意力，用数据即收听率衡量。提升节目的质量和可听性，是我们追求的目标。台州交通广播自开播以来，立足服务，致力于打造最贴心的广播。其节目架构就是围绕服务，以听众为本，服务至上。经过十年的用心发展，已经形成全方位、多层次的节目服务网络，频率的品牌深入人心，龙头广播的地位突出。

树立为听众服务的理念，使服务理念深入到每一位员工的心里。主持人在话筒前的状态，心里是否装着听众，与听众是否处于平等位置，主持人对听众的需求、对网上的留言是否重视，户外活动主持人的形象怎么表现，等等，这无不体现出我们服务的真诚和品质。

建立全方位多层次的服务体系，包括提供最及时的新闻、好听的音乐、实用的信息、在线的咨询、互动帮忙等。让听众一打开收音机，就能了解国内大事，又能知晓世界风云，同时获得他们所需的各种信息和服务。

台州交通广播本着"服务听众、服务交通"的办台宗旨，提出了"信息为王、节目为本、纵横结合、服务至上"的16字办台方针。

1. 信息为王

信息为王，就是要为听众第一时间提供有价值的信息。发挥广播快速发布的特点，信息具有优先发布权，谓之"王"。要求交通路况信息随时插播，重要的突发新闻随时插播，当地的重大新闻不漏播。频率设有信息部，有一个记者组合叫"路家兄妹"，分别是路小东、路小南、路小西、路小北，他们的口号是"我们在路上，我们在你的身边"。"路家兄妹"已成为台州当地最具知名度的记者组合。

2. 节目为本

节目为本，就是要体现节目在频率发展中的基础地位，节目是根本，是频率服务水平的综合体现。台州交通广播，在大力开发早中晚黄金时段的基础上，以节目集群的方式，在其他时段为听众提供专业服务，取得良好效果，使白天时段的收听率保持均衡。上午时段设有接受听众投诉的《市民热线》节目，10年来长盛不衰；下午《交通服务站》与交警、运管等单位合作，接受专业咨询服务，传播交通知识；《二手车这点事》、《家在台州》和《我爱我家》分别为听众提供二手车、二手房评估服务以及家庭装修知识；周末《假日台州》内容涉及旅游、饮食、美容、购物、保健等，成为听众的生活参谋；《路家兄妹》全天开通热线，为听众及时解答问题。服务听众、服务交通，在节目设置中充分得到体现。

3. 纵横结合

纵横结合指的是编织一张纵横有致的服务网。在节目结构上，既有横向节目，也有纵向安排，谓之纵横结合。横向节目基本以1小时为节目单位，大的节目板块有《台州早班车》、《市民热线》、《交通快活人》、《快乐晚高峰》、《快乐方向盘》等十多档栏目。纵向排列的节目短小精悍，共有5条主线往下延伸，安排在整半点前后，担负着即时信息及时传播的功能。分别为《路家兄妹》、《交通气象》、《股市播报》、《1027资讯网》、《城市漫画》及《随机路况》。纵向横向节目，既有分工更有合作，满足听众的各种需求。

4. 服务至上

作为服务性行业的要求，服务至上是强化服务再服务的理念，要求主持人心中装有听众、诚心诚意为听众服务。2010年7月，台州交通广播启动了2010汽车巡展活动，历时2个月，走遍台州9个县市区。为配合汽车展出，各个周末均推出听众见面会，各位主持人和"路家兄妹"都是放弃周末休息时间连续作战，真诚回报听众。虽然很辛苦，但我们真诚的付出，也得到了听众的热情回报，每一场见面会现场都是人山人海、热情高涨，参展车商也非常满意。大家深感欣慰，更体会到真诚服务的重要性。服务至上，也是台州交通广播一切工作的指导思想。

## 二、突出本土性，打造自己的交通广播

受众面对海量的信息，都会做出选择，只关注自己感兴趣的资讯。接受的教育和成长环境不同，人们关心和感兴趣的内容往往差别很大，品质也有高低，众口难调。但是，有一点是相似的，即对与自己切身利益相关以及发生在自己身边的新闻，都特别感兴趣。换句话说，听众对本土的、与自己有关的信息会更有兴趣。

地市级交通广播是地域性电台，要做好"本土"这篇文章。城市台只有突出本土性，才能弥补覆盖面及人才方面的不足，在与国家级、省级广播媒体共舞之时，才能立于不败之地。

1. 提高本土频率知名度

电台的呼号15分钟必须在节目中出现一次，除了经常策划活动提升频率知名度外，还可运用多种方式宣传。比如，发挥交通广播专业服务交通的优势，在道路黄金地段挂一些交通公益宣传牌，在宣传牌上标注出电台名称及播出频率；给当地出租车免费安装印有交通广播名称的车牌框；定期出杂志以及利用其他媒体宣传。

### 2. 提升节目内涵

努力提升节目内涵，满足听众需求。让听众认识你不难，但要留住听众不换台，很难，也是关键。听众收听广播的理由，一是接受信息，二是放松身心。

### 3. 确保节目品质

确保节目有品质，可听性强。信息方面要满足听众各种需求。本地新闻，大至民生政策小至马路新闻，要以最快的速度播出；实用信息，包括路况信息、气象生活信息、经济股市信息等，要即时同步播出；国内外重要信息要第一时间告知。让听众坐在车中，知晓天下事，从而形成收听习惯，成为频率的忠实听众。

### 4. 加强听众互动

让听众参与节目，会使节目更具现场感。这是本土电台的优势，短信互动、热线电话、网上即时互动等方式，让听众成为节目的组成部分，缩短节目与听众的距离。省台、中央台当然也在做互动，但地域太广，听众参与难度较大。

### 5. 提升频率权威性

职能部门紧密合作，提升频率的权威性。交通广播的专业性，要求节目与当地的交警、交通、高速、运管等职能部门紧密合作。有他们的加入，能极大提升信息的权威性和频率的服务品质。现在台州交通广播每天都有高速交警为听众播报即时路况，每天都有支队的警官到直播室为听众提供咨询，并在交警支队指挥中心设有路况直播室。职能部门通过交通广播直接为听众服务，也是地市级交通广播突出本土性的重要标志。

### 6. 开展活动

通过活动的开展，节目与听众零距离接触，强化本土电台的贴近性。通过举办各种活动，不仅提高了频率影响力，也极大强化了本土电台的概念，使听众感觉到我们是真正在他们身边的"自己的"交通广播。台州交通广播每年举办的几十场活动，既提高了频率知名度，还成为频率创收的增长点。

## 三、注重娱乐性，打造最快乐的广播

现代媒体已进入娱乐时代，这是社会发展的产物，人们在物质需求得到满足后，就需要更多的精神享受。为大众提供精神食粮的大众媒体，首先要承担起娱乐大众的责任。湖南卫视、浙江卫视的崛起，走的都是娱乐兴台的路子。

作为广播媒体,其伴随性的收听特点,更要求给听众一种愉悦感,才能为听众所接受,说教式的播报已经过时。地市级交通广播的目标听众是有车族、移动人群,他们工作忙碌、生活紧张,在车上是他们难得的可以放松的时刻,需要以娱乐方式调剂一下。娱乐已经成为广播的第一功能,信息成了第二功能。地市级交通广播要突出娱乐性,风格要轻松,主持人要具备娱乐精神。打造轻松可乐的电台,是现代伴随性广播的客观要求。

音乐是广播的天然盟军,也是体现广播娱乐听众的重要手段和方式。音乐的韵律和节奏,能给人以极大的听觉快感。地市级交通广播要根据听众群的年龄特点,运用音乐这一重要元素。相声小品笑话讲求语言的魅力,也是广播的重要盟军。通过此类节目,让听众捧腹大笑或会心一笑,都能吸引听众对节目的关注。台州交通广播,每个小时都会安排3分钟的笑话节目《城市漫画》。

开办娱乐性的节目,通过主持人现场的娱乐化演绎,达到愉悦听众的目的,是打造快乐频率的关键。台州交通广播自2009年提出打造"快乐广播"的口号后,目前冠以"快乐"字头的节目就有4档,下午有《快乐晚高峰》、中午有《交通快活人》、傍晚有《快乐方向盘》以及外购的《哈哈可乐派》。随着娱乐性的增强,"快乐"节目越来越受到听众的喜爱,其收听市场份额在同时段节目中均排名第一。

在新闻性的节目中,也要求主持人融入娱乐的元素,让听众在娱乐享受的过程中,获得各种信息,知晓天下事。此外,还要注意节目的外形"包装",通过背景音乐等文艺手段包装外形,美化其在听众中的形象,使听众在接受信息的同时,能产生审美的愉悦感。频率的包装也很重要,标头、台呼以及广告的录制,尽量轻松明快,给人以愉悦之感。

总之,听众一打开地市级交通广播,就应给人一种充满快乐的氛围,让人拥有非常愉悦的心情。当然,这里要掌握一个度,快乐与闹是不同的。节目搞得太闹太俗,又是烦人的。

〔吕永坚:台州交通广播总监〕

· 策划大师 ·

# 创新做翼　爱心为怀
## ——记"三湘骄子·爱在中国——湖南省首届爱心名片征选"活动

唐建军

"三湘骄子·爱在中国——湖南省首届爱心名片征选"是湖南人民广播电台为庆祝新中国成立60周年以及湖南人民广播电台建台60周年而举办的一项大型公益活动。活动由"爱心广播"——湖南交通广播承办,得到共青团湖南省委、湖南省文明办、湖南省广电局、湖南省工商联、湖南省慈善总会、湖南省红十字会、湖南省青基会等单位的指导支持。活动历时近两个月,以一场庄严而隆重的颁奖典礼画上了圆满的句号。笔者作为承办单位的一员,有幸全程参与了此次活动的策划及运作,对于其间的几点创新之举颇有体会。

### 一、"爱心名片"活动落地

"三湘骄子·爱在中国"这八个字,既掷地有声,又意味深长。从字面意义来理解,这无疑是一个评选活动。但是近年来各种评选活动层出不穷,早已让大众感到审美疲劳,而2009年的"双百"人物评选以及第二届全国道德模范评选,更是牢牢占据了大众心理的主流位置。

如何为"三湘骄子"找一个支点,顺利实现"软着陆",是横亘在我们面前的一大难题。整个策划过程是一段"痛并快乐着"的奇妙之旅。经过反复论证,我们逐渐把思路聚焦到了一个点上——湖湘文化精神。"心忧天下,敢为人先"的湖湘文化精髓,其内核正是一种大爱情怀:从炎帝神农氏舍身尝百草到屈原上下而求索,从近现代史上伟人横空、英雄辈出,再到新中国成立以后爱心人物不断涌现,一批又一批浸润湖湘风骨的英雄儿女,用赤诚和大爱照亮了中国历史的天空。可以说,爱就是湖南最显著的标志,也是湖南最重要的"名片"。

由此,我们把活动命名为"湖南省首届爱心名片征选",通过挖掘和展示新中国成立以来在湖南企业、社团和普通大众中涌现出的具有标志性的爱心人物、爱心群体和爱心项目,彰显社会主流价值及时代精神。其间蕴涵的丰富历史内涵和人文精神,使活动具备了广阔的延展空间。

活动既要尊重历史,又要突出平民性,吸引大众的注意力,跳出众多评选的套路。活动策划将新中国成立以来的湖南籍"双百"人物、英模英烈、全国道德模范、感动中国人物作为爱心丰碑呈现,在他们伟大精神和光辉人格的感召下,湘江大地涌现了一批批爱国、爱民、爱家的平民英雄,在平凡的人生和事业中展现出时代精神和爱心风采。他们是"三湘骄子",是湖南展现给中国的一张张爱心名片。这样既较好地处理了历史与现实的关系,又增加了活动的厚重感。

## 二、融合出奇效

融合是此次活动的另一个突出特点。在传播手法上,湖南电台下属七大广播频道(新闻频道、交通频道、经济频道、文艺频道、超级893音乐之声、旅游频道、乡村之声)以及三大新媒体(网络广播、移动电视、手机电视)首次联袂组成超强的宣传方阵。对外则紧密联动湖南日报、湖南卫视、新浪网、新华网、长沙晚报、潇湘晨报、红网、湖南电视剧频道、长沙政法频道等省内外主要媒体。

特别是作为协办单位的湖南电视剧频道,从派出编导参与爱心寻访到VCR的制作,再到颁奖典礼的策划、筹备及现场导演、录制,均给予活动鼎力支持。从扁平式传播到立体式传播,从单一媒体到多媒体,这种"集合、整合、融合"的方式,使活动得到了全方位、多角度、深层次的展示。

融合的特点还体现在另外一个方面。活动虽然由湖南交通广播承办,却在短时间内集结了湖南电台大部分优秀人才及优质资源。这集中体现了湖南电台在"新广播,新融合"的大背景下,"整合资源办大事"、实现"整合升级、运作升级"的主体思路。

## 三、组建爱心寻访团,扩大活动影响

此次活动在宣传上的一大亮点,是组建了一支由15名广播记者和电视编导构成的爱心寻访团。爱心寻访团分赴全省及全国各地,广泛寻访爱心典型,深入挖掘爱心故事。

爱心寻访团不仅仅只是寻访爱心,还一路播撒爱心。二十几天时间,他们不辞辛劳、风雨兼程,在许多地方留下了爱心足迹。新疆寻访小组历经千辛万苦为八千湘女立起了一座纪念碑,圆了湘女们绵延半个多世纪的心愿;四川寻访小组积极为四川震区募集爱心物资,再次传递"川湘两地情,有爱一家亲"的温暖;西藏寻访小组克服高原缺氧的危险,为援藏事业献出宝贵生命的湖南援藏干部何文英举行祭奠仪式……这种"以宣传推动活动,以活动丰富宣传"的方式,使得整个寻访过程环环相扣、高潮迭起,牵动听众的心。

此外,"爱心故事展播"、"湖湘文化名人点评爱心名片"等线性节目的开设,也凸显了活动的爱心内涵及文化特色。

**四、举行颁奖典礼,礼赞平民英雄**

作为"压轴大戏",颁奖典礼无疑是检验整个活动成败的重中之重。

此次颁奖典礼区别于其他颁奖典礼之处,就是其特有的平民视角。晚会没有明星压阵,也鲜有文艺节目,却通过 VCR、主持人串词、记者讲述、现场访谈、颁奖词等元素,展现了一个个平民英雄丰富的内心世界和人性光辉。这种真切自然的表达方式,唤起了受众心中最朴素的情感,也留给人们经久不息的感动。

颁奖典礼的另一特点,就是别出心裁地请出湘籍感动中国人物、全国道德模范代表李丽、文花枝、杨怀保、任菲丽、洪战辉等为湖南爱心名片颁奖。他们更亲切、更有分量,同时也更好地体现了三湘大地爱心事业薪火相传、代不乏人这一主题。

颁奖典礼还有一个特殊环节,就是通过爱心寻访团记者的讲述引出一个个爱心故事。这种看似不经意的安排,不仅展示了广播记者的风采,还彰显了颁奖典礼的广播特色,实现了广播与电视的高位对接。

湖南省委常委、宣传部部长路建平在典礼现场这样评价:这个活动搞得很好,内容丰富、形式创新,这种公益活动与其传递的道德力量结合在一起,让大家受到了很好的感染。相信通过这一活动,可以进一步打造和提升湖南的形象,甚至是中国的形象、中华民族的形象。

〔唐建军:湖南交通广播策划〕

# "播出季",广播应用更精彩

## ——江苏交通广播网"播出季"企划的启示

常珩

现代广播人一直围绕听众进行着不懈的思考与探索,"窄播化"、"专业化"、"听众流"、"播出季"……媒介运营理念不断推陈出新。2010年新年伊始,江苏交通广播网(以下简称交广网)在经历了较长时间的探索后,在国内率先将"播出季"的理念应用在广播中,立足频率定位和受众需求,瞄准全年宣传任务和工作目标,生产和播出具有特定历史背景和主题的节目,并辅以特色活动作为支撑,向听众展现"播出季"订制内容的独有魅力。

"播出季"的概念源于电视编排方式,指"电视播出机构按照观众的收视作息和收视习惯,以及收视波动而划分的电视播映季节"。"播出季"在美国电视业界非常流行,如"演季"、"赛季"等,每年9月中旬至次年4月下旬这段时间是无线电视网所划定的一个黄金播映季节,也就是所说的"季"。源于美国"季"的概念在国内电视的借鉴与运用过程中,衍生了"播出季"的模式。这个"季"指一个周期、一个时间节目的计量单位,如元旦、春节、"两会"期间、"五一"、高考期间、"十一"等,绝非按时间和日历划分的一年四季,它是从媒体自身的资源入手,在了解听众收听规律、消费习惯、生活形态等呈现季节性变化的基础上,进行频率的资源配置、节目安排、广告经营等适应性调整,这是"播出季"的核心价值。

电视的"播出季"概念应时、应景性价值高于节目播出本身,取悦观众的色彩尤为突出。"播出季"本身对于广电媒体有着普遍意义的启示:首先,节目生产具有非常强烈的针对性和现实性,不是闭门造车、自娱自乐,而必须考虑市场需求,对现实的和潜在的受众进行广泛调研,从而制作受众喜闻乐见的节目,包括节目形态和内容;其次,"播出季"围绕特定的主题和思路,量身打造丰富多彩的节目与独特的内容板块,彰显媒体的个性特征。再次,形成受众的惯性思维和收听习惯,"播出季"在节目和受众之间形成约会、期待的心理和意识,从关注特定的节目单元转而关注相关节目甚至全天节目，媒体具有品牌号召力的节目可以把大量的受众固定在该媒体上，从而带动"短板"节目的营销。

借鉴"播出季"概念，广播的应用更加富于变化，且意义深远。广播的节目制作与播出具有很强的时效性，现行的节目尤其是交通广播的节目多以直播为主，直播节目可以较好地放大"播出季"的播出效果。一般而言，广播节目的采编播录主要是从节目自身的独特形式出发，节目创作人员较少关注同一频率其他时段的节目。在很多电台尤其是交通广播的节目表中，无一例外地都在整半点时段穿插播报路况信息。当然，这主要是由交通广播的特殊性所决定的。在其他类型广播频率中，新闻资讯成为主要的结构单元，连接不同形式和特色的节目内容。有了这样的串联，节目才有了局部的整体性，但就频率节目的完整性而言，还是显得呆板，还是"各人自扫门前雪"，较少顾及整体利益。从这个角度来讲，引进"播出季"的概念和操作范式，可以较好地改善这种状况。我们以江苏交通广播网的"新春季"为例，尝试说明一二。

交广网2010年创新推出"播出季"节目编排，着力打造有影响力和固定播出模块的"广播季"系列，积极应对不同收听市场的需求，创造有交广网特色的广播节目播出形态。针对出行人群，"新春季"分期推出"新春季送平安"、"新春季送爱心"、"新春季送吉祥"、"新春季送温暖"、"新春季送祝福"等五个"关爱"系列，送出了交广人的祝福和关怀，使得交广网的品牌形象更加深入人心。

春节期间，交广网记者、主持人主动放弃休假，向奋战在各条战线的交通人送去吉祥和温暖。交广网特别订制的车载虎年幸运挂件为本命年的车友送去了祝福，坚持春节期间走上街头慰问一线值班交警。2010年繁忙的春运期间，又逢寒冷天气，交广网为公路、铁路、民航等交通战线的工作者送去了暖宝。礼轻情义重，当这些饱含着交广人热情和温暖的礼物送到交通同仁手中时，声声感动在交广网的电波里弥漫。当所有人都赶着回家过春节的时候，总有一批人留守在工作岗位，交广网没有忘记他们。大年初一恰逢"情人节"，交广网兵分三路，全城撞福星、送虎符、送围巾，送人玫瑰手留余香，交广网节日期间的作为得到了广大听众的交口称赞。

春运高峰期间，冰雪交加，交广网启动灾害天气应急报道预案，多路记者积极发扬"勇担责任、连续作战"的精神，分赴各交通关口，多频次、高质量地播发路况资讯，传达权威部门的出行提示，实时发布交通信息。"听网路路通，出行好轻松"，交广网应对灾害天气的作战能力得到了省级宣传主管部门的赞扬，更成为出行人群不可或缺的陪伴。

时刻把听众铭记心间，让节目与听众互动。节日前后，交广网特别录制听众祝福，在新春节目中播放。全省各地听友纷纷响应，竞相通过交广网电波传达对亲人、朋友的新年祝福与关心,也通过交广网互致问候,成为新春收听市场的又一大亮点。交广网还着力倡导营造主持人和听众一起过年的氛围,得到员工的积极响应,双座主持、主题突出、形式多样,成为交广网春节特别节目的亮点。

"新春季",交广网还特别呈现了大型公益"送爱心"行动。交广网倡导发起的全国首家以电台命名的爱心基金项目——交广网"绿岛交通意外爱心救助基金"于2月3日至5日在全省送爱心。特派记者与交广网爱心车队的队员们在各地交巡警支队的配合下,短短三天时间里奔赴无锡、泰州、南通、盐城、淮安、徐州等8个城市,为24位交通肇事逃逸案中的受害家庭送去3000至8000元不等的绿岛救助款。

交广网打造的"新春播出季",突出了新春、幸福、祥和与爱的主题。围绕这一思路,从节目到资讯、活动、形象宣传,都将此主题放在优先位置,一切工作都循着这根主线有序开展,在全体员工中张扬了一种同舟共济、幸福过年的氛围。在完成正常工作部署之外,员工的精神也得到了陶冶与升华。

交广网节目"播出季"取得了初步成效,紧随而至的三月"春风季"趁热打铁、水到渠成。围绕"学雷锋日"、"妇女节"、"植树节"、"世界警察日"以及"消费者权益保护日"、"世界水日"等纪念日,诸项宣传与报道、活动缤纷亮相、持续跟进。交广网全省爱心车队学雷锋又掀新高潮,倡导听众为身边女士送礼物彰显交广网人文精神,交广网爱心林正式落地江苏常熟。"3·15"公益行动又添新色彩,机动车维修企业评定网上征信、"为您的爱车当好贴心管家"样板示范活动、"我是信誉维修店,请您为我来评选"等活动次第登台,为广大车友维护合法权益搭建新的平台。"3·15"当天的节目也特别呈现。3月28日交广网明星主持人走进常熟尚湖,带领2万余名听众共赴牡丹花会,共同唱响春天的主旋律——三月"春风季"春风拂面暖人心,交广网服务总关情。

交广网对"播出季"的应用,更加体现了广播媒体对"季"的深刻理解和把握。

首先是与自然时令、节令的有机关联和契合。交广网对时令、节令的掌握更加凸显媒体的服务意识。以服务出行人群为己任,从节目设置、资讯选择到落地活动都贯穿着这样的思想。汽车服务类节目是汽车人群的收听首选,更成为从"可听"节目到"必听"节目的转换枢纽。交广网"春风季"运作的江苏汽车服务月项目就为广大驾车人提供了良好的互动与沟通平台,是汽车消费者的维权渠道。"3·15"是交广网三月春风送暖的有力抓手,以此为杠杆,"春风季"系列弹奏着这个春天最温情的音符。

其次是全天线性直播,形成有效收听链。"播出季"破除了主持人和单一节目各自为政、自成一统的狭隘局面,一定程度上拉动了收听"短板",有效解决了"二八"难题,发挥了名牌节目的优势效应,给受众整体性的认知与持续收听的吸引力,带动了节目之间的融合。音乐节目不再是孤芳自赏,娱乐节目不再是简单的互动调侃,新闻节目也将目光收回,审视并关注媒体自身的活动。全天节目整合,全方位出击,带来意料不到的效果,在二三月收听淡季,交广网收获了不断攀高的收听曲线。央视索福瑞南京地区收听率数据显示,交广网市场占有率7.92%,到达率为13.39%,在计入调查的南京广播市场25个频率中排名第五。数字见证了"播出季"对广播受众主动收听、持续收听的积极作用。

再次,节目主题突出,衔接自然流畅,配合紧密,有利于影响力的扩大。以交广网"新春季"为例,春节前发生在苏皖边界的一起交通事故通过一个听众的求救电话引起了交广网全天节目的持续关注。从接进求救电话到电波呼救,从协调公安、交通部门到听众提供线索,再到交广网现场施救……全天节目前后连贯、一气呵成,引起了警方的高度重视,最后成功实施了营救。节目中始终贯彻着交广网服务春运、服务出行、服务路上人群的宗旨,扣人心弦、感人至深,交广网的公益形象得到了最好的延展。

值得一提的是,"播出季"节目运作还促进了团队文化建设。"播出季"是有机统一、全面部署的工作,分工协调,主题鲜明,整体优势得以更好发挥,形成了整体战斗力。这样既达成了员工之间的沟通、理解,又实现了形象的有效推广,打造了媒体的影响力、提高了收听率,一举而四得,让人拍案叫好。

以受众为中心,以编排为策略,应"季"而动,及早策划;按"季"统筹,组织生产;以"季"为量,精心编排;按"季"播出,前后相承。交广网在成功实施"新春季"、"冰雪季"、"春风季"、"政治季(两会)"、"突发季(旱灾、地震等)"等基础上,"世博季"、"考试季"、"足球季"等"播出季"节目筹划缤纷出炉,必将又一次引领收听市场和关注浪潮。

〔常珩:江苏交通广播网总监〕

# "马路天使"开辟交通广播线下活动新模式

黄 桢

作为上海东方广播有限公司倾力打造的品牌活动,首届"马路天使"上海交通广播路况主持人选拔大赛旨在为热爱广播事业的年轻人打造展示自我的平台,同时为上海交通广播选拔具有年轻活力的新鲜血液。

## 一、"马路天使":一个非凡创意,引发多方关注

此次"马路天使"上海交通广播路况主持人选拔大赛制造了上海今夏最热的广播选拔盛事,大赛全程历时2个月,经历海选、网络晋级复活赛以及广播直播PK赛。9月12日的总决赛中,在最终20位入围选手中评出了5名"天使"。她们成为上海交通广播签约路况节目主持人候选人,以实时实地播报路况的方式,增进交通广播与听众之间的交流。冠军还获得了价值10万元的轿车一辆。

为增加比赛的可看性,上海交通广播还别出心裁地设置了五大个性色彩——火辣红、典雅紫、可爱粉、清新绿、帅气白,所有报名者可以根据自身特点选择参赛组别。

为吸引更多年轻人的目光,交通广播还请来了香港著名歌星阿Sa(蔡卓妍)担任本次大赛的代言人。一时间,阿SA身着白裙、插着翅膀、带着自信微笑的海报贴满了上海的大街小巷。

此外,上海交通广播所属的各部门还联手提前数月精心制订了详细的宣传计划。从6月份起,除了在本台各档节目投放大量的宣传片外,上海交通广播还联合电视、广播、网络、报纸、杂志等各兄弟媒体,全面投放广告宣传,为活动呐喊助威。在成功的宣传攻势下,"马路天使"未赛先热,成为不少市民口中的热议话题。

## 二、全台协力:两个月激烈赛事,打造专业路况主持人

经过一系列紧锣密鼓的造势活动后,大赛终于在7月9日正式拉开序幕。根据赛

事安排,7月12日至8月8日为报名阶段,8月9日至13日官网票选入围,14日至15日进行海选,20日至24日进行网络复活赛,8月26日至9月4日电台直播PK赛,9月12日决赛。

由于事先进行了充分的准备和宣传,活动成功吸引了大批市民的关注,报名人数直线飙升,短短几天就达到了惊人的1200多名。

8月14日早上9点整,海选准时开始。正当一切顺利进行之时,突然传来消息,为哀悼在舟曲泥石流灾害中的遇难同胞,国务院决定,8月15日举行全国哀悼活动,并停止公共娱乐活动。这意味着两天的海选,必须集中到一天完成。可是临近中午时分,还有600多名选手还没通知,原定的场地到晚上6点就必须结束。"这怎么来得及啊?"交通广播总监李亦工召集各合作伙伴,召开了一个现场紧急办公会议。经过协商,大家一致决定:除了正在进行面试的各位评委,所有人立即行动起来,动用一切手段、方法,紧急通知原定第二天参加比赛的选手,立即赶来参赛。交通广播的全体人员,再晚也会在现场等待她们。实在来不及赶来的参赛选手,可以安排在8月16日、17日到广播大厦继续比赛。

海选之后,交通广播的工作人员又马不停蹄地投入到复赛中。经过反复筛选和比较,交通广播选取40名选手进入了复赛。

根据赛制安排,40位"准天使"在经过交通广播的精心培训后,走进了神秘的广播直播间,通过直播节目比拼声音、智慧与魅力。同时,她们在繁忙的早晚高峰时段走上街头,为广播听众发回第一手的路况资讯,接受行人、交警与协管员的多重考验。为确保比赛的公正性,40进20的比赛结果根据多方评委意见综合得出。

经过10天电波激战,20位选手成功杀出重围,挺进了决赛。这一过程中,交通广播人又花费了不少心血对选手进行指导、培训和管理。看到选手们距"马路天使"的要求越来越近,大家都感到非常开心。

复赛结束后,就是最重要的决赛了。为了打好9月12日的决赛战役,交通广播再次召开部门动员会议,属下的各部门也投入了紧张的筹备工作中。大家群策群力,为比赛设置了许多令人耳目一新的环节。

决赛定在9月12日晚6点至8点半进行。为确保决赛顺利进行,早上不到10点,大家就已经赶到现场,进行各项准备工作。经过初赛和复赛的重重考验,以及交通广播主持人近一个月的专业指导,20位晋级选手的综合能力相较初赛时有了质的飞跃,彼此水平也相当接近。因此,当晚决赛从一开始就进行得异常激烈,过程更是跌宕起伏,充满悬念。

值得一提的是,交通广播邀请的评委阵容也异常强大,由著名歌星沈小岑、电视主持人谷永立、交警总队警官温和、著名播音员方舟、交通广播总监助理黄桢等组成的跨专业评审团，或以麻辣的风格、犀利的言语，或以渊博的知识、独到的眼光对选手们的表现作出了全方位、多角度的精彩点评。交通广播还从全市范围内抽取了41位热爱广播事业，一直关注交通广播的热心听众，组成大众评审团参与评分。由于事先做了大量的预案，整个决赛过程高潮迭爆，精彩不断，吸引了现场大批市民的关注。

上海交通广播对决赛进行了现场直播，无法亲临现场的广大听众通过电波第一时间感受到现场火爆的比赛场面。当天的短信平台上，关于比赛的短信达到了1000多条。大家纷纷留言，盛赞比赛的激烈与精彩。上海电视台也对比赛进行了录制播出。

### 三、硕果累累：一个全新模式，开辟交通广播线下活动新思路

本次选拔大赛持续时间长、媒体关注度高，活动期间邀请的媒体超过120家。其中，《解放日报》《新闻晨报》《东方早报》《青年报》等平面媒体发布信息超过50条，新浪、百度、优酷等网络媒体发布信息40余条，电视媒体播出报道11条。这些信息和报道全方位地展示了"马路天使"这一活动，在广大上海市民中引起热烈的反响。国庆长假期间新娱乐频道又对"马路天使"总决赛的实况进行了录播，一时之间"马路天使"成了街头巷尾热议的话题。

在收听率方面，自从"马路天使"活动开始以来，交通广播的收听率节节攀升。在40强进20强的电台PK赛的十天中，全天收听率一度达到了0.36%，比活动开始前的收听率0.3%提升20个百分点，创造了交通广播近几个月来收听率的新高。

在经营方面，活动开展的两个月内，交通广播的广告签约量和金额明显上升，其中单月广告签约额达到1200万元，创造了上海交通广播有史以来的新高。上海大众投入了100万元全程赞助了此次路况主持人选拔活动。而在活动过程中，沪上知名早餐品牌"永和豆浆"以50万元的价格成功冠名"马路天使"火辣红组，成为第一个使用"马路天使"这一品牌的广告客户。

通过这次"马路天使"选拔大赛，交通广播成功吸引了大批年轻听友和女性听友，体现了交通广播与时俱进，年轻化、时尚化的发展趋势，突出了上海交通广播的品牌效应。脱颖而出的"天使"将驾驶贴有上海交通广播标识的路况报道车穿梭在上海的大街小巷，实时播报路况信息，更好地提升交通广播的实时性、专业性、功能性，为驾车一族提供最有效的路况信息，从而增强听众的忠诚度，累积良好的口碑，吸引更多听众的

关注和参与,进一步提升上海交通广播的收听率,扩大交通广播的品牌知名度及社会影响力。

历时两个月的"马路天使"交通广播主持人选拔赛,为交通广播线下活动带来了一个全新的模式。

〔黄桢:上海交通广播总监助理、主持人〕

· 活动探微 ·

## 爱心中国　惠民服务　传递友情
——"爱心中国·全国交通广播爱心送考联盟"大行动侧记

严　昕　蔡　红

2010年6月6日上午9时18分,由湖南交通广播发起,湖南人民广播电台、湖南省文明办、中国广播电视协会交通宣传委员会主办,全国交通广播共同承办的"爱心中国:全国交通广播爱心送考联盟"大行动启动仪式在湖南长沙隆重举行。湖南省人大常委会副主任肖雅瑜,中共湖南省委督办专员、省记协主席李凌沙,湖南省委外宣办主任孔和平,湖南省文明办主任宋智富,湖南广播电视台第一副台长张华立,中国广播电视协会交通宣传委员会常务副会长兼秘书长潘力,湖南省公安厅交警总队总队长杨琪君,湖南广播电视台副台长罗毅、陈大军、聂玫,南京广播电视集团广播中心副主任汪湃,以及重庆、福建、湖北、湖南、南京、石家庄、鄂尔多斯、吉安等省市交通广播总监出席仪式,全国53家交通广播现场同步直播。

湖南交通广播总监刘薇首先代表主办方致辞,衷心感谢中国广播电视协会交通宣传委员会、各地交通广播以及社会各界对活动的大力支持,并向与会代表介绍"全国交通广播爱心送考联盟"的相关情况以及湖南交通广播十年"爱心送考"的经验。

刘薇说,湖南交通广播从爱心送考到爱心送学,从爱心助学到爱心就业,从"爱心专列到北京"到"三湘骄子·爱在中国",环环相扣的爱心系列活动,让成千上万的人以"爱"的名义相伴相行,同时也成就了湖南交通广播"爱心广播　平安调频"的美誉。2010年,爱心之旅也将全新出发。我们和交警一起奏响"送考"、"让考"、"护考"爱心三重奏,为高考考生保驾护航。同时,在中国广播电视协会交通宣传委员会的指导下,参与全国爱心送考大联盟的53家交通广播一起,让爱心送考出现在全国每一个需要的地方。

随后,中国广播电视协会交通宣传委员会常务副会长兼秘书长潘力与来自重庆、福建、湖北、湖南、南京、石家庄、鄂尔多斯、吉安等省市交通广播的总监共同触动水晶球,启动"全国交通广播爱心送考联盟"。

潘力秘书长在讲话中指出,全国53个省市交通广播在高考的同一时刻报道爱心送考情况,这是交通广播"拓展区域联合、坚守社会职责、致力公益事业、打造服务媒介、赢得爱心广播"的又一次全国性的大联动。他说,交通广播爱心送考活动经过10年发展,把社会公益活动当做生存之本,以良好的媒介信誉和品牌形象赢得了社会的认可。全国"爱心送考联盟"大行动,是一件非常有意义、有价值、影响深远的大事情。希望"全国交通广播爱心送考联盟"大行动的所有播出机构,在随后两天的高考期间,切实为高考学生及家长提供细致、周到的服务,为开创中国交通广播公益事业的新篇章而努力。

开幕仪式上,还举行了"爱心送考十年感动人物"颁奖典礼。获奖的10位"爱心送考十年感动人物"都是从10年来全国参与爱心送考的爱心人士中层层推选出的优秀代表。他们身份各异,来自社会不同行业和阶层,他们的爱心行动感动并激励着更多的人参与到这份爱的事业中来。

湖南广播电视台第一副台长张华立和副台长罗毅在颁奖典礼后的现场发言中肯定了湖南交通广播在爱心公益事业方面的成就和贡献,也感谢社会各界爱心人士对湖南广播电视台的支持,鼓励湖南交通广播继续将这份爱心扩展开来、延伸下去。

最后,湖南省人大常委会副主任肖雅瑜宣布"爱心中国·全国交通广播爱心送考联盟"正式启动。

在欢快的乐曲声中,参加启动仪式的爱心车队承载着全国交通广播人的爱心正式起航,驶向湖南,驶向全国,将爱心在中华大地播撒。

2010年的"爱心送考"是一种爱的延续。湖南交通广播用10年延续这份爱心的承诺。10年来,共有超过100万爱心人士参与了这场大型爱心大接力,约有600多万高考考生在一路爱心的陪伴下顺利进入考场。"爱心送考"活动被新华社誉为"声动全国的湖南爱心名片"。

2010年的"爱心送考"也是一次爱心的扩展。湖南交通广播与中国广播电视协会交通宣传委员会共同发起,联合全国53家交通广播共同组织"爱心中国·全国交通广播爱心送考联盟"。在高考期间,全国交通广播倾情为全国高考考生服务。

## 一、关注交通拥堵和校园安全问题,"爱心送考"活动功能全面升级

2010年的"爱心送考",湖南交通广播联合奏响"送考"、"让考"、"护考"爱心三重奏:"平安小精灵"爱心送考绿色车贴让考生们一路畅行;高考期间,联动长沙市公安局和长沙市出租车社会治安联动防控体系,为高考保驾护航;以爱心应急车队志愿者为

主体,为考生提供应急服务。

2010年高考期间,在湖南交通广播的倡议下,长沙市建设系统也加入到"爱心送考"行列,各施工单位将实行降噪、降尘,为广大考生提供一个良好的高考环境。此外,针对长沙地铁建设造成的拥堵和不便,湖南交通广播还将发布《地铁出行服务手册》。倡议市民少开车,多选择公共交通工具、骑自行车绿色出行,真正实现城市畅通。

### 二、启动"全国交通广播爱心送考联盟","爱心送考"活动影响全面升级

2010年,中国广播电视协会交通宣传委员会、湖南省文明办、湖南人民广播电台携手全国交通广播共同组建"全国交通广播爱心送考联盟",倡议6月7日、8日为"全国爱心送考日"。在6月7日至8日高考期间,全国交通广播将在53个城市同步开展爱心送考服务。"全国交通广播爱心送考联盟"的建立,不但增强了交通广播爱心媒体的公益形象,扩大了交通广播的影响力,还有效整合了全国"爱心送考"活动资源,将公益品牌的影响力进一步放大。

### 三、挖掘爱心典范、倡导和树立良好的社会风尚,"爱心送考"活动价值全面升级

在"爱心中国·全国交通广播爱心送考联盟"启动仪式上,10位来自重庆、福建、湖北和湖南的爱心人士经过层层推选,成为"爱心送考十年感动人物"。仪式现场,他们在鲜花和掌声中走上红地毯,接受了"全国爱心送考十年感动人物"的崇高荣誉。

10年的"爱心送考"掀起了一股"感恩、奉献、友爱、互助"的爱心洪流。广大学子在爱心的感召下,纷纷加入到这场"爱心大接力"中来,成为加强思想道德建设的成功案例。

### 四、推出"芒果radio爱心中国"公益媒体品牌,"爱心送考"活动品牌全面升级

10年路程,湖南交通广播先后开发出多项爱心系列活动。从爱心送考到爱心送学,从爱心助学到爱心就业,从"爱心专列到北京"再到"三湘骄子·爱在中国",这些环环相扣的爱心系列活动,成就了湖南交通广播"爱心广播、平安调频"的美誉。

在2010年"爱心送考"10周年之际,湖南人民广播电台以湖南广电第三轮改革为契机,全面整合旗下资源,启动"芒果Radio爱心中国"品牌战略,希望继湖南卫视"快乐中国"之后,为湖南广电打造第二张享誉全国的"爱心中国"的广播媒体品牌,推动中国广播改革进程。"全国交通广播爱心送考联盟"大行动是全面提升广播品牌的一次有益的实践之旅,会对全国交通广播产生积极的影响。

〔严昕、蔡红:湖南交通广播编辑〕

# 聚首生态井冈　共谋自驾游发展大计
## ——"2010 首届中国井冈山国际杜鹃花节暨全国交通广播自驾游赏花"活动侧记

贺灿玲

　　生态井冈，杜鹃盛开；红色摇篮，春意盎然。在这好雨知时节的初春，"2010 首届中国井冈山国际杜鹃花节"在革命圣地井冈山隆重举行。全国政协常委、江西省政协副主席陈清华，中国广播电视协会秘书长张莉，中共吉安市委副书记、市人民政府市长王萍，吉安市委常委、井冈山管理局党工委书记、局长、井冈山市委书记、市长梅黎明，中国广播电视协会交通宣传委员会常务副会长兼秘书长、中国传媒大学广播产业研究所所长潘力，吉安市人民政府副市长李庐琦等领导出席此次国际杜鹃花节开幕式，来自全国 25 家交通广播的代表、交广汽车俱乐部自驾游团队和中央、地方新闻媒体、海内外游客齐聚五彩井冈，共襄盛举。

　　2010 年 4 月 18 日上午 8 点，"2010 首届中国井冈山国际杜鹃花节"开幕式在井冈山茨坪体育场举行。虽然天空下着濛濛细雨，但体育场内几乎座无虚席，来自海内外的嘉宾和游客翘首以待盛会的召开。在精彩的文艺表演后，吉安市人民政府副市长李庐琪主持开幕式并宣布首届杜鹃花节开幕，吉安市委常委、井冈山管理局党工委书记、局长、井冈山市委书记、市长梅黎明，中共吉安市委副书记、市人民政府市长王萍先后致辞，对参加首届国际杜鹃花节各界嘉宾表示热烈的欢迎，并希望借本届国际杜鹃花节开幕之机共谋红色旅游发展大计。随后，中国广播电视协会交通宣传委员会常务副会长兼秘书长、中国传媒大学广播产业研究所所长潘力代表全国交通传媒行业向吉安市委常委、井冈山管理局党工委书记、局长、井冈山市委书记、市长梅黎明交接"中国自驾游首选目的地"匾牌。最后，出席开幕式的领导共同为首届中国井冈山国际杜鹃花节开幕剪彩。

　　开幕式结束后，与会领导、嘉宾以及海内外游客沿中心马路观赏杜鹃花廊，从小广场转过翠湖"花径"，到旧居门口观看"大井冈"旅游展，并到星街观赏民俗文化展。随后，与会代表一起前往笔架山观赏十里杜鹃花。

下午13：30，中国广播电视协会"爱国主义教育基地"揭牌仪式在井冈山革命博物馆举行。中国广播电视协会秘书长张莉，井冈山管理局党工委书记、局长，井冈山市委书记、市长梅黎明，中国广播电视协会交通宣传委员会常务副会长兼秘书长潘力，井冈山管理局党工委书记、副局长刘晓明，井冈山革命博物馆馆长肖邮华等领导以及来自中国广播电视协会、中国广播电视协会交通宣传委员会、井冈山革命博物馆以及全国交通广播的代表参加揭牌仪式。中国广播电视协会秘书长张莉在揭牌仪式上指出，井冈山是中国革命的圣地，此次井冈山之旅是继2009年延安之旅之后全国广播人又一次朝圣之旅、寻根之旅、红色之旅。而井冈山革命博物馆既是展现井冈山革命斗争的窗口，也是井冈山精神外化的物质载体，在这里建立中国广播电视协会"爱国主义教育基地"对全国广播电视从业者来说意义重大。随后，张莉秘书长、梅黎明市长共同为"爱国主义教育基地"揭牌。

下午14：30，作为此次国际杜鹃花节的一项重要内容——"井冈山红色旅游国际化暨红色培训模式发展"论坛在井冈山景泰宾馆召开。来自政府、传媒业界、学术界的专家、学者就如何拓展井冈山旅游产业，提升井冈山旅游品牌的国际影响，共谋红色旅游发展大计发表了各自的看法。

吉安市委常委，井冈山管理局党工委书记、局长，井冈山市委书记、市长梅黎明到会致辞，亚太旅游联合会营销策划委员会主任张建兴，中国广播电视协会交通宣传委员会常务副会长兼秘书长、中国传媒大学广播产业研究所所长潘力教授，江西省旅游局副巡视员、红色旅游专家曾宜富，中国红色旅游网总编辑、新华社高级记者江山，苏州同程旅游网络科技有限公司CEO吴志祥，江西省委组织部井冈山党员干部培训中心主任、博士后裴鸿卫等专家学者发表了主旨演讲。他们从各自的专业视角出发，为井冈山开发红色旅游、打造国际化旅游品牌建言献策。论坛由江西师范大学田勇教授主持。

吉安市委常委，井冈山管理局党工委书记、局长，井冈山市委书记、市长梅黎明在致辞中指出，井冈山是中国革命的摇篮，是中国革命胜利之源，是中国共产党人的精神家园。它的历史文化红得让人陶醉，而其绚丽多彩的自然风光，是海内外朋友旅游休闲的最佳去处。他强调指出，井冈山旅游发展的实践告诉我们，红色旅游要以红色文化为灵魂、红色文化要以红色旅游为载体，走多元化、开放型是红色旅游发展之路。井冈山人民将以此为新的起点，以"红色摇篮、绿色井冈"为品牌整合旅游资源，把旅游业做大做强，把井冈山打造成国内一流、国际知名的中国红色旅游首选地和观光休闲度假会展胜地。

在谈到井冈山如何在创新发展过程中保持红色旅游的领军地位时，梅黎明市长提出，旅游与文化密不可分，井冈山旅游发展离不开、也不能离开井冈山的红色文化。因此，井冈人将培育自己的责任意识，以坚定的理想信念共同打造面向世界的国际品牌。

中国广播电视协会交通宣传委员会常务副会长兼秘书长、中国传媒大学广播产业研究所所长潘力教授在题为《传媒与政府合作，实现自驾游模式共赢》的主题演讲中指出，媒介以其传播的有效性和影响力，成为人们获取资讯的重要渠道，加强政府与传媒的合作，是实现井冈山自驾游运营模式的有效途径。为了促进旅游产业的发展，可以借助各地交通广播和所属汽车俱乐部、车友会进行跨省、市、区的"风情游、采风游、探秘游、寻访游"等，吸引更多的自驾消费者关注这张红色的城市名片，使"中国自驾游首选目的地"成为吸引全国自驾游的红色乐园。

在谈到如何打造"井冈之旅自驾游"合作共赢的运营模式时，潘力指出，要从文化创意产业角度寻求红色之旅的突破口，强调以"花"为媒、以"生态"为纽带，对当地非物质文化遗产的价值进行总体设计、策划、包装。把常态化与国际化的节庆活动作为带动井冈山经济发展的有机组成部分，让更多的有车族有多样化、差异化、个性化、特色化"红色旅游产品"的选择。同时，加强与传媒、传媒高校的深度合作，使井冈山城市品牌成为人们的常议话题，最终让"市场检验得失，让效益连接交广，让联动创造影响，让合作实现共赢"。"井冈山红色旅游国际化暨红色培训模式发展"论坛演讲间隙，演讲嘉宾们还回答了中外记者的提问。

在为期一个月的"2010首届中国井冈山国际杜鹃花节"期间，还将举行"井冈杜鹃红——井冈山风光暨杜鹃花摄影大赛"、"革命摇篮地，井冈杜鹃红"十大城市自驾游活动以及杜鹃民俗文化展示、"井冈杜鹃美，红歌大家唱"等系列丰富多彩的大型主题活动。

〔贺灿玲：中国传媒大学2009级新闻学研究生〕

# 跨时空、跨地域的有益尝试
## ——全国交通广播《千里飞越武广线》大型直播节目侧记

熊江泳

2009年12月26日,备受世人瞩目的京广高速铁路武广段正式开通营运。京广高速铁路武广段是国家中长期铁路网规划的重要组成部分,位于湖北、湖南、广东三省境内,线路全长1068.6公里,采用世界上最先进的国产"和谐号"高速动车组系统,列车时速350公里,是迄今为止世界上一次建成里程最长、运营速度最快的高速铁路。它的开通营运标志着中国中心城市之间的交通进入了"高铁时代"。

为了记录这一具有划时代意义的历史时刻,在中国广播电视协会交通宣传委员会的统一领导和协调下,湖北楚天交通广播、羊城交通广播、湖南交通广播联合制作,全国30家交通广播跨区域联动,推出了全国交通广播特别直播节目《千里飞越武广线》。在制作这次时长4小时15分钟的特别直播节目过程中,三家制作单位共出动了11名主持人、25名记者,技术保障及综合协调人员十余人,搭建主、分直播室5个,节目中为全国各兄弟电台提供连线报道40余次。中国广播电视协会交通宣传委员会常务副会长兼秘书长潘力对此次直播活动给予了高度评价,称之"给中国交通广播行业吹来了一股求真务实之风、团结协作之风、创新进取之风",为全国交通广播的同行提供了一个很好的范本,希望类似的直播活动在今后交通广播的合作中经常出现,为中国交通广播的持续发展注入强劲的动力。

作为一名自始至终参与其中的当事人,纵观此次直播活动的全过程,颇有一些感慨:一是感慨直播活动过程之艰辛,二是感慨交通广播同仁之团结,三是感慨此番创新尝试之成功。

由于京广高速铁路武广段的通车营运举世瞩目,海内外关注此事件的媒体如"过江之鲫"。从2009年10月中旬开始,广播、电视、报纸、通讯社、网络等海内外各种媒体就各显神通、厉兵秣马,准备争夺这2009年的最后一块"蛋糕"。铁路部门考虑到施工工期、营运时机等因素,也对列车首发事宜三缄其口。比如,在12月初,仅首发日期就有12月20日和26日两个版本,莫衷一是;到了12月中旬,列车首发仪式的举办地也是雾里看花,武汉?广州?长沙?铁路部门在临近首发日的24日,才对外公布首发列车在第一站台,而这个时候留给我们搭建现场直播室的时间只有24个小时了。

在如此激烈的竞争中,如何发出交通广播洪亮的声音?刘邓大军当年千里跃进大别山的时候,有一句著名的战斗口号:狭路相逢,勇者胜。如今要"千里飞越武广线",面临的形势同样要求我们奋勇争先,勇往向前。

为了争取铁路部门的大力支持,三家交通广播在11月初就分别向武汉铁路局和广铁集团递交了申请直播的专题报告,并得到了铁路部门的支持,武汉铁路局还将楚天交通广播递交的全国交通广播直播方案纳入了该局的正式宣传计划,在现场采访准入、现场直播室搭建、首发列车采访证发放等方面予以了特别支持,使交通广播抢占了此次新闻竞争的制高点。在首发日,三家交通广播进入列车首发现场的记者、主持人、技术人员是广播行业里最多的,并成功在时速高达350公里的列车上搭建了唯一一个现场临时直播室,极大地丰富了特别节目的形式和内容。

在解决了采访准入的难题以后,如何把现场信号从火车站和高速列车上传递出来,就成为技术部门"攻关"的重点。武汉火车站由于是新建伊始,还没有开通任何固定电话线路。我们通过铁路部门与电信部门紧急磋商,终于在25日夜开通了一条临时固话专线,技术部门还同时启用了微波传输、卫星传递等两套备用方案,确保现场信号稳定的传回主直播室。12月10日,我们的特别测试小组登上国产"和谐号"动车组(Ⅲ型),测试极速列车可能给直播带来的影响。结果发现,过高的速度和繁多的隧道都会给列车上的无线信号带来极大的影响,一次信号稳定传输的时间不可能超过3分钟。这次实地考察促使我们改变了预案,把原定的列车直播室全程直播方案调整为:以楚天交通广播直播室为主直播室,以湖南、羊城交通广播直播室以及列车始发地的新武汉火车站、首发列车临时直播室为分直播室,并将原定列车直播室全线直播内容安排到首发列车的发车和达到时段,尽可能地利用列车低速时段传递信号。后来的实践证明,这样的安排使列车直播室信号得以稳定传输,内容生动鲜活,成为整个直播节目一道亮丽的风景。

采访准入解决了,技术传输手段确定了,万事俱备,只欠东风。这个"东风"就是此次节目的核心部分:节目文案。由于此次直播节目预计时长4个多小时,空间跨3个省,节目内容包括三地的交通、经济、文化、旅游等多个领域,节目主持工作5个直播室主持人分别承担,节目文案的策划、撰写、整合就成了整个活动的重中之重。

早在国庆节后一上班,楚天交通广播就与羊城交通广播进行了频繁有效的沟通,积极谋划直播方案。10月22日,羊城交通广播副总监梁柱、记者陈振雄来到武汉,与楚天交通广播共同商议京广高速铁路武广段通车事件的报道方案,对联合直播文案、与铁路部门协调、技术保障等相关问题进行了深入探讨,正式拉开了此次报道活动的序幕;12月4日,楚天交通广播副总监王健、新闻部主任李曙光与湖南交通广播副总监刘平、记者胡宇科南下羊城,举行第二次武广直播联席会议,三家单位成立了联合项目组,明确了各自的分工和职责,对直播报道文案进行了第二次整合;12月25日,羊城交通广播、湖南交通广播6位主持人、记者会聚江城,勘察直播现场后,与楚天交通广播十余名主持人、记者召开联席会议,最终敲定了次日直播文稿。三家发起单位充分地交流、深入地研究、精心地策划,为整个报道活动的顺利推进打下了坚实的基础。在三家制作单位的通力协作下,特别直播节目《千里飞越武广线》的各项准备和制作工作按部就班地进行着。

此次活动盛大的规模也吸引了众多企业的眼球,特别节目方案推出一周以后,就由羊城交通广播落实了冠名单位和主赞助商。但是,要想把这个重要的新闻事件最广泛、最及时、最有效、最权威地传播出去,使这次特别节目的影响最大化,就需要一个更宏大、更权威、更广阔的平台。作为交通传媒行业组织的中国广播电视协会交通宣传委员会就是这样一个平台,通过这个平台整合全国交通传媒的力量,进行更为有效、广泛、及时的传播。

三家制作单位在立项之初,上报交通宣传委员会审核和批准,楚天交通广播总监陈前、羊城交通广播总监张军分别向潘力秘书长汇报了项目的策划和进展情况,并向交通宣传委员会提交了项目的初步宣传方案。协会领导十分重视三家制作单位此次的策划方案和建议,迅即给三家单位回复:同意以交通宣传委员会的名义主办此次宣传活动,并将通过交通宣传委员会平台对此次活动予以大力支持。潘力秘书长亲自为此次直播活动命名——全国交通广播特别直播《千里飞越武广线》,并指示,要在特别节目的策划中,采用各种有效的参与方式让各地交通广播、电视更便捷、及时和迅速地参与到直播活动之中,发挥全国交通广播的整体优势,形成全国交通传媒一盘棋的合力。

在交通宣传委员会的组织和协调下,全国各地交通广播电台纷纷响应。据不完全统计,仅楚天交通广播接到的联系转播和宣传业务的兄弟交通广播就有30家。为此,三家制作单位确定了专人为各地交通广播服务,并开设了一个专门的QQ群,方便相互之间的沟通和文件传递。按照潘力秘书长的指示,调整了直播方案:一是通过卫星、专线电话提供特别节目信号;二是指派3名记者,专门担负向各地交通广播提供连线报道的任务。这些措施得到了众多兄弟交通广播的支持和欢迎:在26日当天,青海交通广播通过卫星信号转播了特别节目,邯郸、连云港、延边、吉安、长治等地交通广播通过热线电话进行了转播,北京、上海、鄂尔多斯、太原、郑州、宁夏、荆州、济南、甘肃、长春、烟台、大庆、云南、江西、内蒙古、滨州等地交通广播以及北京新闻广播与现场记者连线40次,充分体现了全国交通广播的凝聚力、战斗力和影响力。

　　这次联合直播的成功得益于三家发起电台的精心策划、密切配合,得益于全国交通广播的积极响应,这也使得此次联合直播报道活动的意义不仅在于成功举办了一次跨区域大型直播特别节目的策划、制作工作,更重要的是通过全国交通广播通力合作的有益尝试,让交通广播逐渐显现其强大的传播实力和影响力。尤其是在当前市场日渐走向融合、媒体竞争空前激烈的时候,明确如何发挥优势、整合资源、打造平台、抢占制高点的思路。本次直播活动是一次跨越时空、跨越地域的一次有益尝试和探索!

〔熊江泳:楚天交通广播总编室主任〕

# 聚合传媒力量　畅行大美边疆
## ——"畅行中国边疆"大型联合采访活动侧记

### 张　亮

2010年7月27日,流火七月中的哈尔滨透着一丝北国边疆特有的清凉。在黑龙江省军区广场上,彩旗飘舞,气氛热烈,由中国广播电视协会军事节目工作委员会和中国广播电视协会交通宣传委员会联合发起的"畅行中国边疆"大型采访活动在这里拉开序幕,来自中央和地方的十多家广播媒体、沈阳军区以及黑龙江省军区的各级领导和各路记者近百人出席启动仪式。

在启动仪式上,中国广播电视协会及沈阳军区、黑龙江省军区的各位领导对此次"畅行中国边疆"活动寄予厚望,并提出了具体的指导意见。

中国广播电视协会军事节目工作委员会会长孙健表示,整个采访活动将历时三年,分赴祖国不同方向的边防哨所和海防前沿进行深入报道,充分反映党中央、国务院和中央军委对边海防的殷切关怀,充分展示新中国成立60年来特别是改革开放30多年来祖国边海防建设的巨大成就,热情讴歌边海防军人牺牲奉献的高尚情操。

随后,沈阳军区政治部宣传部长刘洪军和黑龙江省军区政治部主任夏中国将两面印有"畅行中国边疆"字样的红旗授予记者团成员。启动仪式结束后,采访团一行满怀着对边疆的崇敬与新奇,奔赴本次活动的第一站——黑龙江边防。

### 一、"鸡冠花"的美丽与和谐

黑龙江省的边防线,正是勾勒出我国雄鸡版图中鸡冠图案的那一笔。采访团的记者们沿着"鸡冠花",探索着北国边防线上的美丽与艰险、热血与忠诚。

在漠河,这个中国最北端的县城,这里的一切都调动着记者们好奇的神经。蓝得透明的天空、触手可及的白云,甚至是早上四点就泛着鱼肚白的晨曦,都成为记者们记录的对象。然而,真正让记者震撼的,还是守护着这片宁静的最可爱的人。在这里为祖国站岗放哨的是黑龙江省军区边防某团令人敬佩的官兵。说令人敬佩，原因在于他们忍受了常人难以想象的严寒和寂寞：零下57℃的低温，方圆近百里的无人区，与亲人数千里的距离……所有这些，是身处内地的普遍民众无法想象的。而这正是新时期中国边防军人的可爱之处，他们并没有被严寒所征服，他们并不惧怕寂寞，他们虽然远离亲人却与亲人心灵相通。

在中俄最大的边贸口岸绥芬河的国境线上，八一建军节的凌晨，记者们跟随边防某团"国门卫士模范连"的官兵们走了一段边境巡逻线，杂草丛生、蛇虫出没的山间小路，让女记者们吃尽了苦头，不时大声惊呼。战士们每天就是行走在这样的路上，战士们住帐篷、喝泉水，时刻防止边境线上任何意外的发生。

在不久前归还我国的黑瞎子岛，岛与岛外南侧的三江湿地连成一片，是全球少见、受人为干扰较少的湿地生态系统环境之一。但由于低洼潮湿，草木丛生，夏季6—9月间，蟒蜂、蚊子大量繁生，导致岛内生存环境变得极为恶劣。记者们仅仅在岛上一天就苦不堪言，守岛的战士们却以岛为家，时刻守卫着代表国家利益的小岛。

**二、整合资源、凝聚力量之举**

此次活动中央人民广播电台《新闻和报纸摘要》、《全国新闻联播》节目挂牌连续播出，《新闻纵横》进行深度报道，《央广新闻》随时进行连线报道，《直播中国》、《国防时空》及"中华之声"挂牌播出系列专题，"都市之声"、"老年之声"等频率有选择地播出。中国交通广播网和中国交通广播官方微博开设专题，图文并茂地对边防进行报道。各地方交通广播电话连线、网络图文跟进。"畅行中国边疆"活动之所以能吸引这么多家中央、省市级媒体共襄盛举，全面而深入地反映祖国边防建设，不得不归功于中国广播电视协会军事节目工作委员会与交通宣传委员会的合作。中国广播电视协会交通宣传委员会常务副会长兼秘书长潘力在启动仪式上说："这次报道活动探索了中广协会各专业委员会共享资源、共谋发展、共同合作的路子。两个委员会利用双方各自的资源优势，来共同打造这样一个联合报道的团队，我想也是我们传统广播打破界限，寻求合作的一种尝试。"

中国广播电视协会旗下的两个专业委员会虽然同属中国广播电视协会，但各自拥有自己的资源，引领自己的行业，双方之间缺少实质性的合作。通过此次活动，打破了委员会之间的藩篱，整合了两个专业委员会的资源，凝聚了两个委员会的力量，开创了中国广播电视协会各专业委员会共享资源、共谋发展、共同合作的先河，对于聚合力量、优势互补、资源互通具有重要的现实意义。"畅行中国边疆"采访活动的成功，进一步提升了行业协会之间的互动、联动效应,为实现行业大发展、大繁荣提供了指导作用。

此外,交通宣传委员会作为主办方成功举办如此规模宏大、影响深远的活动,对外彰显了行业组织的向心力和行业的凝聚力,再次启发了各地交通广播整合资源、凝聚力量、共同打造品牌交通广播的思路。"畅行中国边疆"的脚步仍在继续着,而资源整合、凝聚力量的大门才刚刚开启,未来美丽的景色正在这座大门中渐渐清晰。

〔张亮:中国传媒大学 2009 级研究生〕

# 领略内蒙草原美 感悟广播新理念
## ——"畅行中国·内蒙古草原欢乐行"采访活动侧记

周芳洁

2010年9月8日至10日,"畅行中国·全国交通广播走进内蒙古"大型采访活动在美丽的内蒙古首府呼和浩特正式启动。北京、天津、上海、重庆、深圳、羊城、河南、四川、山东、江苏、福建、浙江、陕西、楚天、太原、石家庄及鄂尔多斯等17家交通广播联合采访团,参与了"畅行中国·内蒙古草原欢乐行"活动。

在启动仪式现场,内蒙古电台副台长赵慧华首先欢迎了来自全国交通广播的同仁代表。她在致辞中说:本次活动举办的初衷是要借助交通广播在全国所拥有的无与伦比的品牌效益。我们走出去,是要参与全国的横向合作,到兄弟台感受现今的理念,体验创新的思维;把交广请进来,扩大同行的交流范围,深化广播之间的友情。通过采风之旅,让大家深切感受到内蒙古的改革与创新,对发展中的内蒙古留下不一样的印象;希望在采访交流中,共同探讨广播的发展规律,共同展望广播的美好未来。

中国广播电视协会交通宣传委员会副会长、深圳交通广播总监潘永汉在致辞中对内蒙古人民广播电台建台60周年表示了衷心的祝贺,对"畅行中国·全国交通广播走进内蒙古"大型采访活动给予了充分肯定。他指出:"畅行中国"大型主题采风活动,是中国广播电视协会交通宣传委员会2010年着力打造的一个跨区域的全国性品牌推广项目。借助"畅行中国"系列活动的品牌影响,全面展现各地风采,为地方经济发展提供了传播路径。"畅行中国·内蒙古草原欢乐行"活动,是继"一路畅通看世博"、"自驾井冈赏花游"、"爱心送考大行动"、"畅行中国边疆"之后,第五个在全国范围内举行的广播主流媒体的联合采访。本次活动的举办,必将进一步提升"畅行中国"媒介品牌的含金量,推动全国交通广播跨区域活动的全面展开。他希望全体采访团成员能够用心创作出优秀而动听的广播节目,并预祝主题采访活动取得圆满成功!

出征仪式上,内蒙古自治区公安厅交管总队和采访团记者代表相继作了发言。随后,中国广播电视协会交通宣传委员会秘书处主任刘红,为记者团代表授旗,标志着本次活动正式启动。

在为期三天的主题采访中,采访团成员先后走访了伊利新工业园区、包头包钢集团、鄂尔多斯东方路桥集团,就人们关注的热点话题进行了深入的采访报道,记者们通过电话连线的方式,发回了报道,把切身感受第一时间传播出去,为采访活动增添了亮点。

除了行程安排紧凑之外,采访团还组织开展了多项文娱活动。在辽阔草原朗朗星空之下,活泼生动激情洋溢的篝火晚会将整个采访活动推向了高潮,通过丰富多彩的交流与沟通方式,采访团成员也结下了深厚的友谊和难舍的情分,这让所有参加采访的记者感慨——"天下交广是一家"!

内蒙古草原欢乐行所收获的不仅仅是旅途中的所见所闻,还有同行之间业务的交流与思想的碰撞,更有一份源自交通广播人的自豪与激情。我们坚信,有这股对广播的执著与热爱,加之行业组织——中国广播电视协会交通宣传委员会始终倡导的"服务行业、带动行业、影响行业、感动行业"的前瞻思维和运行理念,中国交通广播未来的发展一定会更强大,中国广播的明天一定会更加美好!

〔周芳洁:中国传媒大学 2009 级新闻学研究生〕

# 发挥传媒实力 倡导示范效应

——"畅行中国·精彩湖北——全国交通广播走进鄂西"大型采访活动侧记

张 亮

2010年10月25日,由湖北省委宣传部、中国广播电视协会交通宣传委员会、湖北广播电视总台联合主办,楚天交通广播承办的"畅行中国·精彩湖北——全国交通广播走进鄂西"大型采访活动启动仪式在武汉洪山礼堂隆重举行。

中国广播电视协会会长李丹,湖北省委常委宣传部部长尹汉宁、副部长文成国、省政府新闻办主任周艺平,中国传媒大学副校长高福安,湖北省广播电视总台台长张良成,中国广播电视协会交通宣传委员会常务副会长兼秘书长潘力,中国传媒大学社会服务与发展办公室主任卜希霆等领导、专家以及来自全国各地媒体代表300多人共同出席了启动仪式。

9点10分,洪山礼堂高朋满座,"畅行中国·精彩湖北——全国交通广播走进鄂西"大型采访活动启动仪式在神秘的神农架梆鼓声中拉开帷幕。启动仪式自始至终贯穿着浓郁的鄂西风情——武当功夫表演《武当武韵》展示了武当内家功夫的玄妙、轻灵;青歌赛金奖恩施撒叶儿嗬组合的《巴山谣》等民歌则唱出了鄂西文化的荆楚特色,凸显出湘楚文化的独特魅力。

启动仪式上,湖北省广播电视总台党委书记、台长张良成致欢迎辞,他指出:鄂西是一片神奇的土地,也是一个令人向往的胜地。这里自然景观优美,文化底蕴深厚,具有自然生态、历史文化、工程建设、民俗风情等多方面的资源优势,是楚文化、三国文化和巴楚文化的重要发源地之一。中国广播电视协会交通宣传委员会创办的"畅行中国"系列品牌活动,走进鄂西生态旅游圈,在九州大地宣传鄂西、向全国听众推广鄂西,这是一件功在鄂西、利在湖北、影响全国的大事、好事。他对中国广播电视协会交通宣传委员会"畅行中国"活动走进湖北表示了热烈的祝贺。

随后,楚天交通广播总监陈前向全国交通广播发出倡议,并与全国首批30家交通广播签订了鄂西宣传推广计划。这30家交通广播将派出记者赴鄂西采访,通过交通广播以不同节目方式展现鄂西美景、推广鄂西旅游,并通过整合行业力量,增强交通广播的传播效率,提升"畅行中国"品牌的知名度和影响力。

中国广播电视协会交通宣传委员会常务副会长兼秘书长潘力受主办方委托,现场公布"畅行中国·鄂西生态文化旅游"首选基地名单并阐释获选理由。神农架风景区、武当山风景区以及恩施土家族苗族自治州,当选鄂西生态文化旅游首选基地。中国广播电视协会会长李丹、中国传媒大学副校长高福安、湖北省广播电视总台台长张良成等领导代表主办方为获选景区授牌。

潘力在授牌仪式上的讲话中指出:"畅行中国"是中国广播电视协会交通宣传委员会着力打造的行业活动品牌,到目前为止,已经成功举办了多场次的"畅行中国"品牌推广活动,在全国取得良好的社会反响。相信在全国 80 家广播媒体的大力支持下,"畅行中国·精彩湖北"活动一定能够取得圆满成功,同时为"畅行中国"系列品牌活动提供更加成熟的运作模式和有效的经验借鉴。

中国传媒大学副校长高福安在致辞中指出,"畅行中国·精彩湖北——全国交通广播走进鄂西"大型采访活动是交通广播塑造品牌形象、利用品牌效应扩大影响的一次有益的实践之旅。中国传媒大学将对"畅行中国"品牌活动进行专项调研,并以此活动为切入点加强与全国广播电台的合作,开展相关课题研究,发挥传媒高校人才优势,为中国广播媒体的发展提供理论支撑。

在活动启动现场,还举行了中国传媒大学与湖北楚天交通广播战略合作协议签字仪式。中国传媒大学社会服务与发展办公室主任卜希霆和楚天交通广播副总监王建分别在《广播发展战略与创新》课题合作协议书上签字,双方战略合作活动正式启动,相关调研、研究工作将全面展开。

湖北省委常委宣传部副部长文成国代表湖北省委省政府致辞,"畅行中国·精彩湖北——全国交通广播走进鄂西"大型活动正式启动,全国众多媒体记者奔赴鄂西采访,由此拉开了湖北省本次重大外宣活动的序幕。这是湖北媒体发展和外宣事业的重大事件,是推动湖北经济社会发展的强大动力。全国媒体联手,融入经济社会发展,将一个地方的经济文化品牌向海内外推介,这在湖北尚属首次。湖北广电总台及所属楚天交通广播在中国广播电视协会、中国传媒大学、湖北省委宣传部、湖北省旅游局、中国广播电视协会交通宣传委员会的支持配合下,进行了创造性的探索,为全省媒体作了示范,其意义重大而深远。

文成国提出:"畅行中国·精彩湖北"活动启动有三大重要意义:一是对身为党和人民喉舌的主流媒体,如何深度融入经济社会发展大局,具有重要的指导意义;二是在信息化、国际化大背景下,对如何用开放的思维办媒体,具有重要的开创意义;三是在媒体竞争日趋激烈的态势下,对如何创新思路求生存谋发展,具有重要的示范意义。"畅行中国"活动作为载体和平台,把全国同类媒体聚合在一起,让社会和企业认识到媒体的力量,提高社会投资和支持媒体的内在动力,共同探讨向外面、向市场寻求新的赢利模式,拓展新的发展空间,合作共赢,无疑是一种示范作用。今后如进一步向跨媒体、跨行业推广,其前景必然更加广阔。

在活动启动仪式现场,中国广播电视协会会长李丹作重要讲话,指出:"畅行中国·精彩湖北"是中国广播电视协会交通宣传委员会组织全国交通媒体推出的大型品牌推广活动,经过探索与实践,"畅行中国"系列品牌活动先后走进黑龙江、吉林、内蒙古、江西、湖南、上海等地,深受各界的关注和支持,已初步建立起品牌名称、品牌内涵、品牌模式。"畅行中国"走进湖北,就是让全国交通广播的听众更多、更好地了解湖北。"畅行中国"活动成功的意义,不仅仅在于活动本身,而在于为交通广播下一个时期的发展提供思路,指明方向,通过合作共赢,打造交广集群,实现规模发展。

启动仪式上,湖北省新闻办主任周艺平代表主办方为由全国30家交通广播以及人民日报、新华社、中央人民广播电台、中国国际广播电台、中国网络电视台等中央媒体记者组成的"记者采访团"授团旗。最后,湖北省省委常委宣传部长尹汉宁郑重宣布:"畅行中国·精彩湖北——全国交通广播走进鄂西"大型采访活动正式启动。"记者采访团"分为两组立即起程奔赴宜昌、恩施、荆州、神农架、武当山、随州等鄂西名镇,进行为期一周的采访报道活动,记者们将一路体验风景秀美、古朴厚重、充满民族风情的鄂西,并通过电波向全国听众描绘鄂西神奇的自然风光、浓郁的民族风情以及厚重的巴楚文化。

整个启动仪式在精彩、热烈的气氛中落下帷幕。此次活动的成功举办不仅在宣传推广鄂西的秀丽山川、荆楚文化中发挥了重要作用,而且推动了"畅行中国"品牌战略的实施,将全国交通广播媒体的力量聚合起来,向社会展示了交通媒体强大的传播力和影响力,拓展了交通传媒行业的发展空间。同时进一步加强了交通传媒行业的交流,共同探讨立足交通、向外辐射的市场运营新模式,实现交通媒体间的竞合、共赢,促进中国交通传媒的持续性、创新性发展。

〔张亮:中国传媒大学2009级研究生〕

# 警广联手,奏响文明交通新乐章
## ——"畅行中国·文明交通在行动"百城百台大联播活动启动仪式实录

周芳洁

为进一步普及道路交通安全知识,提升交通安全意识、法制意识和文明意识,维护人民群众生命财产安全,由公安部交通管理局、中央文明办协调组、中国广播电视协会交通宣传委员会和北京广播电视台共同主办的"畅行中国·文明交通在行动"百城百台大联播活动,2010年12月2日正式在全国同步启动,整个活动将在全国持续开展一年。启动日当天,中国广播电视协会交通宣传委员会百余家交通传媒会员单位,联合当地交警交管部门,开展了形式多样、内容丰富的启动日直播活动。

### 一、启动仪式权威发布 "文明交通在行动"落地生根开花

全国各省市百余家交警部门和交通广播电视播出机构,作为本次活动的联合承办单位,在本省范围内,通过开展多种方式的互利合作,共同推进文明出行理念在全省的普及与推广。召开新闻发布会或新闻通气会,运用广播、电视、报刊、网络等多种媒体形式,共同宣传"畅行中国·文明交通在行动"百城百台大联播活动,有利于提升本次活动在当地的影响力,有利于将文明交通出行计划在全社会层面加以推广。

1. 河南

2010年12月2日上午,"畅行中国·文明交通在行动"河南站活动在省会郑州正式启动。本站活动由河南省文明办、河南省公安交警总队、河南交通广播联合主办,全省18个省辖市交警支队、交通广播和人民广播共同承办。在启动仪式新闻发布会上,河南省交警总队副总队长苗雨露详细介绍了活动背景、活动安排和活动的具体要求,河南交通广播总监李海军发出了"关爱生命 文明出行"倡议,号召大家践行六大文明交通行为,自觉摒弃六大交通陋习,坚决抵制六大危险驾驶行为,主动引领文明交通的良好风尚,热情参与"文明交通我先行"等系列活动。河南省文明办创建处副处长张建

政在会上宣读了《文明出行自律公约》，呼吁广大交通参与者严格自律，模范遵守公约。

2. 新疆

2010年12月2日，新疆"畅行中国·文明交通在行动"百城百台大联播活动，在新疆维吾尔自治区公安厅举行启动仪式。自治区公安厅交警总队综合执法支队政委张卫东在新疆启动仪式上介绍："开办《畅行中国·文明交通在行动》栏目。在广播电视台播出时段中，开辟时长不短于5分钟的专题栏目。栏目由电台、电视台主持人和交通民警主持人共同主持。新疆交通广播和全区各地州市都制订了详细的联播活动实施方案。"

3. 内蒙古

2010年11月19日，内蒙古人民广播电台联合自治区文明办、自治区公安厅交管总队就共同组织推进全区"文明交通行动计划"的开展在呼和浩特市召开座谈会。活动启动日当天，内蒙古自治区公安厅交管总队宣传支队副支队长田丽华宣读了面向全区12个盟市交警支队、12个盟市电台交通广播、高速公路支队的《全国交通广播电视"畅行中国·文明交通在行动"大联播活动内蒙古地区实施方案》，倡导充分发挥交通广播与各交警支队的联络优势，全面宣传"文明交通行动计划"的内容、目的、意义以及进展情况，通过褒奖交通参与者的文明出行行为、曝光不文明交通行为等方式，使"文明交通"理念更加深入人心，全力打造文明、和谐的"北疆安全畅通区"。节目直播中，包头公安局交警支队宣传科科长单炜连线介绍当地响应自治区交管总队、内蒙古交通广播号召启动"畅行中国·文明交通在行动"活动的情况。

4. 宁波

2010年12月2日，"畅行中国·文明交通在行动"百城百台大联播活动宁波新闻通气会在宁波市文明办、市交警支队、宁波交通广播共同倡议下召开。宁波市文明办副主任张爱明表示，宁波近年来在文明城市的创建和发展上一直居于国内前列，要力求经济社会发展和百姓生活质量以及公民素质的相得益彰，倡导文明交通除了在解决"出行难"方面大有作用外，更是提升公民素质和营造社会和谐的重要手段。

## 二、活动现场精彩纷呈 "文明交通在行动"传遍街头巷尾

各地通过开展内容生动、形式活泼的各类"文明交通"主题宣传活动，增进了交通宣传部门与人民群众的联系和感情，从而使"畅行中国·文明交通在行动"百城百台大联播活动成为街头巷尾百姓喜闻乐见的互动参与性活动。

1. 湖南

2010年12月2日启动日当天,湖南省文明办、公安厅交警总队、湖南人民广播电视台联合开展"全省文明交通警广大联盟"活动。在启动仪式上,湖南省公安厅交警总队总队长杨琪君首先通报了本省实施文明交通行动计划的有关情况,并说明了今后工作开展的方向。活动期间,湖南交通广播、893汽车音乐电台、湖南移动电视、湖南省内14个市州交警支队、各市州交通广播将统一开辟《畅行中国·文明交通在行动》联播节目,统一开展《交通陋习你我说》电台互动和评选等活动。在启动仪式现场,湖南交通广播总监刘薇向广大交通参与者发出了文明交通出行的倡议。

2. 青海

2010年12月2日上午10:00,青海"畅行中国·文明交通在行动"百城百台大联播启动仪式在青海西宁体育馆广场举行,10:00—10:30,青海交通广播直播了启动仪式。青海省省委宣传部副部长王向明、省公安厅副厅长陆元庆、省公安厅交警总队总队长白世德、青海人民广播电台党委副书记王霞、青海交通广播总监刘晓阳和来自交通管理战线的干警、公交服务行业、出租行业的的哥的姐以及各行业的志愿者代表参加了启动仪式。在启动仪式上,青海省省委宣传部副部长王向明发言并要求在全省掀起"文明交通行动"的宣传高潮,营造强大的舆论声势和氛围,深入贯彻和落实中央文明办和公安部共同安排部署的《文明交通行动计划实施方案》。

3. 鄂尔多斯

2010年12月2日上午,鄂尔多斯交通广播联合鄂尔多斯市交管支队,在鄂尔多斯市文明办、安监局等部门的配合下,在全市8个旗区分别启动了"畅行中国·文明交通在行动"百城百台大联播活动。为了做好活动,鄂尔多斯交通广播积极筹划,在交通节目开设了10分钟的专栏节目,通过活动积极传播文明交通知识、理念,宣传"文明交通行动计划"的进展、经验,大力褒奖交通参与者的文明出行行为,将文明交通打造成为现代道路交通出行的价值尺度和风向标。12月2日8:30—10:30,交通广播直播了"畅行中国·文明交通在行动"启动仪式。

4. 合肥

2010年12月2日,安徽省交警总队和合肥市交警支队相关负责人走进直播室,在合肥交通广播名牌栏目《交通现在时》就文明交通话题与市民进行互动交流。与此同时,合肥市文明办、合肥市交警支队、合肥电台交通广播联合发起了"爱合肥　文明行"活动,在合肥市出行车辆上贴上"爱合肥　文明行"的专属Logo,号召全市的驾驶人员遵章守法,自觉规范行车行为。活动受到了广大私家车和出租车驾驶员的热情支持和响应,他们积极在自己的爱车上贴上标志,加入文明行车的行列。合肥市交警支队组织合肥市乐农小学的小交警走上街头,向市民散发宣传资料,"小手拉大手",共同维护交通秩序。合肥交通广播的记者兵分多路探访路面文明交通状况,与市民共同参与"畅行中国·文明交通在行动"活动。

### 5. 厦门

2010年12月2日晚上19:30,由厦门市公安交通管理局、厦门交通广播联合承办的"畅行中国·文明交通在行动"百城百台大联播活动厦门启动仪式,在厦门文化艺术中心五一广场隆重举行。厦门市委常委、公安局局长卢士钢到场讲话,厦门市委文明办主任刘绍清和厦门广播电视集团的领导出席了启动仪式。活动现场,交通参与者代表宣读《文明出行自律公约》,各车队方阵表演车灯车语,工作人员向市民分发《文明出行倡议书》,倡导广大市民文明出行,共创和谐文明的交通环境。本次活动由厦门市公安局、厦门市文明办、厦门广电集团联合主办。

### 6. 江苏

2010年12月2日上午9:00,由江苏交通广播网发起,全省各地交通广播、交巡警支队共同参与制作的"畅行中国·文明交通在行动"启动仪式特别节目在交广网演播厅成功推出,江苏省13家市级交通广播首度携手同步播出。此次行动由江苏省文明办、江苏省公安厅和江苏省广播电视总台联合主办,江苏省公安厅交巡警总队政委李明杰、省文明办主任助理刘福根、江苏交广网总监常珩等相关单位领导出席了当天的启动仪式。江苏交广网主持人与各地交通广播主持人通过采访各地公安交管部门,共话文明交通,联合发出《文明出行自律倡议书》,鼓励广大交通参与者由"要我文明出行"变为"我要文明出行"。中央电视台、江苏卫视、江苏城市频道、省内主要报纸等媒体纷纷关注报道此次活动。

### 7. 湖北

2010年12月2日,湖北省公安厅交警总队总队长马国宪率相关处室负责人,做客楚天交通广播直播间,宣布湖北省"畅行中国·文明交通在行动"百城百台全国大联播活动正式启动。武汉、十堰、荆州、襄樊等地交通广播,对节目进行了同步直播。在节目里,湖北省公安厅交警总队总队长马国宪详细介绍了"文明交通行动计划"的具体实施方案,并承诺将继续在楚天交通广播开办《湖北交警之窗》、《湖北高速巡警每日温馨提醒》等栏目,使广大交通参与者及时了解、关注城市道路发展和交通安全管理现状,积极参与文明交通行动。直播中,还开通短信平台、热线与市民进行互动,使交通参与人关注自己和身边人的交通行为方式,共同谴责不文明行为、抵制危险驾驶行为,树立文明、守法、礼让、和谐的交通安全意识。

8. 山西

2010年12月2日上午8:30,山西交通广播"畅行中国·文明交通在行动"活动正式启动。山西省文明办副主任韦川东、省交管局宣传处处长王文喜,在《交广传真》节目直播室介绍"畅行中国·文明交通在行动"百城百台大联播山西活动的情况、文明交通的意义及措施,并开通热线和短信与听众交流。下午15:00,《交通生活热线》节目借12月2日蕴涵122交通事故报警电话号码这一关联性,以身边和现实生活中的交通事件和案例为切入点,请山西省交管局交通事故处处长姚毓瑝就交通事故多发的原因,倡导文明交通、构建和谐生活这一话题展开讨论。

与此同时,在启动日当天,全天高频次、大容量播出文明交通宣传片,营造宣传氛围。开通短信平台,以"我眼中的城市文明交通"为主题,和市民进行互动,使交通参与人关注自己和身边人的交通行为方式,共同谴责不文明行为,倡导文明交通行为。在晚间热线话题类节目《人在旅途》和《我笨我开心》中,以文明交通为话题,讨论交通生活中的文明收益与不文明危害。

9. 包头

在启动日当天的节目中,包头交通广播全天联动宣传。上午《你好 driver》节目中,包头市交警支队负责人、主持人从活动背景、活动安排和活动计划等几个方面,与直播间的嘉宾进行交流。下午《你好 driver》节目中,邀请包头市文明办、包头市交警支队做客直播间,总结了2010年包头市配合"文明交通行动计划"开展的"无车日"、"我来说交通"等活动以及倡导市民文明出行的一系列工作的显著成效。除此之外,通过具体事例,为市民详细介绍了不文明行为与交通违法行为的关系,也剖析了城市中种种不文明的交通现象。

10. 赣州

2010年12月2日上午9:30—10:30,赣州交通广播《一路顺心》节目推出特别节目《畅行中国·文明交通在行动》,赣州市公安局交警支队崇义县交警大队领导走进直播室,和听众共同探讨文明交通话题,并现场接听听众咨询热线。赣州市公安局交警支队领导也来到活动现场,赣州市多家媒体对本次活动的启动进行了宣传报道。

11. 抚顺

2010年12月2日下午14:30,在《司机您好》栏目中,抚顺交通广播成功举办了

"畅行中国·文明交通在行动"启动仪式特别节目。抚顺市委文明办精神文明建设指导处处长白珊、市公安局交通警察支队车宣大队大队长董广宇做客直播间,面向社会宣读文明出行倡议书以及介绍《文明出行自律公约》。节目后半段,主持人春雨开通了直播间电话,直播间嘉宾与听众进行现场沟通交流,畅谈城市文明交通建设情况。

2010年12月2日,全国百余家交通广播电视播出机构与当地交警交管部门精诚合作、上下一心,为全国广大交通参与者谱写出文明交通的华美第一乐章,也正式拉开了"畅行中国·文明交通在行动"百城百台大联播活动的序幕。到2011年底,各地还将结合实际情况,开展丰富多彩的"畅行中国·文明交通在行动"百城百台大联播活动,通过全国交通媒体、公安交警部门的通力合作,共同推进"畅行中国·文明交通在行动"活动切实、有效地开展,为建设平安交通、和谐社会作出积极的贡献。

〔周芳洁:中国传媒大学2009级新闻学研究生〕

·年会特辑·

# 在服务大众中,实现交通广播更大的发展
## ——在中国广播电视协会交通宣传委员会第十六届年会暨全国交通广播总监工作会议上的讲话

李 丹

各位来宾、各位同仁:

带着"畅行中国·精彩湖北"活动顺利启动的兴奋,我们又汇聚到荆楚故都荆州,举行中国广播电视协会交通宣传委员会第十六届年会暨全国交通广播总监工作会议。在这里,我首先代表中国广播电视协会,对会议的成功召开表示热烈的祝贺,对来自公安部交管局、全国交广同仁和交警代表表示热烈欢迎,向为筹办本次会议付出热情和辛劳的东道主荆州人民广播电台表示衷心的感谢!

来到荆州古城,我想大家会油然平添一股豪气。荆州是春秋战国时期楚国都城,也是三国文化发祥地。在历史上,有多少英雄豪杰活跃在这片土地上,有多少历史事件在这片土地上上演。今天,我们交通广播的英雄豪杰能否在这里留下不凡的见解,我们的这次会议能否在交通广播事业发展历史上留下浓重的印记,我非常期待,也希望大家能够为此而共同努力。

在即将过去的2010年里,交通宣传委员会在中国广播电视协会的正确领导下,在各会员单位的大力支持下,按照章程规定的宗旨和基本任务,始终以"提供服务、反映诉求、规范行为"为己任,注重发挥委员会的组织协调作用,行业凝聚力不断提高,行业使命感不断增强,行业品牌声望度不断提升。比如深化创优评析活动,集萃出版优秀作品;有效扩展跨域合作,注重实行强强联合;强化交广理论指导,扩大交广舆论影响。特别是探索创立"畅行中国"品牌活动,通过有效扩展跨域合作,实现全国联动,强强联合,为实现交通广播全国互联互通、一体化发展,拓展交通广播规模效益和整体效能这个发展的新天地奠定了很好的思想发动、思想统一和经验积累的基础。工作既有坚守,又有创新,既强化了交广特质,又树立了新的形象。对于交通宣传委员会今年的工

作,协会是满意的,充分肯定的。

事业的发展不能止步。关于交通宣传委员会、交通媒体2011年乃至今后一个时期的工作,我在这里提三点建议:

第一,要通过积极参与"三网融合",抢抓交通媒体战略机遇。"三网融合"无疑是2010年广播电视行业最受关注、最受重视的关键词之一。"三网融合"为广电行业大繁荣、大发展带来了良好的机遇。比如,它有利于进一步巩固和扩大宣传舆论阵地;有利于加速挖掘广电产业属性,激发产业发展潜能;有利于广电行业进一步解放思想、更新观念,提高创新发展的主动性、积极性和创造性;有利于提高广电行业的开放程度和竞争水平,等等。当然,"三网融合"也给广电发展带来了一些严峻挑战,我们在思想、技术、业务、体制机制等方面的准备远远不够,特别是在市场意识、市场开拓能力以及市场服务水平等方面,同电信行业相比,差距甚大。但是,不管我们愿不愿意,"三网融合"将极大地影响我们的事业,改变我们的事业。在这种形势下,我们就要树立这是我们事业发展机遇期的心态,充分认识它所带来的机遇和挑战,通过积极参与这一重大发展进程,实现交通媒体新的发展和跨越。

具体到交通媒体,我想"三网融合"首先将极大地拓展我们的业务形态。比如,一些交通广播已经在尝试的视频业态进程将会大大加快,通过积极运用互联网的技术和手段,交通媒体将会成为集音视网为一体的全媒体平台,我们的业态将更加丰富、渠道将更加多样。

其次,"三网融合"将极大地拓展我们的传播范围。通过和互联网的结合,以前局限在各个地域的交通媒体都会成为覆盖全国乃至全世界的媒体,我们能够施展拳脚的"场地"无疑是巨大的。

最后,"三网融合"将极大地刺激我们的互联冲动。传播范围拓展到全国乃至全球后,仅有本地的出行信息,仅有本地畅行的保障能力是远远不够的。移动信息技术成为我们的传播手段后,全程全网的交通信息和保障能力无疑是我们的优势。在这种形势下,全国交通媒体的互联互通就会成为一种生存的需要。

第二,要充分认识交通媒体的发展趋势,加快推进交通媒体经济发展方式转变。党的十七届五中全会强调,"以加快转变经济发展方式为主线,是推动科学发展的必由之路,符合我国基本国情和发展阶段性"。这是党对现实的清醒判断,也是对未来的关键抉择。而推动交通媒体经济发展方式转变,无疑也是实现交通媒体科学发展的必然选择。

关于拓展交通媒体发展新空间,业界其实都有很清醒的认识。从我首次参加交通宣传委员会年会的2005年起,大家就已经在探讨广告的"天花板"问题、交通媒体拓展产业发展新空间的问题,也为此进行了许多尝试。比如不少地方力图通过建立交广汽车俱乐部切入汽车后服务市场,比如我们正在进行的品牌活动的探索与实践,等等。但是我感觉这种转变交通媒体发展方式的自觉性、能动性、紧迫感还有待增强。我们的决心应该更大,步子也应该迈得更大。

在此,我要突出强调一下建立汽车俱乐部的重要性。我认为广播电视真正有条件去搞产业,交通广播有一个延伸的项目、市场、产品,就是汽车后服务市场——汽车俱乐部产业。它应当引起我们的关注,集中进行研究。汽车俱乐部本不属于广电,但一直以来社会化的汽车俱乐部一直没有搞大,所以这个机会还是留给了广电。广播具备成立汽车俱乐部最大的优势——广播是路况信息的权威发布者,这一特性能够给消费者以最大的信任感。

目前汽车俱乐部尽管在各地已经有了初步尝试,但还没有走上我们应当走上的道路,即产业化的道路。俱乐部发展越大,效益越好,对自身越有益。这对于交通广播总监领导下的交通广播发展最有益。最终,我们希望能够成立全国的汽车俱乐部,去指导、协调、推动全国汽车俱乐部进入专业、规范的发展轨道。一是要制订统一的服务标准,整合资源,由联合最终发展成为整体;二是要规定统一的服务内容。具体来讲,一方面,我们要有足够的资金;另一方面,我们还需要有专业的技术。上下一起,交通宣传委员会牵头,成立全国的公司,协会以法人公司的身份支持授权,使本项工作进入一个新的阶段。

第三,以"三网融合"为契机,以品牌活动为切入点,切实拓展交通媒体发展新道路。如前所述,"三网融合"对我们实现全媒体占有、全国覆盖、全网互通、全程互动提出要求,也提供了条件。我们要积极把握这个机遇。

在此契机之下,我们要以"畅行中国"品牌活动为切入点,以"三网融合"提供的条件为依托,开创交通媒体快速发展新局面。具体来说,在这个过程中,交通宣传委员会要积极发挥引领、带动和组织保障作用。

首先,要积极组织开展"畅行中国"品牌活动,丰富内容和形式,积累品牌建设经验,不断扩大品牌知名度、美誉度和影响力。

其次,要通过"畅行中国"系列活动,逐步建立健全交通广播规模发展网络,形成物化成果。通过系列活动,推动交通广播集约发展意识,探索建立健全"畅行中国"的信息交流集散平台,为全国交通广播协作发展日常化、常态化,为社会大众"一网在手,畅行全国"奠定信息服务基础。

最后,要在成功打造线上信息交流集散平台的基础上,加快推进组建全国汽车俱乐部,增强为社会大众畅通出行服务的能力和水平,并在服务大众过程中,实现交通广播自身的更大发展,实现交广人更大的人生价值。

　　同志们,大家都知道,一部春秋战国史、一部三国史,虽然主要叙述的是分裂时代,但最终统一的洪流无法阻挡。而在这两大历史进程中,荆州都是身处战略要地。我们在荆州召开这次年会,我感觉既是偶然,同时也存在着某种历史的暗示。希望我们能够通过荆州会议,在交通媒体业全国化、一体化的进程中迈出强劲的步伐。

〔李丹:中国广播电视协会会长〕

# 植根传媒、依托社会，探索产、学、研合作的新模式
## ——在中国广播电视协会交通宣传委员会第十六届年会暨全国交通广播总监工作会议上的致辞

高福安

尊敬的各位领导、各位来宾：

首先，请允许我代表中国传媒大学，向中国广播电视协会交通宣传委员会第十六届年会暨全国交通广播总监工作会议在荆州召开，表示热烈的祝贺！

1997年，中国广播电视协会交通宣传委员会秘书处正式落户中国传媒大学。长期以来，双方建立了密切的合作关系，成为广播界与传媒教育界有机结合的典范。学校不仅在办公场地、办公设备、人员配备等方面给予交通宣传委员会积极的支持和保障，而且在人才培养、理论研究、学术论坛、节目评奖等领域与交通宣传委员会进行了广泛的合作，成效显著。

中国广播电视协会交通宣传委员会成立十六年来，真诚地为全国交通广播会员单位提供了高质量的服务：第一，通过举办交通广播节目创优评析活动，促进了交通广播、交通电视和移动电视节目水平的提升，促进了交通传媒节目的精品工程建设；第二，通过推进交通传媒跨地区、跨媒体的大联动、大合作，增强了交通传媒行业的凝聚力、影响力和竞争力，为新媒介生态下交通传媒行业的发展提供力量支持；第三，通过与传媒高校联合开展科学研究工作，夯实行业发展的理论基础，为交通传媒发展提供理论和智力支持；第四，通过举办各种学术论坛、讲座和研讨会提高了交通传媒工作者的理论和业务水平，为交通传媒发展提供高素质、高水平的人才支持。十六年来，中国广播电视协会交通宣传委员会为中国交通传媒发展作出了重要贡献。

荆楚大地、人杰地灵，荆州作为三国故地、历史文化名城，有着深厚的历史文化积淀。荆州人民广播电台作为弘扬荆楚文化的重要传播者和主要阵地经过52年的发展，节目创优和经营收入等多项指标均名列湖北省地市级广播媒体之首，成为中西部有影响的地市级广播电台，为中国传媒大学相关专业的教学和科学研究提供了良好条件。

中国传媒大学作为中国广播电视传媒领域的最高学府,是教育部直属的国家"211工程"重点建设大学,在国内外影视传媒教育领域享有崇高声誉和威望,为中国的影视传媒产业以及经济社会的发展作出了重要贡献,被誉为"中国广播电视人才的摇篮"、"信息传播领域的知名学府"。近年来,中国传媒大学秉持"植根传媒、依托社会、面向世界开放办学"的理念,充分发挥传媒领域学科特色和综合优势,积极与传媒行业开展合作,不断探索产、学、研合作的新模式,努力将学校建设成为中国传媒与文化事业发展的人才库、科技库、思想库和信息资源库。

建立教学科研实习基地,是我校与广播影视行业建立联络,共享资源,共同搭建产、学、研平台的重要途径,有效推进了我校和各地传媒机构的共同发展,以及利用教学科研实习基地进行学生实习、教师挂职、在职人员培训、科研课题、节目创新攻关等方面的广泛、深入合作。

在新的历史发展阶段、新的传媒生态环境下,交通传媒行业将面临许多新的问题、新的挑战和新的机遇,希望全国交通媒体在中国广播电视协会交通宣传委员会的带领下面对机遇与挑战大胆创新、锐意进取,推动中国交通传媒行业的大发展、大繁荣!中国传媒大学也将一如既往地支持中国广播电视协会交通宣传委员会的各项工作,为交通传媒的发展提供更多、更有效的支持!

最后预祝中国广播电视协会交通宣传委员会第十六届年会取得圆满成功,祝中国交通传媒行业前程似锦,再创辉煌!

〔高福安:中国传媒大学副校长〕

· 创优评析 ·

## 推进创优评析　打造精品工程
——2009年度中国交通广播节目创优评析评审会综述

张　冠

2010年6月2日至5日,由中国广播电视协会交通宣传委员会、中国传媒大学广播产业研究所主办,荆州人民广播电台承办,荆州交通广播协办的"2009年度中国交通广播节目创优评析"评审会在北京蟹岛会议中心举办。此次评审会由中国广播电视协会副会长、交通宣传委员会会长郭宝新,中国广播电视协会秘书长张莉,中国传媒大学副校长高福安,中国广播电视协会专家组副组长赵建华、王汝峰,中国广播电视协会评奖办公室主任赵德全,通联部主任夏志方等专家学者以及来自全国13家交通广播的总监组成。

本届创优评析活动得到了全国29个省、市、自治区70家交通广播的积极响应,共选送作品398件。按照节目分类要求并结合交通广播自身特点,参评节目分为短消息、长消息、新闻专题、综合节目、评论、特别节目、十佳栏目、路况、广告和论文等10个类别进行评审。

本着"公平、公正、公开"的原则,本届评审会开展了认真、扎实、有效的评审工作。经过两天紧张有序的评审,"2009年度中国交通广播节目创优评析"评审会圆满完成了各项评审任务,共评选出获奖作品195件,其中一等作品39件、二等作品55件、三等作品101件。

近年来,中国广播电视协会交通宣传委员会关注全国交通广播节目质量的提高,注重精品节目建设,将每年评为一等的作品及其创作体会、专家点评等制作成光盘结集出版,对提高交通广播节目质量起到了积极作用。自2006年起中国广播电视协会交通宣传委员会从每年中国交通广播节目创优评析获奖节目中挑选优秀作品参加全国广播节目的评选,连续三年获得中国广播影视大奖的一等奖。

根据2009年度中国交通广播节目创优评析工作的整体情况来看,有以下几方面

值得关注和热议:

### 一、遵循科学、规范、有效的原则

近年来,中国广播电视协会交通宣传委员会将节目创优评析作为每年的一项重要工作来抓,经过多年的实践,取得了一些成果、积累了一些经验。评审的程序、评审材料的编写、评审节目的选送、评审专家的构成等方面都具有一定的规范性、科学性,整个评审会紧张有序、客观公正、协调一致,确保整个评审结果的公正性和权威性。同时,有效地促进了交通广播节目质量的提高。

在评审会上,中国广播电视协会秘书长张莉指出,在中国广播电视协会的专业委员会中,交通宣传委员会有着很强的凝聚力,节目创优评析工作开展得扎实有效,行业组织的影响和作用得到充分发挥,起到了一定的示范作用。

### 二、促进广播节目品质的提升

中国广播电视协会评奖办公室主任赵德全认为,"内容为王"是近年来交通广播取得快速发展的主要原因之一,而创优评析最重要的功能就在于,将各会员单位的优秀节目拿出来向全行业展示,这将成为交通广播节目质量提升的内在的巨大动力。交通广播节目的质量上去了,交通广播的影响力、凝聚力和社会效益才能得到更好的发挥。随着文化创意产业的发展,广播产业的发展也越来越成为摆在大家面前的现实问题。通过评审会,各交通广播相互交流,对广播产业的未来发展有重要意义。

### 三、凸显专业性、服务性、监督性和创新性

在总结本届交通广播节目创优评析工作情况时,中国广播电视协会专家组副组长王汝峰指出,交通广播节目的整体质量的确有所提高。首先,参评作品导向正确,发挥了交通广播应有的社会作用;其次,参评节目的内容比较厚重,重大题材或以小见大的节目比较多。此次参评作品体现出较强的专业性、服务性、指导性、监督性、沟通性和创新性,标志着交通广播节目质量的提升。纵观一等奖获奖作品,专业性强且注重深入浅出,听众容易接受,体现了交通广播的特色和交通广播人的品牌意识。交通广播以"大交通"的理念为听众的出行服务,对于行路难的问题和交通法规的宣传比较多,指导听众如何驾车、如何遵守交通法规的同时,对违法乱纪行为或不正之风进行监督,对有待完善的法规提出建言,这些都做得很好。此外,交通广播的节目还促进了民众与政府主管部门、交通部门的沟通。节目形式的创新增强了交通广播节目的趣味性和

可听性,强化了传播效果。

中国广播电视协会专家组副组长赵建华指出,此次参评节目的整体质量较好,各类节目对涉及交通的重大事件都有不同形式和程度的反映。在参评的评论节目中,舆论监督题材占了近70%,这表明交通广播人的社会责任感明显增强。经过大家的共同努力,交通广播的整体合作和竞争态势凸显,交通广播人在学术理论研究方面进行了很多思考,理论队伍也在不断成熟。

**四、不断完善交通广播评奖机制**

在节目评审的过程中,评委们发现各台存在对选送作品的要求不明确、节目分类不准确的问题,个别参评作品内容与交通宣传无关,或者报送的参评项目不准确,题材比较集中、单一等。中国广播电视协会专家组副组长赵建华建议,在2010年的年会上,交通宣传委员会可对交通广播的定位问题和节目分类问题进行研讨。中国广播电视协会专家组副组长王汝峰建议,交通广播应以交通宣传为主,适当涉及其他重大题材。另外,评奖细则中对特别节目的定位不够明确。特别节目应该是主题宏大、内容厚重、组织规模较大的节目,而目前的评奖细则中,对其"特"在何处、包括哪些题材、采用何种形式等问题应该有明确的界定。定位明确了,才能便于节目的实际操作,才能促进交通广播今后的业务建设。

在谈及参评节目的整体水平问题时,中国广播电视协会秘书长张莉指出,作为交通广播的"看家本领",此次参评的路况节目质量让人遗憾。常态路况节目质量尚可,突发事件路况节目却显得思路不够清晰、报道不够到位。另外,创优评析工作要有新的发展。比如,评审会秘书处可以提前一周将参评作品文字稿的电子版发给评委,这样不仅可以降低成本,还可以节约评审会期间的评审时间,让评委们多一些相互交流、切磋的机会。同时,对于时间较长的、分阶段的节目,各参评单位要在报送材料中说明报送节目在整个节目播出中所处的阶段,并对整个节目的播出作必要的说明,以备评委会评审时参考。

在听取评审专家提出的建议和意见后,中国广播电视协会交通宣传委员会常务副会长兼秘书长潘力表示,各位专家的建议有利于交宣委更好地进行研讨和评议。今后,委员会将进一步理清思路,改革评奖模式,完善评奖制度,让评审要求更加具体、定位更加明确,力争将评审会越办越好,不断促进交通广播节目质量的提升,引领中国交通广播行业的发展。

中国广播电视协会副会长、交通宣传委员会会长郭宝新在本届创优评析工作总结会上指出，每年的优秀节目评选都是专业委员会的一项重要工作，评奖是促进创优的一种激励机制，推动了节目质量的不断提升和节目创优的不断深入。同时，为各台在节目创作方面相互学习搭建了平台，扩大了优秀节目的示范效应。交通广播节目的质量年年都在提高，这与各台自身的努力和交通宣传委员会每年的节目评优评析有着密切的联系。交通宣传委员会多年以来的成功经验在于，不管时间多么紧，都能够非常认真地按照既定规则和程序完成评审工作，体现出评奖的权威性、公平性和公正性，希望全国交通广播节目越办越好。

〔张冠：中国传媒大学 2009 级新闻学研究生〕

# 2011 年度

· 行业前沿 ·

## 借联盟成立之机,将跨域联合推向纵深
——在"畅行中国·全国交通广播自驾游产业峰会"上的讲话

李 丹

尊敬的黄信台长、梅中华副市长,各位代表:

大家上午好!

今天上午的会议围绕创建交通广播自驾游联盟,通过了一个倡议,发布了两个标准或配套措施,授了两个牌,聆听了四个方面的经验介绍,可以说是主题明确、内容扎实。参与的代表既有全国各地电台、交通广播负责人,江苏省公安厅交巡警总队、省运输厅、省旅游局的领导,还有地方领导、旅游公司代表、自驾游团友,可以说是链条式集结,群贤毕至,会议开得很成功!在此,我谨代表中国广播电视协会表示热烈祝贺!同时,向给予此次活动大力支持的江苏广电总台和宜兴东道主表示衷心的感谢!

在评价这次会议的积极意义时,我想我们不应仅仅局限在成立自驾游联盟本身,而是应把其放在交通广播产业发展的大背景下、大工程中去看待、去评价,这样才更有意义,才更能指导我们推动下一阶段的工作。众所周知,在取得快速发展和很大成绩的同时,交通广播很早就开始了居安思危,很早就开始了产业化拓展的探索尝试。成立全国性交通广播汽车俱乐部,切入汽车后服务市场,拓展交通广播发展新增长点,逐

渐成为全国交通广播人的共识。为此,一些地方相继成立了交广汽车俱乐部或车友会等形式的组织。在业务活动方面,越来越多的地方开展了自驾游活动,有些推出了会员服务卡、会员购物优惠卡,等等,在这方面进行了积极、有益的探索和实践,也取得了一些有益的经验。但是在谈到这个大工程的推进时,我们总是感觉像老虎吃天,无从下嘴,难以突破,为什么?我们一直在思索。今天的这个会议给了我们一个启示,那就是我们一直缺少一个"联"字,联合、联网、联动的"联"字。而今天,我们终于找到了这个字,"全国交通广播自驾游联盟"中有"联"字,我想它的成立,不单单是一个组织的成立,而很可能是全国交广汽车俱乐部推进的一个切入点、一个突破口。

为什么这么说呢?首先,自驾游联盟的成立,使全国交通广播进行产业联合拓展有了纽带和抓手。在这个领域,我们一直是在口头上行讲联合,而事实上难联手。抛开体制机制方面的障碍和壁垒,以业务合作促联手,在自驾游联合开发方面先试先行,先业务联手再实体联合,应该说是这次联盟成立给我们指出的一条新路。

其次,全国自驾游联盟的成立,将为我们实际展示交通广播联合发展产业的力量。我们探讨五年多的全国交广汽车俱乐部的前景,现在似乎可见一斑。全国交广自驾游联盟可以说是推进全国俱乐部组建的一个示范工程,它的实际运作效果、它所展示的联合效益,将使我们获得直观的、有冲击力的体验,将有助于我们提高联合发展的积极性和创造性。

第三,全国自驾游联盟的成立,将使全国交广汽车俱乐部项目的推进有了推手。五年来,我们在推进这一项目时,总是感觉没有一个专门的实体去组织、推动,我们的台长和总监事情很多,不能只盯着这一件事。联盟的成立,将弥补这个缺失,以联盟来作为项目运作的专门机构,无疑将使项目推进有了实实在在的承担主体。

当然,要想做到上述几点,仅成立联盟是远远不够的,关键还要看实际运作。在这里,我对联盟的运作提几点建议,供大家参考。第一,联盟运作要实化,要常态化。说实化,就是组织上要由相对专职的人员组成,制度上要有章程、经费上要有保障;常态化,就是长流水、不断线地开展自驾游活动组织、模式研讨、经验总结,不能成立了事,热闹一阵就无声无息,那还不如不成立。第二,联盟要立足自驾游,胸怀俱乐部。一方面,站在俱乐部全局的角度思考自驾游活动的开展问题;另一方面,通过积极的自驾游联合实践,为俱乐部组建积累经验、打好基础。第三,交通宣传委员会要做好指导和支持,在常务理事会和年会上要作为重点工作、核心项目,听取联盟运作情况汇报,举交通宣传委员会行业组织全部资源之力,对他们加以支持。

同志们,在交通广播的产业化拓展方面,江苏交通广播是开始得比较早,成绩和体会也是比较多的,取得的成绩给大家留下了深刻的印象。这次发起成立联盟,可以说是为全国交广产业化拓展做出了自己的努力。大家知道,宜兴紫砂壶闻名中外,正所谓"人间珠宝何足取,宜兴紫砂最要得"。宜兴紫砂壶品牌的树立,固然有其制作原料紫砂泥原产地在此的原因,我想更多的是多年千锤百炼、精心打磨的结果。我们的交通广播也拥有独特的优质资源,要想打造出广阔而独特的天地,我想也需要上下求索、孜孜不倦、坚持不懈、联合创新。

成立"全国交通广播自驾游联盟"是个开始,我们希望在接下来的工作中全国的交通广播能够齐心协力、做实做大,将跨域联合推向纵深,真正出成果、出效益,并以自驾游联盟成立为契机,深入开展交通广播产业联合发展的更多尝试,祝"全国交通广播自驾游联盟"越走越远!

最后,我们应该再次感谢江苏广电东道主,感谢宜兴市委市政府为本次活动提供的条件和服务。

谢谢大家!

〔李丹:中国广播电视协会会长〕

# 汽车社会与广播媒体发展

潘 力

根据国务院发展研究中心预测:2010年我国汽车保有量突破7000万辆,成为世界第一汽车生产和消费国,并将在后十年呈快速增长态势,汽车进入家庭已经成为不争的事实,从"自行车社会"走向"汽车社会"这一历史进程终于到来了。

"汽车社会",顾名思义,就是一个社会围绕汽车这一现代工业产品,形成一整套经济、文化、生活体系。当代发达国家早已进入了"汽车社会",比如美国就被称为"车轮子上的国家",成熟的汽车文化也给美国广播产业的发展提供了新的契机。美国广播界有句名言:"车轮子和干电池拯救了广播。"

目前,我国的北京、上海等发达地区也步入了"汽车社会"。根据北京市统计局的数据,北京市每百户平均拥有私家车19辆,大大超过了国际通行的每百户10辆的标准。而根据中国道路运输协会的统计:截至2010年,全国高速公路通车里程达到65000公里。随着大规模基础建设的加快,"汽车社会"在中国已粗具雏形,这为广播媒体的发展提供了难得的历史机遇。

在我国广播媒体中,以移动人群和司机为主要服务对象的交通广播呈现蓬勃发展的良好势头。2009年全国广播广告收入约为81亿元,而中国广播电视协会交通宣传委员会旗下的80家交通广播媒体的广告收入就达23.5亿元,其中北京交通广播单一频率的广告收入达4亿人民币,创全国广播广告单频之首。近年来,在全国广播广告投放中,汽车类广告已经占据了相当大的比例。据2009年的统计数据表明:汽车类广告的占有率接近10%。广播媒体在取得良好的社会效益的同时,也获得了较大的经济效益。

## 一、汽车社会的引领者

### 1. 汽车带来个人需求的变化

随着汽车作为代步工具走入千家万户,汽车在人们生活中的重要性日益凸现。汽车不仅在人们的日常出行,包括工作、旅游、商贸中扮演着重要角色,更为重要的是,在汽车社会里,汽车不再是一种交通工具,它更是社会的组成部分,是人的空间属性的扩展和精神的延伸。

传播学大师麦克卢汉在《理解媒介——论人的延伸》里提出"媒介即讯息"的著名观点,认为一切媒介都是人的部分肢体向公共领域的延伸,任何一种媒介都倾向于以一种新的关系与其他感官发生作用。现代社会,万物都可以是媒介。听觉是耳朵的延伸,视觉是眼睛的延伸,服装是皮肤的延伸,游戏是人的延伸。电话是没有围墙的言语,是耳朵和语言的延伸,是一种超感官的延伸,是时间空间难以抵抗的入侵者,是公众冷静参与并且高度亲近的一种形式。唱片机是没有围墙的音乐厅,是声音的延伸。电影、电台、电视是没有围墙的教室,是触觉以及各种感官的相互延伸。而汽车作为社会交往的主要媒介和工具,带来了人际关系的尺度变化、速度变化和模式变化,塑成了人际交往的文化形态和传播模式。

因此,在汽车社会里,由于汽车的普及带来了人们生活方式的显著变化。随着生活节奏加快,我们进入效率和速度的"速活社会"。与此同时,周末生活、夜间生活也和过去截然不同,周末郊区游、自驾游逐渐升温,晚间在路途上逗留的时间也大大延长。广播作为服务移动人群的媒体,敏锐地察觉到社会外在形态和内核精神的变化,依托频率资源和品牌效应,为移动人群提供最优质的服务和产品。

### 2. 自驾游模式的引领作用

自驾游是广播引领汽车社会的主要变革手段之一。自驾游是指有组织、有计划,以自驾车为主要交通手段的旅游形式,它既是广播媒体为受众提供的服务内容,也是倡导汽车社会生活的一种体验式经济。

目前,全国各省市自治区交通广播相继组建汽车俱乐部和车友会,以交广汽车俱乐部为产业平台,进军汽车后服务市场,成为广播媒体拓展产业链的重要举措。广播依托自身的传播特色,以有车一族为最佳移动收听对象,把目标消费群体纳入有效的服务领域,针对他们的需求生产适合的消费产品。以广播受众群体为主的自驾游有了真正的市场空间,它所带来的影响和辐射作用远远超出自驾本身,汽车厂商的关注、广告主的投放、景区客源的积累等,必将带动当地经济的发展。

## 二、汽车社会的助推者

### 1. 汽车社会拓展汽车产业

汽车产业已经成为我国经济发展的支柱产业,自 2001 年以来我国汽车工业连续九年保持两位数的增长,并进入以大众消费为基础的快速增长阶段。20 世纪 80 年代,三位美国麻省理工学院的教授在《改变世界的机器》一书中谈到,汽车的大规模普及带来产业的延伸。在发达国家,随着人们出行频率和时间的增加,围绕着汽车产生出汽车餐厅、汽车影院、汽车旅馆、大型购物中心等消费形式,驾车旅游、休闲和度假也已经融入人们的日常生活中。

汽车的大规模普及增大了人们活动的半径,以汽车为载体和工具的人类活动突破了旧的城市空间布局,促使人流、物流和信息在城市中心区与边缘区之间进行新的格局调整,都市圈和大城市带成为新的城市组织形态,并由此延展出旅游、会展、物流等汽车后服务市场产业链条。

### 2. 广播延展汽车产业链

广播媒体作为汽车社会的助推者,在为移动人群提供出行、旅游、商贸、观光等资讯和服务的同时,也积极宣传报道我国汽车产业的发展的新趋势和民族工业品牌的新成就,为汽车产业的大发展起到了有力的传播作用。近年来,在国内举办的各种类型的大型车展中都能够看到广播的身影。新车发布、品牌推介、全程试驾、互动体验、参与交流等,广播媒体的助推,为车展提供了展示的平台,获得了汽车行业及汽车生产企业的普遍认同,同时,宣传报道了国内外汽车工业所取得的新成就。

广播通过对汽车企业进行的整体策划、包装、推广活动,使移动人群对汽车产品和汽车产业有了更直观的了解,不仅为汽车消费吸引了广大潜在客户,更为汽车社会的发育健全做了社情民意的市场预期,广播媒体当之无愧地成为汽车社会的助推者。

## 三、汽车社会的倡导者

### 1. 汽车社会的挑战

据行业专家预测,21 世纪初,汽车排放的尾气占大气污染的 30%—60%,汽车保有量的增长也导致很多城市阴霾天气增多,酸雨加剧。而汽车的碳排放量占全球碳排放量的 25%,加剧全球气候变暖。

进入 21 世纪以来,"低碳、绿色、环保"成为全球经济发展的方向,节能减排也是衡量我国经济社会发展的重要指标。我国政府已经做出了"到 2020 年中国单位国内生产总值二氧化碳排放比 2005 年下降 40% 到 50%"的承诺。作为发展中国家，我国面临的挑战比发达国家更加严重，我国政府高度关注新能源汽车的研发和产业化。在能源和环保的压力下，新能源汽车无疑将成为未来汽车的发展方向。

而汽车社会的前提，是在不降低环境质量和不破坏世界能源的基础上，改善人类的生活品质。因此，构建和谐的汽车社会，要求汽车企业以更清洁、更有效的技术，以尽可能接近"零排放"或"密闭式"的工艺方法，尽可能减少能源和其他自然资源的消耗方式进行生产。

2. 媒介的倡导作用

美国著名报人普利策曾有句名言："假如社会是航行在大海中的一条船，那么新闻记者就是站在船头的瞭望者。要在一望无际的海面上观察一切，审视海上的不测风云和浅礁暗滩，及时发出预警。"

作为"社会瞭望者"的大众传媒，其作用在于及时监测社会环境，准确、客观、公正地反映报道社会发展的新动向，用事实说话。而媒体的权威性、可信性和社会责任感，使其具有传播的有效性和影响力，已经成为人们获取资讯的重要渠道，它所传递的新闻成为人们选择的重要标准。

在汽车行业里，以科技创新带动节能减排的理念在国内外被广为推崇。媒体不遗余力地推广节能环保的新理念，能产生巨大的社会影响力。在向移动人群和消费者推荐新能源环保汽车方面，广播媒体自身的传播作用和影响力不断显现出来。广播媒体所体现出的社会责任与义务，使其成为倡导新能源环保理念、促进新能源汽车发展的有力倡导者。

**四、媒介融合推进汽车社会的发展**

1. 媒介融合的嬗变

"媒介融合"的概念最早是由美国马萨诸塞州理工大学的普尔教授提出的。根据美国新闻学会媒介研究中心的定义，"媒介融合"是指"印刷的、音频的、视频的、互动性数字媒体组织之间的战略的、操作的、文化的联盟"。随着数字技术的进步、社会经济和文化潮流的发展及其引发的社会阶层的"碎片化"，媒介受众由以往的单向阅听人角色转变为需要为其量身定做娱乐、资讯服务的用户。媒介融合将更多地体现为在媒介与消费者充分互动的基础上，以日益丰富的信息元素满足消费者的需求。

### 2. 三网融合带来的历史机遇

媒介融合涉及广播、电视、电影产业、信息通信产业、电子制造产业、出版产业等多个产业，各个产业的规模、组织、市场结构及组织的市场行为都在不同的层面促进或制约着媒介融合的范围和程度。目前，对媒介融合影响最大的分别是广播电视产业和电信产业，这两个产业控制着庞大的信息内容、传输网络及受众和用户。媒介融合"无处不在"、"无所不能"的特性，使其需要在业务、网络等领域冲破上述产业间的壁垒。因此，媒介融合需要各国政府制定、出台相关的政策法规。

对广播媒体来说，三网融合为其生存与发展提供了难得的历史机遇。通过与电信、网络的合作，传统广播将迎来更广阔的业务拓展平台，以快捷、准确、有效的传播方式，向广大受众提供最新的实时资讯服务。而随着汽车与日常出行的日益紧密，人们获取信息的方式也发生了新的变化，手机电视、移动电视、数字多媒体广播将取代传统的媒介形态，成为人们获取资讯的重要手段。

### 3. 广播打造"京津冀一体化平台"

在三网融合的大背景下，由中国广播电视协会交通宣传委员会、中国传媒大学联合京、津、冀交通广播共同搭建的"京津冀都市圈综合交通信息平台"项目正式启动，它以广播等传统媒体与新媒体技术、电信技术为基础，依托已建立的实时路况系统，提供各地餐饮、娱乐、住宿、游览、出行等综合信息。受众登录这个平台后，所有信息将一览无余。这是广播媒体在媒介融合背景下，整合已有的信息资源拓展产业的有益尝试，必将成为京津冀都市圈经济一体化的助推器，是为汽车社会的到来进行全方位的准备，为出行者和移动人群提供全息化服务的有益实践。

因此，随着汽车社会的到来，广播将在其中发挥日益显著的作用。首届中国汽车传媒大会，将通过搭建媒体与汽车产业的对话平台，促进中国传媒业与汽车业的沟通与交流，为构建和谐的汽车社会建言献策，打造全新的、经得起市场考验的合作模式，从而"让市场检验得失，让效益连接社会，让联动创造影响，让共赢成为现实"。

## 五、汽车社会带给我们的冷思考

### 1. 汽车社会带来的汽车议题

众所周知，一个国家在解决百姓温饱之后，必然会进入以住房、汽车为代表的新消费时代。近年来，随着我国汽车产业和市场的蓬勃发展，越来越多的城市已经进入到汽车社会，汽车议题已经成为社会主题，成为媒体关注的热门话题。

在汽车社会中,汽车与社会的矛盾不仅是汽车与道路、汽车与能源、汽车与环境这三对基本矛盾,汽车与社会阶层、汽车与车主身份、汽车与城市建设管理的诸多矛盾也将成为新的社会焦点话题,矛盾的转变改变着人们的出行方式、社会关系、知识结构、生活节奏和文化习俗。

2. 构建和谐的汽车社会

我国的人口基数和现实的消费潜力,这些矛盾和问题将在今后很长一段时间内存在,是我们构建和谐社会不容回避的问题,这就需要"政府、企业、公众和传媒"形成合力加以推动。

首先,政府部门应及时制订清晰而富有远见的汽车产业战略目标,把汽车产业作为提高居民生活质量与社会进步的重要载体,成为扩大内需持续拉动经济增长的重要动力,确保经济社会的可持续发展。

其次,汽车企业应按照国家节能减排的指标,充分考虑能源、环境的制约因素,生产符合能源多样化、节能轻量化、排放清洁化、动力电气化的新型汽车。

然而,公众在进行汽车消费时也应理性消费,形成良性的消费观。而汽车社会议题的设置与讨论、低碳环保的生活理念的推崇、汽车社会各方利益的沟通协调,都需要借媒体之力。

媒体作为连接政府与公众、企业与消费者的纽带,要以社会瞭望者的姿态,洞悉经济社会发展的变化,以"资源整合、共谋发展、共创效益、全面推进"的理念,调动社会上的有利资源,使媒体在"强化专业特色、规范服务标准、打造运营平台、提高策划水平"方面,成为"联动政府、扶持企业、推进发展"的有力助推器,"以使命为依托,以责任为担当,以创新求发展",作出应对汽车社会未来发展的正确抉择。

〔潘力:中国广播电视协会交通宣传委员会常务副会长兼秘书长〕

# 推动跨界传播,唱响主流广播第一声

潘 力

"爱心送考"是各地交通广播的公益品牌。2001年,湖南电台交通频道发起"爱心送考"的倡议,经过十年的发展,又在全国率先倡议组建"全国爱心送考大联盟",掀起了全国性的"爱心送考"热潮。这一爱心创举,成为联动全国广播主流媒体、体现媒体社会责任的公益形象。

2011年,中国交通广播步入发展的第20个年头。"爱心送考"活动也迈进了第二个"十年"的发展期。如何将"爱心送考"的爱心名片发展为全国交通广播联盟的爱心品牌,需要思考,需要实践。"爱心中国——2011全国百城百台爱心送考在行动",就是行业组织联合地方广播主流媒体迈出跨界传播的第一步。

整合区域性活动,策划全国性、具有影响力的跨域活动,是中国广播电视协会交通宣传委员会自2010年推出"畅行中国"主题品牌之后,力推与主打的一项重点工作。在过去的一年间,行业组织秉持"用思想引领行业、用活动带动行业"的理念,组织和发起了七项"畅行中国"系列活动:

1. "畅行中国·井冈山自驾游赏花会"

2010年4月18日由江西吉安交通广播发起,中国广播电视协会交通宣传委员会、井冈山市委、市政府主办的"2010首届中国井冈山国际杜鹃节暨全国交通广播自驾游赏花会"在井冈山风景区隆重举行。启动仪式上,由行业组织授予井冈山风景区"中国自驾游首选目的地"和"爱国主义教育基地"两块牌匾;随后,北京、大连、广州、深圳、西安、青岛等省级和地方交通广播都相继组织自驾游,参加"千车万人上井冈"活动,从而提升了"畅行中国"红色之旅自驾游品牌的含金量。

2. "畅行中国·一路畅通看世博"

2010年5月1日借上海世博会的召开,由上海交通广播发起,中国广播电视协会交通宣传委员会、公安部交管局、上海东方广播公司主办,历时半年时间,实现全国交通广播电视的大联动,有力推动了行业间的资源整合,是一次采访跨度周期最长、展现行业整体传播实力的一次有效检阅。

3."畅行中国·爱心送考大联盟"

2010年6月6日,由湖南交通广播发起,中国广播电视协会交通宣传委员会、湖南广播电视台联合53家交通广播播出机构,共同打造全国爱心送考大联盟,集中整合区域资源,扩大"畅行中国·爱心送考"品牌在全国的辐射力和影响力。

4."畅行中国·中国边疆采访行"

2010年7月27日,由中国广播电视协会军事广播委员会发起,中国广播电视协会交通宣传委员会共同主办的"中国边疆采访行"大型采访活动在哈尔滨市黑龙江省军区正式启动,为期3年的中国边疆采访活动是专业委员会之间一次有益的合作,开创了全国各专业委员会之间合作共赢之先河。此次联合采访活动,起到了"资源共享、优势互补、共谋发展、共创效益"的示范效应。

5."畅行中国·内蒙古草原欢乐行"

2010年9月7日至11日,由内蒙古交通广播发起,中国广播电视协会交通宣传委员会、内蒙古人民广播电台主办的"内蒙古草原欢乐行"主题活动,联合全国36家交通广播播出机构,通过跨区域的联合采访,扩大少数民族地区对外开放的影响,提升交广品牌的社会认知度,打破区域局限,增强凝聚力,提升了全国交通广播的整体实力。

6."畅行中国·精彩湖北——走进鄂西"大型采访活动

2010年10月25日至30日,由湖北楚天交通广播发起,中国广播电视协会交通宣传委员会、湖北省委宣传部、省政府新闻办、省旅游局、省广播电视总台主办,联合中央、省地市81家平面、广播、电视播出机构,通过全国媒体联手和互动,为湖北恩施、武当、神农架风景区颁发"中国自驾游首选目的地"牌匾,将地方的生态旅游文化品牌向海内外传播,成为湖北省文化创意产业的力推项目。

7."畅行中国·文明交通在行动"百城百台大联播活动

2010年12月2日,由中国广播电视协会交通宣传委员会、公安部交通管理局、中央文明办主办,历时一年的全国百城百台大联播在全国范围内同时启动。百城公安交警和百台交通广播电视播出机构,在本地区范围内,开展多种形式的活动,推进文明出行理念的普及与推广。"文明交通在行动"活动,丰富了播出机构的节目内容,充实了节目内涵,实现了主流媒体与政府部门的资源对接与互利合作,为中国传媒行业的发展注入了新鲜元素。

"畅行中国"系列品牌活动所产生的影响,已经在行业内显现出强大的生命力。通过开展跨域性主题活动,不仅能够在全国范围内展现地方社会、经济、人文风貌特色,还为地方经济发展提供了一个广阔而强有力的传播路径。更为重要的是,利用行业组织搭建起的全国性的传播平台,对各地广播电视主流播出机构的发布平台进行梳理整合,强化区域传媒的有效到达率,成为跨域性集聚效能的最强合音,全面提升中国交通传媒的整体实力与竞争差异,这正是行业组织创建主题品牌活动的初衷。通过锻造品牌,为推出"畅行中国"、"爱心中国"的系列品牌打下坚实基础,它是全国交通广播电视播出机构提升区域影响力、增强知名度与美誉度的最佳途径。

2011年,全国"爱心送考"活动本着"整合优势资源、扩大区域传播效力"的宗旨再度起航。在城市交通日益拥堵的今天,"爱心送考"将发出"为高考少开一天车"的公益倡议,使爱心送考、爱心让行成为一种全民参与的公益行动。"爱心中国——2011全国百城百台爱心送考"活动的创新性在于,主流广播媒介不仅要打破区域的局限,更要突破跨界传播的瓶颈,通过与独家网络——新浪网的合作,延展"新浪专题、微博、微访谈、微视频、微电台"等产品使用价值,扩展广播受众的网民效应,使新型的人际互动传播成为有实效、有价值、有思想的沟通渠道,真正实现传统广播媒体与互联网新媒体平台的有效对接,相互渗透、彼此借力、共赢发展,在大传播的背景下,打造全媒体的广播运营平台,实现真正意义上的网络新广播,唱响主流广播的第一声。

〔潘力:中国广播电视协会交通宣传委员会常务副会长兼秘书长〕

# 中国交通广播二十年的探索与实践

潘 力

伴随社会主义市场经济体制的逐步建立与完善,社会政治、经济、文化和人民生活日新月异,人民群众的生活水平和质量不断提高。和谐健康的社会环境,为我国广播事业的发展创造了良好的传播条件。为适应交通服务和出行的需要,为移动人群和城市交通管理提供信息与服务的交通广播应运而生。

从1991年全国第一个交通频率——上海人民广播电台交通信息台开办到现在,全国交通广播已达百余家,2010年的广告收入达到28.9亿元,连续6年持高速增长态势。交通广播定位准确,具有鲜明的专业特色;宗旨明确,具有强烈的服务意识;思路清晰,具有坚定的市场观念。交通广播的这些特点引起了业内外人士的极大关注,出现了"交通广播现象"的热议。

回顾交通广播成长历程,主要包括四个方面:第一,专业特色。针对特定的群体受众——开车人、坐车人、出行人服务,从而赢得这些群体受众的认同感和忠诚度。第二,服务意识。把满足移动人群的需求作为交通广播的出发点和归宿,形成鲜明的服务特色。第三,合作共赢。广播与公安交管部门紧密合作的优势,是交通广播取得成功的法宝。第四,拓展市场。由于定位清晰、宗旨明确,"开门办广播"成为频率的市场营销理念。

中国交通广播成立二十周年之际,各地交通广播的发展方兴未艾、蓄势待发,显示出强劲的推动力,甚至有人称交通广播是今后能与电视抗衡的最佳传播载体。在新媒体异军突起的背景下,中国交通广播如何通过机制创新、资源整合,实现从节目到经营再到战略层面的方略提升,拭目以待。

## 一、内容为王,创新不止,寻求交通广播节目新样态

### 1. 期待高品质节目

在内容为王的今天,高品质节目是广播拥有忠实受众群体的根本所在,也是交通

广播可持续发展的一个重要基础。提升节目品质,首先,要保持节目特色,使节目更适合受众的需求。其次,积极采用广播的新技术,合作办节目,利用行业间的交流,提升自身竞争力。最后,通过科学的节目评估体系完善节目运行机制。

2. 期待"路况信息"专有资源

"路况信息"是交通广播的支柱内容。有人曾说,交通广播只剩下"路况信息"一样能赢利。事实上,这正是一把"双刃剑",过分地依靠它,最终会伤害自己。在市场经济条件下,广播、电视、报纸都开办了类似的交通路况信息节目,交通广播的专有资源面临挑战。"路况信息"已不是单纯满足可听性,更要强化必听性,确保信息的权威性和可靠性。例如,江苏交通广播网"六网合一"的理念,就是对专有信息的认识的拓展。广播与网络合作,保证信息的权威,在技术创新层面上是一个突破。

3. 期待广播节目数据采集

单就路况信息而言,不少交通广播只强调信息的量,而不注重信息的质,致使路况节目信息虽多,但冗长繁杂、听而生厌。在国外,资料存储和检索系统的建立是广播事业发展的基础。在遇到重大交通突发事件时,就可在很短的时间内找出相关交通事件的背景资料进行对比、分析。北京交通广播建立的路况资料数据库,使各类交通实用信息的选择成为可能。

此外,交通广播节目制作特色鲜明,即在特定的时间疏导特定的人群需要个性化的信息服务。交通广播除了路况信息以外,还要重点开发服务于出行领域的延伸的节目产品,着眼于私家车主及移动人群的衣食住行。

## 二、经营为业,突破局限,开拓交通广播赢利新模式

1. 创新广播经营模式

发展良好的广播,无一不是在体制、经营上有所突破,找到了出路。适应广播自身特点、遵循传播规律,打破陈旧的管理体制,才能寻找符合市场经济的运营模式。交通广播通过举办全国性、区域性节目的交易会,使社会上的制作力量为我所用,降低制作成本、进行集约化经营,形成互利互惠的良性循环,发挥广播的潜在力量,实现节目市场化的新突破。

交通广播的成功在于开门办广播,着眼未来,不局限于广播广告的利润,大胆经营媒体。广播与网络的融合,就是要借用其他传播途径,突破广播自身局限,拓展广播升值空间,开拓广告以外的收入来源。"办报纸的有声版、办看得见的广播",已经成为交

通广播践行的目标。需要指出的是,广播的创新和改革必须紧紧围绕国家经济和社会发展的客观实际,营造广播良好的生存环境,广播才有潜力可挖,成为真正意义上的主流媒体。

### 2. 拓展交通广播产业链

交通广播产业是指以交通媒介为依托,以传播"大交通"理念为己任、以服务交通行业及汽车后服务市场的相关产品与服务所创造的利润为媒介产业聚合力量。首先,交通广播产业以媒体为依托,是媒介产业的延伸;其次,交通广播产业内的企业是与行业紧密关联的企业群,产品或服务面向市场,而竞争的唯一标准就是接受市场考验。

目前,交通广播产业的经营模式仍然是"单点式"的,即围绕内容生产将相关的上中下游环节搭建起来。问题在于:一是它对于资源(包括信息资源、客户资源、受众资源、品牌资源等)的利用率比较低,开发层浅表,类似"广种薄收"的农业模式;二是"单点式"的内容开发,具有某种"饱和点",成为发展制约点。

现阶段,我国交通广播产业价值链的发展主要是沿着以下两个方向展开:

(1)媒体产业链条的构建

指传媒扩张中的"一体化"模式,即将过去的单一的内容生产通过扩张,形成多层次、立体化的媒体运作方式,这样能够有效提升资源(包括信息资源、客户资源、受众资源、品牌资源等)的利用效率,降低运作成本,有助于形成和提升传媒品牌及社会影响力。

(2)跨行业产业链条的构建

交通广播产业的基本现实就是过度依靠"卖广告"这种单点支撑的赢利模式,不仅使交广经营的风险程度很高,高度受制于广告业,还会造成交通广播经营发展进入到一个很难继续提升的"瓶颈期"。用形象的语言来说,广播产业的赢利模式一般有四种:一是"卖内容",二是"卖广告",三是"卖活动",四是资本运作。

近年来,交通广播跨行业产业价值链的构建就是依靠突破这种"瓶颈",赢得"多点支撑"的经营格局,取得了实际效果。

## 三、战略为先,创意为王,探索交通广播发展新机遇

### 1. 突发事件彰显广播魅力

应急突发事件是广播彰显优势、有别于其他媒体的一大传播特色。在社会信息化的今天,成为权威信息的发布平台,及时报道突发事件,正确引导舆论,是大众传媒义不容辞的社会责任。

2008年初，我国南方部分地区遭受了历史上罕见的低温、雨雪冰冻灾害，交通严重受阻。为帮助政府快速处理交通突发事件，帮助灾民及时获得有效信息，交通广播展开了媒体间的冰雪鏖战。在这场战役中，交通广播较好地完成了报道任务，在交通信息报道、交通疏导、交通救援、灾情发布、安全预警、事故处理等方面彰显出独特的媒介社会功能，成为党和政府处理应急突发事件的指挥中心。在湖南，湖南交通广播与本省多家主流媒体通过对雪灾现场的联合采访、人物专访等共享交通信息资源，全方位再现抗冰雪救灾的工作，谱写了冰雪路上的感人篇章。冰雪无情人有情，交通广播人这种不畏艰苦、连续作战的顽强作风，这种运筹帷幄、空中调度的大局观念和独特魅力，证明在这场冰冻雪灾报道战役中，交通广播确实是一支关键时刻拉得出、危险时刻冲得上、能战斗、打硬仗、无私奉献的专业媒体，是党和政府在处理突发应急事件中的得力助手。

跨区域连线直播已经成为全国交通广播应急突发事件报道约定俗成的合作模式。近年来，这种模式在非事件性报道中也常被采用，像"百城百台文明交通在行动"、"全国爱心送考大联盟"、"北京国际车展大直播"等，作为交通广播专业频率，这种模式运用，相比其他媒体更频繁、更灵活、更具规模、更具影响力。

### 2. 依靠行业组织作用推进发展

作为全国交通广播的行业性组织——中国广播电视协会交通宣传委员会以定位准确、顺应发展为目标，引领交通广播同仁冲破旧观念，提出新理念，把握媒体发展轨迹，以行业纽带的作用连接全国交通广播。行业组织成立16年来，始终以引领交通广播发展为己任，从把握广播媒介发展趋势的高度出发，组织会员单位开展"业务交流、人员培训、理论研讨、整合资源"等活动。以"思想引导行业、以智慧触动行业、以情感打动行业、以活动带动行业"的行为理念，组织交通广播开展主题性研讨和具有推广价值的活动，使"思想的渗透力、行业的凝聚力、品牌的影响力、媒介的融合力"不断增强，成为中国交通传媒领域充满"生机、活力，具有专业主义激情"的创新团队，行业组织的作用得到彰显。

交通广播走到今天，实际上反映了行业的发展足迹。关注广播媒体走势，探寻交通广播发展，与世界媒介发展同步；强化评奖创优，深化学术研讨，强化强强联合，注重资源的整合，打造广播的整体实力，真正办有思想的广播。

### 3. 利用新媒体技术，增强竞争实力

广播是技术的产物，它的优势得益于先进的电子技术。高科技将对广播的工作方式、传播方式和接受形态产生深远的影响，并为广播的发展注入活力。在三网融合、新

媒体技术发展越来越高端的传媒科技时代,全面推行数字化广播有利于交通广播提高传播效率、占领市场、迎合受众、提升竞争力。节目制作、传播技术的数字化已成为广播电视发展的重要趋势,现代信息传播的网络技术、数字技术、卫星技术、3G移动通信技术、光纤技术、数字音频技术等高科技的迅速发展和广泛应用,使专业广播和其他媒体的联手有更为独特的优势。交通广播已经通过现代科技手段与当地的交警指挥中心、交通运输管理中心、民航、铁路、航运管理中心实现了网络的互联,让庞大的网络发挥效益、产生效益,使跨媒体的立体传播渠道真正成为现实。交通广播与新浪网2011年6月7日、8日在高考期间携手举办的全国百城百台"爱心送考"活动,就是通过网路媒体的互动方式,发挥微博、微访谈、微视频的传播优势,实现传统广播与网路新媒体的有效传播,延展交通广播网络受众,增强媒介的竞争实力。

广播在整个社会的媒介系统中的地位是不可替代的,我们应该认真地思考中国交通广播20年发展的变化,它已经成为当今广播的主流媒体,引领中国广播的前行,这都是我们研究的重点。期望广播能够超越任何社会阶段,因为在我们的社会系统中,总有属于广播的空间,而这个空间取决于广播对自身规律的认识和对自身潜力的发掘。广播的繁荣,正是找到了符合自身发展规律的道路,找到了自己的媒介准则,我们应该用新的标准来衡量广播繁荣的意义。广播不再是弱势媒体,将与其他媒体一样,在相互融合和变化中实现可持续发展。中国交通广播将迎来新的发展机遇,广播的未来将会更加美好。

〔潘力:中国传媒大学广播产业研究所所长、传媒博物馆馆长、教授,
中国广播电视协会交通宣传委员会常务副会长兼秘书长〕

·总监论坛·

## 打造生活品牌　彰显交通广播魅力

张　翼

　　新疆交通广播的前身是新疆音乐台,2006年正式更名为交通广播,开始走上专业化、类型化广播的道路。作为一个老平台、新广播,新疆交通广播力求在专业交通上做深做透、做出特色,力求用个性化的节目、新的办台思路和不断创新的方法,办出有影响力的交通广播。新疆交通广播提出"以类型化为方向,以特色化为武器,立足交通,内容为王,受众为先,贴近生活"的口号,在短时间内披荆斩棘,迎来了收听率一路飘红的好成绩。

### 一、以突发事件为突破口,打造交通广播的移动平台

　　关注百姓,关注民生,关注交通生活,新疆交通广播以突发事件为突破口,体现平民化视角下对新闻事件的解读,大大提高了新闻节目的可听性。

　　新疆"七五"事件震惊全国,全国特警聚集新疆,当时《安涛在线》节目中接到一位女听众的热线：她要给在新疆执勤的特警老公表达生日祝福,主持人迅速抓住这个新闻事件,当即开通特别节目,号召大家为这名特警过生日。结果要求送蛋糕、送礼物、送鲜花、前去慰问的听众打爆了直播间的电话,我们迅速组织听众前往,为这位正在执勤的特警过了一个别开生面、感人至深的生日。一位刚生产不久的产妇生命垂危,需要更换2000CC血液挽救生命,新疆交通广播在一天的时间内为这名产妇召集了100位志愿献血者,挽救了产妇的生命。2010年末,乌鲁木齐遭遇23年不遇的严寒,为了让更多的人回到温暖的家,新疆交通广播发动"用绿丝带温暖2011"的志愿者活动,几千辆私家车挂上绿丝带义务搭载路边有困难的人回家……这些突发性的事件通过"现场连线"、"直击现场",大大提高了交通广播的品牌影响力、品牌传播力。

### 二、不断创新节目形态,增强核心竞争力

　　做广播需要不断创新,所以我们不断地挑战创意的极限。节目是产品,节目质量

的好坏直接关系到收听率、影响力和生存空间。新疆交通广播虽然在改呼号后成为一个年轻的广播频率,但不断进行节目形式创新的理念却是一个长久的坚持,这主要体现在节目形态的创新和常态节目运作方式的创新两个方面。

在节目设置上,新疆交通广播通过专业市场调查等多种方式了解听众的喜好、习惯和收听需求,力求节目内容设置与听众需求相一致,播出时间与听众收听规律相统一,节目形式与听众欣赏习惯相符合,有针对性地开办节目。在节目内容上,坚持立足交通、贴近生活,加强针对性和服务性。作为城市交通的集纳器和传播者,新疆交通广播深深地打上了地域文化的烙印。2010年我们推出热线节目《三剑客》,将早中晚三档节目进行品牌整合,密切关注城市民生,全面反映交通难点、疑点、热点、焦点;其次,开通早晚高峰时段交通伴随性节目《开心路路通》,多角度贴近城市生活,午间推出《先声夺人》、《微博私访》两档娱乐时尚的节目,对城市交通进行精确解读,对城市生活进行印象传播,对交通生活进行真实呈现。

### 三、将触角延伸到社会各个领域,通过公益活动彰显魅力

做广播需要野心和想象力,所以我们要做行业的领跑者,要奋勇争先、不断向前。新疆交通广播始终坚持"让人们听到广播之前,先看到广播"这样一个经营理念,具有新闻价值的公益活动成为塑造新疆交通广播品牌形象最直接、最有效的方式。

建立949希望小学,发展公益联盟,爱心送考,发放环保袋,义务植树,无偿献血……交通广播以更加响亮的声音融入人们的生活。人们记住了这个城市最有人情味的广播频率就是新疆交通广播。新疆交通广播的节目设置与内容紧扣城市交通的方方面面,关注生活在这座城市里的人们所关心的东西,并且以最适合目标人群的方式进行编排。具体地说,经过一年的摸索实践,新疆交通广播形成了以线性节目为"经"、以板块节目为"纬"的节目平面构图,形成了以"资讯"、"路况"、"天气预报"、交通服务性栏目每小时循环播出的立体节目架构,使新疆交通广播渗透到乌鲁木齐人的生活中。新闻说的是人们身边的事,路况报道与听众"早晨一同上路,晚上一起回家",情感经历连着听众的喜怒哀乐……听众想得到的信息这里都有,所以听众评价新疆交通广播是"好听的电台"、"实用的电台"。

### 四、在不断挑战、创新和科学发展中彰显魅力

做广播需要诚信和执著,所以我们倡导换位体验,崇尚内部沟通、交流、分享,外部合作、多元、共赢。在新疆人民广播电台整体改革的过程中,新疆交通广播只是其中的

一个有机组成部分。在当前激烈的媒体竞争形势下,新疆交通广播立足自身独特的优势和特点,以更宽广的视角、更精准的定位、更完善的服务为每一位听众、每一位合作伙伴创造着新的辉煌。未来,新疆交通广播要开阔视野,更新观念,拒绝狭隘,要实事求是地、科学化地发展,寻求新疆交通广播更美好的未来。新疆交通广播要学习先进的频率、栏目、节目等方面的设计与管理经验,创新资源配置,开发广播节目市场。面对危机、挑战,不论是体制上还是内容上,新疆交通广播都必须在准确分析生存环境的前提下,扬长避短,才能在与中央台及省台各频率的"博弈"中胜出。

2010年,新疆交通广播在当地节目收听率第一,品牌广告吸纳量第一,主持人感召力第一。作为中国西部最具投放价值的交通广播频率,新疆交通广播伴随着交通事业的快速发展,在历史赋予广播的全新起点上,怀揣梦想,以"交广人"的速度和理念,掀起汽车时代广播的全新革命。

新疆交通广播正蓄势而发,一路前行!

〔张翼:新疆交通广播总监〕

# 以创新和管理助推交通广播飞跃

张 立

浙江交通之声（FM93）自1998年创办以来，经营创收始终保持高速增长态势，2000年至今已连续10年位居浙江广播创收第一位。为有效推进交通之声的快速发展，2010年，浙江交通之声突出强化"创新"和"管理"，通过频道定位创新和节目样式创新，有效提高了市场占有率；通过广告经营理念和手段创新，提升了广告含金量；通过强化管理，深抓细节，充分调动了员工的工作激情；通过不断拓展传播通路，扩展了频率的社会影响。2010年，广告经营再次实现跨越式增长，增长超过40%，增收3000多万元，成功突破亿元大关，成为浙江广播发展史上的首个"亿元广播"。

**一、不断寻求品牌的核心价值，通过提炼、重组、延伸，创新频道定位、节目样式，提升品牌影响力**

通过市场调研、专家论证、挖掘提炼，2009年频道确立了"浙江交通第一广播"的市场定位，将节目定位从相对单一的"交通生活"领域延伸至"满足汽车人生活需求"，大力彰显节目的大气、灵气、侠气风格，极力彰显"第一"品质。在继续坚持"动态广播，服务媒体"的办台方向下，突出强化舆论监督节目的设置，全天布局五档新闻监督节目，形成联动格局，极力彰显媒体的责任意识，极大提升了频率的舆论引导力；创新引入曹景行等资深专家，创建了评论员队伍，扩展了节目的视野，提升了频道的节目品位；创意推出体现服务、娱乐、互动参与为一体的系列节目，有效丰富了节目内容，增强了节目的灵动性；继续发挥新闻"第一时间，第一现场"报道的优势，最大限度发挥广播在新闻传播中不可替代的优势，提升了在突发事件报道上的影响力。同时，继续主动扮演公共服务的提供者、社会资源的调度者和新闻事件的参与者等多重角色，多次处理和帮助解决了各种突发应急事件，成为浙江公共应急服务体系的重要力量。

**二、创新服务平台建设，提升服务能力，增加竞争筹码**

为增强广播对听众群体的后台服务能力，更好地实现广播在节目之外对听众群的

"黏着",吸引和稳固更多的收听人群,2010年浙江交通之声联合深圳智图科技开发推出了社区型服务平台——"93车主宝典",通过手机在线的方式,使听众获得最直接和最直观的服务。2010年10月,"93车主宝典"投入试运行,平台的路况信息、高速路况、新闻资讯、实时气象等已经成为最受欢迎的内容。"93车主宝典"加上两年前业已建成的频道集"信息收集、信息归类、信息流转"为一身的96093听众呼叫中心平台,使频道拥有了为听众提供广播、手机在线、电话呼叫等全方位服务的平台,进一步把听众变成用户,为真正抓住市场终端、有效延伸广播产业链、扩展全新的市场空间奠定了坚实的基础。

### 三、充分运用价格杠杆,创造绿色收听空间,提升广播经营品质

为有效压缩广告占用时间,提升节目可听性,面对白热化的竞争环境,浙江交通之声依然大胆提价40%。这一大胆措施大幅压缩了广告占用时间,广告时间压缩近30%,基本消除了困扰浙江交通之声多年的"广告中间插节目"的尴尬;也同时促进了单体大客户年投放量总量的提高和客户群的不断优化,极大提高了频道广告含金量。在提价阵痛的艰难期,浙江交通之声加快了团队培育、营销管理、激励制度、客服提升等方面建设,进一步完善广告经营管理制度,坚守广告价格底线,净化了广告经营生态环境。浙江交通之声建立了广告部主任—分管副主任—行业经理—经营人员的阶梯式"四级营销"管理体系,管理人员直接参与各行业组的营销策略制订、营销人员培养及大客户开发,发挥了中坚作用。同时突出行业经理对业务员传、帮、带的职责要求,逐步形成阶梯式营销团队人才结构,提升了营销团队的核心竞争力。以行业为核心,强力开拓各行业领军品牌的广告投放,形成"第一广播"的广告发布气场。通过周、月指标管理,采取每月评选"最佳营销团队"、"最佳营销个人"等手段,推进了行业指标的及时、有效完成。建立了广播媒体的"VIP客户服务体系",从广告价格政策、广告新品种开发、广告编排、广告创意等方面入手,提供优质客户服务,打造优质广播客服品牌。

### 四、深抓细节,强化管理,强力推行竞争上岗机制,优化团队执行力

一年来,频道突出强调管理的意义,深刻理解"细节决定成败,执行决定成败"的意义。持续完善各类管理制度,强调管理制度对宣传、经营等关键环节的实际效果,并强力灌输"马上做,做精彩"的行动理念,激发员工的执行力、创造力,使其以更饱满的热情投入工作。宣传上推行"分片包干责任田"的管理办法,进一步明确宣传口各环节责任人,先后修订了《关于节目监听工作的管理办法》、《关于稿件审核的管理规定》、《节

目岗位绩效考核办法》等考核依据,完善了考核体系。加强对节目的审稿、审听管理,开发了节目审稿软件,实现了对节目播出的全监控。实行了宣传岗位竞聘上岗制度,在新闻编辑、制作人等岗位开展了竞标上岗,有效激励了员工的工作积极性,一批有想法、有冲劲的年轻人担当重要岗位,并发挥了积极作用。在频道全体实施了岗位绩效管理制度,全员不分身份,同工同酬,切实做到"能上能下、能高能低"。建立宣传、经营一线人员每周培训制度,开展了符合广播各岗位特点的业务培训,提高了业务,训练了作风,培养了一支雷厉风行的队伍。

**五、运作品牌推广活动,不断拓展传播通路,培育多媒体合作,培育市场知名度、美誉度**

"酒香也怕巷子深",媒体也是"商品"。特别是在新媒体高度发达、"媒体大爆炸"的今天,传统广播媒体更需要时时刻刻思考抓关注度的问题。在抓好宣传、经营,练好内功的同时,频道加快了"台""报"合作、平媒使用、网络媒体应用、新媒体借力及广播覆盖的步伐。一方面,浙江交通之声继续发挥交通之声同频同步覆盖优势,加快覆盖补点和质量优化。另一方面,与浙江省级及地市晚报建立了战略合作伙伴关系,在新闻资讯和一线记者使用上相互借力,在直播报道上异质互补,在活动上相互宣传,扩大了影响,创造了"报""广"合作的新样式。同时,快速推进网络新媒体的使用步伐,开辟了交通之声微博,与浙江广电集团新蓝网强化合作,继续在新建高速公路沿线增加交通之声形象宣传牌,在杭州市区各主要路段、交通繁忙区域包装公交车车体,以5000块消防通道提示牌进社区为手段,加快了对城市居民区的渗透,开创了全媒体运作新格局。而在以"让广播看得见"为最初目的的频道活动运作上,浙江交通之声则提出了"极致化运作"的要求,追求活动取得最好效果,产生最大影响力,不给跟随者留下操作同类活动的机会,以免出现"张桃李摘"的乌龙结果。2010年,联合钱江晚报共同推出为玉树灾区解决课桌椅的新闻行动,8天时间筹集善款300多万元,为灾区21000名孩子每人添置一套全新课桌椅,被杭州市授予2010年度品质活动称号。在"文明出行迎世博"大型交通意识公益宣传月活动中,全新编排舞台情景剧《小陈的故事》,全省巡回演出25场,有效影响观众近百万人,得到了省委宣传部、省文明办的充分肯定,充分体现了一流广播媒体的社会责任。2010年,频道共推出各类活动近400场,极大增进了与听众的互动,扩大了品牌认知,提升了频道影响力。

〔张立:浙江交通广播总监〕

· 策划大师 ·

# 试论上海世博报道中交通传媒的整合传播
## ——以"畅行中国·一路畅通看世博"大型报道活动为例

潘力　周芳洁　李亦工

历时184天的上海世博会，在精彩纷呈的闭幕式上圆满落下帷幕。11月10日，在上海世博会宣传及媒体服务指挥部的总结表彰会上，上海市委副书记、上海世博会宣传及媒体服务指挥部总指挥殷一璀提出，世博会宣传在"确保新闻宣传有声有色"的总体目标下，为上海世博会营造了良好的舆论氛围，为上海世博会的成功、精彩、难忘发挥了特别的、突出的、无可替代的作用。世博宣传得到了中央和上海市委的充分肯定，以及参展方、参观者的广泛认同，赢得了人民群众的良好口碑。

在世博会期间，国内外各大主流媒体纷纷投入到世博的宣传报道中来，采用大篇幅专题报道的形式，全方面、多角度地展现世博精彩。中国广播电视协会交通宣传委员会下的80多家交通广播会员单位、40余家移动电视和交通电视播出机构，联合参加了"畅行中国·一路畅通看世博"的大型主题联播活动。本次活动由上海交通广播发起，公安部交管局、中国广播电视协会交通宣传委员共同主办，通过发挥交通传媒的信息传播优势，利用政府、行业组织和媒体三方优势资源的整合传播，取得了卓越有效的宣传成果，受到公安部及有关领导的重视和表扬。总结本次活动成功的关键因素，整合传播理应成为世博主题宣传报道的题中之意。

整合传播概念源自美国营销界，1998年起，逐渐在国内营销广告企划界流行起来。随着公共舆论宣传的发展，整合传播正在向着更广大的领域延展。如今，它已成为媒体宣传公益活动、提升自身影响力、扩大品牌知名度的重要法宝。

在本次全国交通传媒机构"畅行中国·一路畅通看世博"活动当中，活动策划者重点围绕全社会资源的整合，开展了形式多样、内容丰富的系列宣传活动，这为世博的整体宣传报道增添了亮彩。下面，笔者以本次活动为例，浅谈一下交通传媒如何在大型主题活动的宣传中，利用全方位优势提升宣传效果、打造优质品牌。

## 一、优势整合、辐射影响——整合传播的理论发轫

1. 整合传播的定义

传播,英文单词为 communication,拉丁词源为 communis,指人类交换信息的一种过程。传播的内容是信息(information),传播的根本目的是传递信息,是人与人之间、人与社会之间,通过有意义的符号进行信息传递、信息接受或信息反馈活动的总称。

整合传播是指运用多种媒体手段传播同一个新闻事件的传播方式,延伸来说,围绕一个企业公关事件运用常规媒体传播手段以及非常规媒体传播手段的传播方式都称为整合传播。整合传播主要研究如何从受众需求出发,将多种传播手段整合运用,以实现最优的信息传播效果。

2. 整合传播在品牌营销中的作用

整合传播的目标是致力于经营品牌关系,以此获得顾客的信赖和忠诚,达到积累品牌资产的目的。在品牌营销的过程当中,媒体首先需要了解受众的需求和取向。但由于这一需求通常是多样和复杂的,因此要想实现受众满意度最大化,就需要尽可能全面地满足受众的多种需求,于是整合传播的作用就得以发挥。

整合传播对媒体的基本要求,就是把一个最有价值的信息本身蕴涵的所有附加值多点扩散、精准解读,利用自身掌握的话语权与传播通道的优势,引导受众正确地认识事物的内在本质与发展趋向,从而有效吸引公众注意力。

在世博的主题宣传报道中,面临来自各种媒体的激烈的宣传竞争,交通传媒如何能够从中脱颖而出,抓住与交通息息相关的新闻点,拓展其附加值,进行全方位、立体式解读,从而吸引受众注意力,提升传播效果呢?全国交通传媒"畅行中国·一路畅通看世博"大型主题活动的成功报道,为解答上述问题,提供了一种可供借鉴的思路。

## 二、全情投入、当仁不让——全国交通传媒关于世博宣传的成功报道

在上海世博会举行的 184 天的时间里,前期预计将迎来 7000 万人次的参观客流。世博开幕之后,园区平均每天接待游客人数高达 38.9 万,在极端大客流时已经超过单日客流 100 万。由于世博会交通时间集中程度高、客流车流量大,给环沪周边地区的交通带来了一定压力。上海世博会交通保障措施要求:要最大限度地减轻世博交通对上海及其周边群众日常出行的影响。因此,对于交通媒体来讲,世博期间除了要认真

出色地完成对整个活动的推介和宣传,还要服务世博出行人群,缓解世博期间的交通压力。

疏导世博期间上海及周边省市路面交通,方便世博游客和普通市民出行,保障全社会工作和生活的运行秩序——成为交通传媒在本次世博宣传报道中的着力点,借此全国交通传媒获得了一次大显身手的良机。为此,在2010年5月1日世博会开幕之日,由上海交通广播发起,公安部交管局、中国广播电视协会交通宣传委员会共同主办的"畅行中国·一路畅通看世博"大型主题活动同期拉开序幕。

整个活动的策划、运作方案,是经公安部交管局、中国广播电视协会交通宣传委员会、上海东方广播有限公司三方反复论证、征询多方意见,最终修改制订的,体现出高标准、高水平、高质量报道活动的创新。活动期间,以"世博宣传周"为契机,全国交通传媒联合采制广播专题节目,每周由各台选派主持人走进上海世博园区,与上海交通广播共同进行现场直播;同时推出世博交通空中导航,通过播发上海周边省市交通广播的实时世博路况信息,让世博参观者能够顺利、有序进入上海,到达世博园区。在世博闭幕之日,全国交通传媒再度精诚合作,进行了长达3个小时的"畅行中国·一路畅通看世博"联合大直播,为本次跨区域、全媒体大联播活动画上了圆满的句号。

本次联播活动持续时间长达半年,重点宣传了"畅行中国·一路畅通看世博"的主题理念。活动不仅圆满完成预期目标,协助交警和交通管理部门做好交通疏导,保障了上海及周边省市的交通畅通,同时叫响了"畅行中国"这一品牌,由此拉开了"畅行中国"系列活动的帷幕。

### 三、把一切整合起来——"一路畅通看世博"活动的经验总结

本次"畅行中国·一路畅通看世博"主题报道活动的成功经验,总结起来,可以归纳为:跨越地域、整合资源、优势互通、立体宣传。下面,本文将从四个方面详细阐述交通传媒应如何借助自身传播优势,实现有效的整合传播。

1. 整合媒体资源,打破区域限制,实现全媒体、大传播

广播媒体是典型的区域性媒体。由于播出频率覆盖的局限性,广播较难实现全国范围内的影响力。本次活动正是借助交通宣传委员会行业组织的纽带力量,通过全国各地媒体的大联播,扩展了广播的地域延伸性,打破区域限制,将各地交通广播的资源整合起来。主要表现在以下几点:

(1)"一路畅通看世博"大型主题广播节目的跨区域覆盖

通过上海世博会"世博宣传周"活动,制作适合各地交通广播的选题;选择"世博宣传周"活动的周末,由各台依次选派主持人走进上海世博园区,与上海交通广播共同进行现场直播;各播出机构根据实际情况同时转播其他各台"世博宣传周"节目,把"一路畅通看世博"主题报道活动在各地推向高潮。

(2)环沪省、市周边路况信息的跨区域覆盖

上海周边地区交通广播电视播出机构联合推出"世博交通电波导航",将路况信息第一时间传达至全国各地,让计划前往上海参观世博的游客,能够顺利、有序、畅通地进入参馆展区。所有关于世博的有效信息,都在第一时间上传到世博网络公共平台,供各会员单位使用。

来自交通宣传委员会所属交通广播、交通电视、移动电视三个分会近150家会员单位参与联合报道活动,整个报道活动历时184天。从上海世博会5月1日开园以来,天天都有直播报道的内容,全国交通媒体每天参与世博会相关信息的报道,每周举行跨地区大型连线报道,全面报道世博盛会。另外,全国各地公安交警部门也参与到整个联合报道活动之中,特别是上海周边8个省、市交警部门及时向全国交通媒体提供了世博会期间上海及周边地区的交通出行资讯,增强了交通传媒报道活动的及时性、准确性。

2. 整合社会资源,融合政府、行业组织和媒体三方优势

交通广播着力点在路况信息播报,而权威、实时交通资讯的获取,必然离不开交警交管部门的支持与帮助。因此,自交通广播开播以来,交通传媒始终同交警交管部门保持着和谐融洽的良性互动关系。在世博宣传报道中,如何利用这种优势资源,提升双方的战略合作关系,是值得我们思考和探讨的。

世博会期间,上海专门成立了世博会交通协调保障组,同时公安部交管局和相关省市交警总(支)大队也抽调了专门人手,在环沪8省、市交警各支大中队确定"交警记者"(或信息联络员),提供入沪主要道路交通信息,传递世博官方发出的各类交通信息。上海交通广播始终坚持每小时播出7次、全天16小时的世博路况信息采集播报,以高科技手段获取最新、最权威的世博交通信息。在世博会开幕前一个月,上海交通信息中心最全面的实时道路信息和世博园区客流信息接入交通广播直播室,通过电子地图、监控摄像头和专用网络,上海交通广播可以随时掌握第一手的权威信息,调控全上海1000多个交通路口的监控摄像头,了解上海地铁13条线路的实时运营情况,以及全市近3万辆出租汽车的行驶动态和驾驶员信息,并通过车载电话随时和行驶中的

驾驶员通话，了解交通状况和突发事件的情况。利用上述权威信息来源，上海交通广播组建了一支集采访、编辑、播报三位一体的交通信息采编播队伍，保证了全天信息的充足、及时、准确、权威。

世博路况信息的权威有序发布，得益于活动主办机构——公安部交管局、中国广播电视协会交通宣传委员会和上海东方广播有限公司三方的有效组织协调。本次活动是政府、行业组织和媒体之间的三种资源的有效融合，体现了公安交通管理部门信息、政策的权威性，行业组织指导策划的权威性以及媒体信息传播的权威性。

3. 整合传播方式，借助网络传播，发挥数字新媒体优势

当今时代，新传播技术变革引发了传媒环境的风起云涌，继互联网之后，融互动性、即时性、娱乐性为一体的手机、移动电视等新媒体相继出现。在进行世博会此类大型主题活动的宣传报道时，新媒体成为一股不可或缺的重要舆论力量。对于广播电视等传统媒体来讲，要善于利用网络媒体的传播优势，挖掘数字新媒体的技术优势，整合多媒体传播方式，将互联网络为我所用。

在世博报道中，作为广播节目和信息的传输、共享和发布的网络技术平台，中国交通广播网和由上海交通广播提供的网路信息处理平台发挥了重要的作用。网络平台设置文件上传和下载功能，分设文字信息、音频信息、图片信息、视频信息和网页信息，可分门别类存放相关内容，便于查找。与此同时，上海交通广播专门成立"世博会信息工作组"，收集、整理、上传世博局、交通指挥中心等官方信息，及时有效地上传到互联网，供大家下载使用。利用互联网平台，传播世博各类新闻、服务等信息，兼顾各地会员单位的需求，制作录音报道、连线报道等音频报道，供全国各会员单位选用。同时，可配套使用上海交通广播路况系统（特设"世博专区"），完成用户管理和动态信息发布、留言对话、文件传输等功能。

4. 整合活动形式，实现全方位、立体化、多维度的宣传覆盖

整合传播的关键要素有二：一是要以多种常规或非常规的媒体传播手段为传播方式，二是要实现传播信息类型的多样化，这涉及宣传的广度、深度与维度能否全面铺开。在世博宣传报道中，交通传媒首先要应用声波频率传播交通路况信息，这是基础和根本；其次要扩大传播的力度，则需要以节目内容为依托，以全国联播形式为手段，增强交通传播在世博报道中的声音；最后要全面提升活动影响力与号召力，这需要有强大的非常规媒体传播手段，比如发起公益活动、制作车贴、发起倡议、发起现场活动等形式。

在世博活动宣传期间，各地交通广播播出机构不仅完成了本台节目的制作和播

出;在世博开幕前夕和直播间外,同时开展了多种丰富的宣传形式和活动推广。例如,江西交通广播为准备前往上海看世博会的听众朋友们精心打造"上海世博交通攻略";台州交通广播启动"我和世博有个约会——绿色出行看世博"活动;邯郸、鄂尔多斯、吉安交通广播与上海交通广播实行并机直播;楚天交通广播开展绿色骑行活动,迎接世博会的到来;上海交通广播邀请贵州副省长做客直播间,畅谈精彩贵州……

### 四、结语:以品牌战略助推广播资源的整合

援引上海广播电视台副台长林罗华的话,在这场不见硝烟的世博宣传新闻战中,上海东方广播有限公司旗下的上海交通广播与中国广播电视协会交通宣传委员旗下的全国各地交通广播、交通电视、移动电视媒体紧密合作,成功举办"畅行中国·一路畅通看世博"联合报道活动,携手打响了一场漂亮的世博宣传战,赢得了政府的肯定,产生了广泛的社会影响。这次联合报道活动的成功举办,是中国交通传媒行业创新力量的集中展示,是中国交通传媒行业联合力量的集中展示,是中国交通传媒品牌力量的集中展示。

本次"畅行中国·一路畅通看世博"活动,给我们带来三点重要启示:

第一,对于重大事件特别是与交通出行相关的突发事件,交通传媒要进行全国"总动员",发挥联合报道、整合传播的优势。

第二,借助网络传播,发挥数字新媒体的优势,在具体的报道活动中使用好、发挥好网络传播的作用,实现信息传播的及时、畅通、准确。

第三,打破区域限制,形成"畅行中国"的品牌影响力和辐射力,突破媒介地域性界限,发挥媒体优势作用,相互学习、相互借鉴,提升行业整体实力,打造"畅行中国"的媒介品牌。

总结本次活动,中国广播电视协会会长李丹指出,在媒介融合的生态环境下,联合发展是当前传媒发展的潮流。实施"畅行中国"这一媒介品牌战略,可以加强各会员单位的联合,通过联合的力量打造交通传媒的竞争力和影响力,突破一直以来交通媒体单打独斗的传统运作思维,做大、做强交通传媒。同时,在三网融合和大力发展广播电视产业的背景下,交通传媒更要抓住良机,积极推进交通广播、交通电视、移动电视的产业化步伐,利用社会优势资源,整合传播模式,拓展汽车俱乐部、车友会等汽车后服务市场的运作,真正为中国广播电视行业的大发展、大繁荣作出重要的贡献。

〔潘力:中国传媒大学广播产业研究所所长;
周芳洁:中国传媒大学 2009 级新闻学研究生;李亦工:上海交通广播总监〕

# 浅谈广播节目"实时反馈平台"的建立及运用

陈 前

2010年1月1日"楚天交广呼叫中心"正式上线,这是一个广播节目"实时反馈平台"。它集广播、通信、互联网、多媒体等技术于一体,打造功能强大的"城市搜索引擎",实现了海量信息的储存、筛选、检索和分类管理。作为广播节目强有力的后台支撑,它可以为节目主持人实时提供受众反馈信息,包括接引听众参与热线讨论、互动留言、提供新闻线索、报告路况信息,还可以通过三方通话、网络平台实时进行各类社会调查、有声百度查询、求助救援、商业委托咨询等服务。在一定程度上,"楚天交广呼叫中心"已经成为提升广播节目内容质量的重要支撑,它从根本上改变了过去广播媒体反馈渠道分散、反馈速度滞后等问题。本文将以此为切入点,探讨广播节目实时反馈平台为广播媒体反馈机制带来的革命性改变。

## 一、反馈为广播传播寻求"对象感"

反馈(feedback),是控制论中的一个重要概念,也译为"回馈"、"回输"、"回流",是一个过程的结果返回并影响过程的现象,后来传播学借用了这个名词。传播学中的反馈,指的是受众对传播者发出的信息的反应。受众回传给传播者的信息,我们称为反馈信息。在传播学的"过程架构"理论中,传播者、信息、媒介、受传者(受众)、效果、反馈等要素在传播时"一个都不能少"。所谓"传播效果",就是受众在受到传播信息作用前后,其心理及以心理为中介的行为所发生的变化。而传播者要了解传播效果,只有通过接收受众反馈信息来实现。所以,传播者要取得理想的传播效果,其基本前提就是收集、研究受众反馈信息,并据此调整和改进传播内容和传播方式。

在人际传播中,反馈是直接、及时、灵活的,而大众传播的反馈则具有间接性、迟延性和制度性等特点。尤其是在以线性传播为主要特性的广播媒体里,广播节目主持人在录制间、直播室里最"痛苦"的事情就是找不到传播的对象,也就是常说的传播没有"对象感"。这与广播长期依赖听众的来信和来访等方式接收受众反馈信息有直接关系,其间接性、迟滞性的弱点长期困扰着广播人。因此,改进受众反馈信息的渠道,对广播媒体来说是一项艰巨而重要的任务。

在很长一个时期里,广播媒体都在为如何接收受众反馈信息而上下求索。从新中国成立到20世纪90年代,在广播媒体内部,接收受众反馈信息的工作往往由专门的群众工作部负责,主要是通过听众来信、来电、来访等方式来了解反馈信息,并提供给决策层参考。期间,也有媒体开展过传统的受众调查,采用的是个别访谈和召开座谈会的方法。而在国内率先引进西方传播学理论和方法开展受众抽样调查的是复旦大学新闻系郑北渭、陈韵昭教授,他们曾组织学生在上海开展随机抽样问卷调查,开我国同类调查之先河。如今,各种专业调查公司的介入使受众调查的形式越来越多样,收听率已经成为很多电台接收受众反馈信息的一个重要手段。

但是,这些受众反馈渠道依然不能满足广播媒体对节目受众反馈信息的要求。收听率调查、读者来信、听众热线等反馈渠道总是比较迟缓,并且存在单向传播的弱势。以收听率调查为例,其样本的选择和分布是否科学、受众对抽样调查的态度是否认真、数据采集是否真实,许多环节都存在可质疑之处,加上其调查结论有一定的滞后性,因此收听率数据对广播节目的影响差强人意。

## 二、互动为广播建立现代受众反馈平台

通信技术的飞速发展,为广播媒体拓展受众反馈渠道提供了新的可能。曾经在广播电视媒介上"红极一时"的手机短信互动就是一个很好的例子,媒体只要为受众提供一个参与节目的短信号码,受众就可以根据自己对节目的喜好程度付之行动。在极短的时间内,手机短信一跃成为传统媒体最迅捷、最有效的受众反馈渠道,让一向模糊、迟缓、微弱的受众反馈信息清晰、快捷起来。

从20世纪80年代末期开始,随着数字技术在广播电视行业的广泛运用,广播媒体在节目形态、节目理念等方面有了质的进步。现场直播代替了录制播出,利用热线电话等方式建立起受众反馈渠道,广播节目主持人也打破了以往封闭、呆板的主持形式。比如,1989年楚天经济广播电台午间开播的一档点歌节目《吉祥鸟》,就是凭借听众来信、来电点歌的形式,在听众中风靡一时。这些改革使广播媒体重新焕发生机和活力,迎来了发展的又一个黄金时期。广播媒体可以采用的受众反馈渠道已经不再局限于听众来访、来信,社会调查、热线电话或多方通话、手机短信、QQ等网络平台交流等互动方法都被广泛采用,它们具有方式多样、渠道畅通、时效性强、参与性强、互动性强等特点。

进入21世纪,随着互联网越来越深入地影响社会各个层面和角落,博客(包括微博)、个人网站等这些强调目标群体、以双向交流为基本特征的新型媒介形式,使现代传播从"媒介主导"走向"互动分享"时代。在这种环境下,信息传播的"特权"不再被大众媒体中的传播者独享;受众不仅仅是信息的接收者,同时也是信息的提供者和传播者,传播者与受众两者之间的界限变得越来越模糊。只有与受众"互动"、"分享"信息,寻求新媒介技术的支持,传统媒体才能摆脱自身互动性弱、参与度低的传播劣势。

为了寻求与受众的互动,近年来,全国广播媒体中涌现出了不少新型节目形态,它们有一个重要的共性,那就是十分重视受众反馈信息的收集、处理、运用,并以此形成与听众的高效率互动。北京交通广播推出的《1039都市调查组》就是其中一个典型的例子。该节目的制播流程是:在节目前期先拟定调查主题或话题,组织人员或联合专业公司进行广播或问卷、网络等形式的调查,然后收集听众反馈信息,进行数据分析。在节目直播过程中,节目主持人邀请嘉宾对调查数据进行详细解读和讨论;同时,开通热线电话、短信平台、网络留言等反馈渠道收集受众实时反馈,进行互动交流。在节目中对信息进行充分的传播和分享,从而极大地提高了传播效率,取得了良好的传播效果。

在技术保障具备和广播节目理念统一的条件下,建立广播节目"实时反馈平台"就是水到渠成的事情了。广播媒体尤其是全国各地的专业交通广播,在这个方面进行了一些有益的尝试。由于听众对专业交通广播在路况信息、交通法律法规咨询、汽车营销及后市场开发等方面有着强烈的诉求,因此交通广播媒体应积极探索如何建立受众实时反馈平台。利用现有热线电话、手机短信平台、直播室内接入互联网的电脑,等等,可以建立这类反馈平台。

湖北省广播电视总台投资建设、楚天交通广播管理运营的"楚天交广呼叫中心"创建了一种更为全面、现代的广播节目"实时反馈平台"。它采用国内领先技术的智能一体式交换机,光纤接入电信专线,一期建有12位坐席,二期规划32位坐席,可以同时开通240路外线。运行以来,日平均电话量接近1000个,到目前为止,累计接听电话量超过50万个。

2009年12月26日,举世瞩目的京广高速铁路武汉至广州段举行了通车仪式。为了报道本次活动的盛况,中国广播电视协会交通宣传委员会旗下的楚天交通广播、羊城交通广播和湖南交通广播利用楚天呼叫中心平台,实现了三地同步联合直播,全国有10家交通广播也通过该平台进行了转播。节目进行中,节目主持人和三地听众实时交流互动、分享信息,使长达4个小时的直播节目犹如行云流水,浑然天成。该节目最终顺利入选当年的中国广播影视大奖。

运用呼叫中心技术和广播直播节目整体对接，虽然在全国尚属首例，但是楚天交通广播研发的"广电系统呼叫中心软件"，革命性地改变了广播电台直拨热线节目的电话接听方式，使主持人对来电话题有了预知、筛选、编排和深化的可能，从而提高了受众参与广播节目的效率，增强了节目内容的可听性，大幅提升受众反馈信息对节目质量的正反馈。2010年，楚天交通广播正式使用"楚天呼叫中心"受众实时反馈平台以后，各档节目质量和收听率有了明显提升，频率在某专业公司对武汉地区广播收听率的调查排名也跃升到第一的位置。

### 三、"实时反馈平台"对广播节目及主持人的新要求

广播"实时反馈平台"的建立，对广播节目和节目主持人提出了新的要求。

首先，在节目形态和内容的设置上，就要考虑如何为这个平台提供用武之地。在以往的广播节目中，节目主持人多以信息的发布、传播为主，即使是双人主持的节目，互动与交流也多局限于主持人之间。而受众实时反馈平台的建立，要求广播媒体从节目设置、节目形态、节目内容等方面都要增加方便受众提供反馈的渠道。除了上文提及的北京交通广播《1039都市调查组》节目外，楚天交通广播《927汽车俱乐部之董涛说车》在节目设置上也颇下了一番心思。其中有一个单元叫《有声博客》，主持人董涛一方面利用新浪博客与博友们实时交流，回复他们的提问、咨询；一方面依据"楚天呼叫中心"平台实时收集、整理、提供的线下听众来电、短信以及QQ对话等信息，有的放矢地传播新信息、解答带有普遍性的问题，极大地提高了节目传播效率。目前，通过"楚天呼叫中心"这个实时反馈平台，我们的节目主持人可以同时接收听众的电话、短信、博客（含微博）、QQ对话等多种反馈信息，极大地拓展了主持人在节目进行中的选择空间，为节目的深化提供了基本条件。

其次，节目主持人自身素质和临场应变能力的高低是受众实时反馈平台能否发挥效用的关键。因为节目主持人在节目进行过程中，除了需要按照节目预案传递节目信息以外，还要面对这个平台提供的大量受众反馈信息，如何取舍将决定节目的走向。尤其是当主持人遇到那些一时不容易分辨正误，或者带有"敌意"的反馈信息时，节目主持人的自身素质和临场应变能力就显得格外重要。

主持人的临场应变能力，是指主持人在节目主持过程中对突发因素的一种迅速而能动的反应，是主持人自身综合素质的集中体现之一。所以，作为广播节目主持人要想合理运用受众实时反馈平台，除了需要具备扎实的主持基本功和做好节目前期预案以外，还需要特别加强在以下几个方面的积淀：

一是加强政治学习，增强责任意识，牢牢把握宣传导向。节目主持人只有在政治上有了觉悟，思想上有了哨兵，才能牢牢把握广播节目的走向，而不会出现政治上的偏差和导向问题。

二是扩大知识面，强化知识积累，厚积而薄发。俗话说，台上一分钟，台下十年功。广泛的兴趣爱好、长期的知识积累，对广播节目主持人有百利而无一害。人们习惯把记者称为"杂家"，而主持人的岗位更要求其具有广博的知识和丰富的见识，这有这样才能应对各种实时反馈信息，在极短的时间内作出合理的正确的决断，正所谓"手中有粮，心中不慌"。

三是提高综合分析、归纳总结能力，做一个有思想的主持人。在新技术、新科技、新材料层出不穷的时代，新媒体和新的传播形式与传统大众传播媒体之间的竞争也日趋激烈，但是，在信息爆炸的时代，人们缺乏的不是信息而是思想。所以，我们广播节目的主持人如果能够在学习运用各种先进技术和手段的同时，具备了在海量信息中通过分析、总结，提炼并发掘闪光思想的能力，那么广播节目的前景依然是可以期待的。

大众传播过程框架中的受众反馈，是构成一个完整传播过程的重要环节。作为广播媒体研究受众反馈、拓展受众反馈渠道、搭建受众实时反馈平台，都是为了通过对这个平台的解读、分析、运用，调整自身的传播行动，推动广播节目走向生动、深化，进而使广播传播活动形成一个螺旋式上升的良性循环。

〔陈前：楚天交通广播总监〕

· 活动探微 ·

## 爱心中国　善行边疆
——"爱心中国·2011全国百城百台爱心送考"活动启动仪式侧记

陈　勇

2011年6月3日上午9时,首都北京晴空万里,初夏阳光照耀着红墙绿瓦,一股爱心热潮撼动京城,并席卷全中国。

在全国共同庆祝中国共产党建党90周年前夕,由中国广播电视协会指导,中国广播电视协会交通宣传委员会、湖南人民广播电台主办,湖南交通广播承办,全国百城市近百家交通广播共同参与的"爱心中国·2011全国百城百台爱心送考"活动启动仪式在位于北京车站附近的湖南大厦隆重举行,整个活动得到了新浪网提供的独家网络支持。

中国广播电视协会会长李丹、秘书长张莉,国家广电总局宣传管理司副司长李宗达,中国广播电视协会交通宣传委员会常务副会长兼秘书长潘力,湖南广播电视台副台长罗毅,公安部交管局宣传教育处处长张明,北京电台副总编辑亢亚志,光明日报社副秘书长兼社办主任徐华西,青岛广播电视台台长王玮,北京、天津、深圳、甘肃、贵州、大连、浙江、太原、大庆、湖南、湖北、青岛、银川等地交通广播总监代表,中央人民广播电台、新浪网单位负责人,北京市广渠门中学宏志班师生代表等近300人参加启动仪式。"爱心送考"公益活动是2001年由湖南交通广播在全国率先发起,11年来逐渐由长沙拓展至全国数百个城市。2010年,全国"爱心送考大联盟"在湖南长沙成立,全国53家交通广播加盟,"爱心送考"由此成为全国联动、跨地域合作的全国性公益品牌。2011年,"爱心送考"进一步扩大了活动的影响力,旨在将"爱心送考"公益活动打造成为全国交通广播一张闪亮的爱心名片。

在启动仪式上的致辞中,中国广播电视协会交通宣传委员会常务副会长兼秘书长潘力指出:2011年爱心送考活动更具创新之处在于,主流广播媒介不仅要打破区域的局限,更要突破跨界传播的瓶颈,通过与独家网络——新浪网的合作,延展"新浪专题、微博、微访谈、微视频、微电台"等产品使用价值,拓展广播受众的网民效应,使新型的人际互动传播成为有实效、有价值、有思想的沟通渠道,真正实现传统广播媒体与互联网新媒体平台的有效对接,相互渗透、彼此借力、共赢发展,在大传播的背景下,打造全媒体的广播运营平台,实现真正意义上的网络新广播,唱响主流广播的第一声。

湖南广播电视台副台长罗毅在致欢迎辞中深情地说道:回顾11年爱心长河,作为一个媒体,拥有一颗爱心、一颗恒心和一颗进取心是创新爱心送考品牌和扩大品牌效应的关键。11年来,湖南电台始终坚持"爱心广播"的宗旨,处处为考生着想,时时与爱心人士心灵共振,始终应和时代节拍,创新品牌,引领风尚。爱是一项永恒的事业。以爱心送考品牌为基础,湖南广播旗帜鲜明地提出"芒果Radio,爱心中国",爱心送考是爱心中国系列公益活动中最重要的一部分。2011年是爱心送考创新升级的新起点,预示着爱心送考将标注一个新的文明高度。

中国广播电视协会会长李丹在总结讲话中,对十多年来全国交通广播爱心送考活动给予了积极高度的肯定,他强调,爱心送考推广到全国,践行了新闻媒体高度的社会责任感和时代担当精神,为全国广播电视行业树立了崭新的社会形象。2011年爱心送考活动整合传统媒体与新媒体的资源优势,进一步扩大爱心送考的影响力。这些创新和升级,无疑使爱心送考这一公益品牌活动达到了一个全新的高度,也在全国广播系统树立了新的标杆。

"爱心中国·2011全国百城百台爱心送考"活动启动仪式作为展示中国交通广播行业打造爱心广播、公益媒体的一扇窗口,用一个个感人的爱心人物和故事向世人展现交广人爱心公益的点点滴滴,彰显社会的大爱,促进社会和谐发展。

## 一、感动全场的湖南爱心的哥

黄学文是湖南长沙的一名出租车司机,2001年起就参加了湖南交通广播爱心送考公益活动。即使是在儿子患上白血病、他四处为儿子筹集医药费的时候,黄学文依然坚持参加爱心送考;儿子在北京进行骨髓移植手术的关键时刻,他还不忘拨打湖南交通广播爱心送考的报名电话。开幕式上一段简短的VCR记录了黄学文为儿子筹集医药费的所有艰辛,也记录了他在困境之中仍然不忘奉献爱心的珍贵善行。启动仪式的现场嘉宾都被这位坚强的父亲感动了。当现场主持人询问已经不再是出租车司机的黄学文,还愿不愿意参加爱心送考时,他响亮地回答说:"我一定要参加,没有汽车了,我还可以通过其他方式参加,我要将爱心进行到底!"黄学文的话音未落,现场就响起了热烈的掌声,很多人都流下了感动的泪水。

## 二、现场结对的首汽于凯车队

全国劳动模范、首汽于凯出租车车队队长于凯,带领20多名北京市爱心送考出租车驾驶员代表参加了启动仪式。同来参加活动的还有北京市广渠门中学"宏志班"的100多位老师和学生。六年来,首汽于凯车队和北京市广渠门中学一些品学兼优、家境清贫的学生结成了爱心送考的帮扶对象,每年高考的时候,于凯车队的驾驶员都会准时把孩子们送到考场。在启动仪式现场,于凯抓紧时机和老师现场结对,把老师提供的需要送考的学生名单和家庭住址一一核对,并逐一详细叮嘱随行的驾驶员。于凯说,北京市交通环境比较复杂,送考不能出一点差错,否则就会耽误孩子们考试。

## 三、全国百城百台爱心送考车标

启动仪式上,全国百城百台统一的爱心送考"绿色通行证"标识由中国广播电视协会秘书长张莉和公安部交管局宣传教育处处长张明代表行业和交通管理部门共同向全社会隆重揭晓,高考期间凡是贴有"绿色通行证"标识的车辆能够获得交管部门提供的出行便利和保障,确保爱心送考、安全送考、准确送考、按时到考。

中国广播电视协会交通宣传委员会常务副会长兼秘书长潘力在致辞中说:全国的爱心力量再一次在北京集结,全国百家交通广播为了一个共同的目标走到一起,大家握指成拳、亲如一家,统一主题、统一标识、统一宣传、统一推广、统一行动纲领,进一步放大了爱心送考的公益品牌。

## 四、中国地图上的平安小精灵

爱心送考活动的启动仪式同样创新不断,将爱心送考标识贴上全国地图就是一大亮点。来自北京、天津、湖北楚天、太原、大庆、大连、深圳、甘肃、湖南等地的交通广播总监一起走上舞台,在一张巨大的中国地图上,将平安小精灵爱心送考标识贴在自己所在的城市,这标志着全国百城百台爱心送考大联盟正式拉开序幕——在6月7日、8日两天的全国高考中,平安小精灵将出现在全国100个大中型城市,与高考考生一路相伴。

湖南交通广播总监杨跃说,由湖南交通广播孵化出来的爱心送考活动在中国广播电视协会交通宣传委员会的组织和推动之下,已经延伸到了全国各地交通广播,成为全国交通广播共同的爱心品牌和精神财富。今后,爱心送考公益活动将在全国各地交通广播的共同呵护下不断发展壮大,成为中国具有深远影响的公益品牌。

### 五、全国网友参与新浪微博互动

"为了给高考考生提供安全畅通的交通环境,我们倡议您在高考期间少开一天车。"在启动仪式进行的过程中,李宇春、何炅、杨乐乐等演艺明星纷纷参与到"为高考少开一天车"的微博互动活动中来,明星们的微博得到了无数网友的转发和回应。短短一个多小时,全国30多万在线网友参与了这一网络活动。此次广播与新媒体的温暖携手,爱心送考和新浪网的深度合作,实现了传统广播媒体与互联网新媒体平台的有效对接。在大传播的背景下,传统广播媒体与互联网新媒体相互渗透、彼此借力、共赢发展,打造了全媒体的广播运营平台,突破了广播媒体自身不足的羁绊,实现了广播传播渠道、形式和受众群体的延伸,打造了媒介融合生态下的新广播。

"爱心中国·2011全国百城百台爱心送考"活动是一段新的旅程。从全国爱心送考大联盟到百城百台大联动,从传统的广播媒体到携手新媒体,通过网络微博倡议,在全国传递蔓延,开创"微时代"全新的公益表达方式、爱心传递渠道。从"送考"到"让考",和着时代前进的潮音,全民参与、人人公益,再度为"爱心送考"这个经典品牌注入全新的活力,使交通广播这一爱心广播、公益媒体的形象更加深入人心,从而推进中国交通广播的大发展。

爱是幸福的哲学,爱是精神的食粮,爱是和谐的音符,对于一个民族未来的关注,就是一个民族进步的标志。爱心送考不仅是无数孩子人生中的一次精神洗礼,也是无数成年人回归纯真的见证礼!让我们共同期待明年新的精彩!

〔陈勇:湖南交通广播主持人〕

# 宜兴论道：共商全国自驾游联盟大计
## ——"畅行中国·全国交通广播自驾游产业峰会"侧记

周芳洁

2011年6月16日至19日，由中国广播电视协会交通宣传委员会、江苏广播电视总台、宜兴市湖㳇镇阳羡生态旅游区主办的"畅行中国·全国交通广播自驾游产业论坛暨首届自驾车友节"在江苏宜兴隆重举行。

6月17日上午，全国交通广播自驾游产业峰会在宜兴国际会议中心盛大开幕。中国广播电视协会会长李丹，秘书长张莉，江苏广播电视总台副台长、集团总经理黄信，江苏省旅游局副局长汤永林，宜兴市委常委、副市长梅中华以及江苏省公安厅、交通运输厅的有关负责人到会并作主旨发言。全国34家交通广播总监、副总监及车友俱乐部的负责人也参加了论坛峰会。

中国广播电视协会交通宣传委员会常务副会长兼秘书长潘力在致辞中说：本次峰会，将目标锁定在联合共建全国自驾游共享平台上，利用广播的传播优势，借助市场手段，打造中国交通广播产业联盟。交通广播应在"资源共享、携手共赢、共创效益、开拓市场"的前提下寻求更大的发展空间，成为引领中国汽车后服务市场的领跑者。

江苏省广播电视总台副台长、集团总经理黄信表示，本届论坛邀请全国交通广播和江苏自驾游基地及长三角知名车友会参加，目的就是要搭建全国范围的自驾游产业联合平台，共同拓展中国交通广播事业发展新空间。

随后，江苏省交通运输厅公路局和江苏省公安厅交巡警总队的领导，就如何应对自驾游发展趋势、完善交通管理配套措施的问题，接受了主持人的现场采访。江苏省首批自驾游基地——宜兴阳羡生态旅游区负责人畅谈当地旅游发展的经验，提出要抓住自驾游发展契机，促进地方经济转型升级，依靠政府职能部门的权威指导，了解自驾游基地的需要，是交通广播开展好自驾游的重要保障。

开幕式上，中国广播电视协会秘书长张莉为阳羡生态旅游区颁发了"中国自驾游首选目的地"的牌匾。同时，江苏省内20处旅游景区被授予"江苏交通广播网自驾游合作基地"牌匾。阳羡生态旅游区成为继 2010 年 4 月井冈山旅游风景区、9 月湖北神农架旅游风景区之后,第三个被中国广播电视协会交通宣传委员会授牌的"中国自驾游首选目的地"生态旅游风景区。

本次峰会邀请了来自北京、羊城和山东交通广播负责运营自驾游产业的代表,分别就车友俱乐部组建、自驾游运营模式、旅游市场分析和媒介产业营销进行了主题演讲。

中国广播电视协会交通宣传委员会常务理事、江苏交通广播网总监常珩代表主办方宣读发起成立"全国交通广播自驾游联盟"的倡议书。

中国广播电视协会会长李丹发表重要讲话,他指出:成立"全国交通广播自驾游联盟"是个好开端,希望全国的交通广播同仁能齐心努力、做实做大,将跨域联合推向纵深,真正出成果、出效益,以自驾游联盟成立为契机,开展交通广播产业联合发展的更多尝试。

6月17日下午,与会代表分为三组参加了座谈会,分别就成立全国交通广播自驾游联盟、汽车俱乐部与景区合作事宜及自驾游节目的创新等问题进行了研讨。会议代表们纷纷表示,本次峰会是顺势之举,自驾游群体的兴起、交通广播产业的整合是大势所趋,成立"全国交通广播自驾游联盟",不仅可以提升全国交通广播的耦合度与延展性、增强交广行业实力,同时可以为汽车时代全新的生活方式提供想象空间,为广大车友提供更加优质的服务和更加贴心的关照。同时,"首届自驾车友节暨湖滏生态杨梅节欢乐庆典"也正式拉开了序幕。

〔周芳洁:中国传媒大学 2009 级新闻学研究生〕

# 第一时间,用行动彰显广播的魅力
——浙江交通广播直播"7·23 甬温线特大铁路交通事故"全纪实

张家英

2011年7月23日20:27,甬温铁路温州双屿路段发生列车追尾事故,浙江FM93交通之声接报后5分钟内启动应急报道预案:一方面,即刻指派温州记者站两名记者分赴事故现场及医院采访,同时调集杭州、金华、台州等地的记者连夜赶往温州;另一方面,频道总监张立亲自坐镇指挥,当即停止正常节目播出,启动不间断直播特别节目,组合频道5对主持人,接力不间断直播28小时,由此创下浙江广播对单一新闻事件直播报道历史之最。

## 一、第一,第一,还是第一 93层层推进

事故发生5分钟后,浙江FM93交通之声温州记者站记者陈裕杰接到报料,第一反应就是:出大事了!他立即向台里报告,并准备驱车赶往现场,总部主任立即上报总监,并发短信给陈裕杰:战士上战场!注意安全!他回复:是!明白!——一场没有硝烟的战斗就这样打响了,张立总监迅速赶到导播室,坐镇指挥。

21:04,第一个连线报道接进直播室,浙江FM93交通之声成为国内第一个发声的媒体。

紧接着,另一路温州记者吴盈盈赶赴医院,台州、金华、本部记者火速前往温州支援;

紧接着,本部联络铁路、消防、医疗等线的记者迅速展开工作;

紧接着,导播、编辑、后援主持人陆续赶赴台里;

紧接着,特别节目的宣传带制作完成,微博编辑、外台连线记者就地办公……

在每次重特大事故报道战役中,"第一时间"早已成为浙江交通之声所有采编播人员最有力的动员令。"第一时间报道,第一时间解读,第一时间与你分享"已经成为频

道的传播理念。"交通第一广播"的频道诉求,令 FM93 交通人时刻准备着。

面对突发事件,大多来不及做太多准备,主持人往往要在"手无寸纸"的情况下直播。直播节目中,关于现场的任何一点消息都极其珍贵,关于事故的任何信息都非常重要。

孙婧和家琪平时主持《93 早高峰》,当晚成为这次直播第一对出场的主持人。"各位晚上好,我是孙婧,是的,FM93 早高峰的主播,出现在晚上,是因为发生了一起特别重大的事故,甬温铁路两列动车发生追尾,3 截车厢出轨,翻下铁路高架桥。车里坐了多少人?会有多少伤亡?事故为什么会发生?我和您一样等待着最新的消息,我们为此展开特别直播,93 记者已经到了现场,马上有报道发回。"

现场雨很大,地面泥泞,记者陈裕杰一直泡在泥水里,最初的几个小时内,他成为事故现场浙江 FM93 交通之声唯一的信源:每一个动静、每一个细节、每一次观察都不肯放过,不断更新现场消息。准确传递现场消息,是现场记者的使命。

与此同时,身在杭州,联络铁路部门的记者金亦维一直穿梭在杭州站和上海铁路局之间,最终获得确认:是 D3115 与 D301 发生了追尾。之后,浙江 FM93 交通之声都第一时间获取并及时发布所有来自铁路部门的消息。

22:00,各地救援部队陆续火速赶往温州,高速公路成了重要通道,高速指挥中心的记者立即时刻监控沿路通行状况,加大播报密度。

跨过子夜,1:38,浙江省应急办为交通之声发来独家稿件:浙江 FM93 交通之声第一时间向全省听众报道了浙江省委书记赵洪祝从国外打来电话,他明确指示,要求全力以赴抢救伤员的最新消息;同时,报道了省长吕祖善正带队连夜赶往温州指挥抢救的消息动态。

浙江 FM93 交通之声新闻编辑工作室不断整合前方各路记者、网络、电视等各方消息:从直播室到温州,从杭州到各地,浙江 FM93 交通之声特别直播先后连线了上海铁路局、省卫生厅、消防总队、血液中心及温州各相关职能部门负责人,第一时间为听众解读、分析事故。随着事态进展,浙江 FM93 交通之声又连线了心理干预专家、急救专家等为听众分忧解难。

直播层层推进,忙而不乱;信息纷至沓来,令人"耳"不暇接。整整一夜,浙江 FM93 交通之声充分利用 FM93 一个频率覆盖全省的优势,吸引全省收听注意力。当晚,有人带着全家人坐进车里,开着发动机,守候着浙江 FM93 交通之声。

## 二、93 第一时间声援　电波送去最有力的温暖

浙江 FM93 交通之声在组织第一时间记者报道事件、第一时间专家解读事件的同

时,在直播过程中还通过各种方式与听众广泛互动:节目中不断连线事故的目击者、亲历者;更重要的是让更多的普通听众直接参与事故救援——短信平台开始疯狂地被刷新,几乎每秒钟都能收到数百条短信。

22:00刚过,一位听众打来热线说,现场秩序非常混乱,围观的私家车和村民很多,现场道路受到阻碍。"如果你是在现场的人,如果你的车里开着广播,或者你的朋友家人在附近,请你们劝告这些围观的人,请让开!让开!让救护车进去!拜托了!"那样的时刻,主持人不由自主地在节目中呼吁:现在各地的救援车辆正赶赴事故现场,请沿路车辆千万不要把车子停在影响救助车辆的地方,给生命让出通道。

22:40,第一批救出的39名伤员被送到了离事发地最近的康宁医院。另一路记者盈盈现场报道说:3个人被送到后就失去了生命体征,大多数人都有骨折、内脏出血现象,走廊里都躺满了伤员,一个脾出血的伤员需要马上动手术,可是这家不大的医院存血量不足,整个温州的存血量也不多。

温州血液中心的陈主任通过93电波传递了开始接收献血的消息:温州新城大道41号,什么血型都要!报道一播出,第一波踊跃的献血开始了,上千人发短信来说可以马上献血。有人开着车去献血,也有打工的工友,因为工厂保安不放他们半夜出门,他们还跟保安吵起了架。温州人和在温州的人,都在行动。得知只有温州血液中心才能马上献血,一位台州听友开上车就去了温州,一个上海人拥有稀有血型,他看到FM93微博,改了路线决定先去温州献血。从浙江FM93交通之声发布求助消息不到3个小时,温州血液中心采集到的血液就足以满足全部伤员用血。那一夜,热血沸腾。

24日1:30,中铁二局一个救援队的队长打来了一个简短的电话,"我们要搭脚手架救人,需要很多钢管和搭扣,谁能帮我找一下温州能出租这些东西的电话。"主持人追问这位队长,"你需要多少,几百还是几千?"他回答:"很多,几千吧。"很快节目中收到了第一条短信:"我可以把工地上的脚手架拆了送过去,不要钱。"还有听众说,"我现在就把三车钢管给他送过去,我在杭州,快上高速了。"短短15分钟,救援队需要的脚手架就全部集齐,这位队长几乎得到了所有在温州有脚手架材料单位的联络方式。

直播间的短信平台两个小时内就收到了上万条短信,主持人没有办法一一阅读。万千短信中的任何一条,都无法让人屏住眼泪。

  131×××4432:我真希望可以给那些被送往医院的伤员们帮上忙,有需要输血的吗?我很胖我有很多血!

  136×××7290:我老公也是一名外科医生,因为事故被困路上,他现在已经下车沿着铁轨在走,我们能去康宁医院帮忙吗?

> 137××××0020：主持人，你们辛苦了，我想知道现场奋战的战士们都饿了吧，现场需要食物吗？如果需要，我们双屿附近的居民可以提供点吃的到现场。

上万条短信来自全国各地，我们读出了中国最好的百姓，那一晚，让听到的人更坚强。

节目进行到后半夜，有网上收听的听众从上海发来消息说：

> 我是从事心理咨询的，灾难发生后，心理干预很重要，我希望通过节目跟大家说说可以怎么做。
> ……

### 三、微博助推声名远扬 93影响跨越国界

在这次特别直播报道中，浙江FM93交通之声首次对微博传播进行了深度整合开发。当时微博管理员蒋捷正在衢州出差，接到消息后，他迅速找到一家网吧，就地展开工作，一边整理来自记者、现场听众的消息，一边有序地上传微博。由于微博信息全而快，"浙江交通之声"官方微博受到强烈关注，大量信息被转发，单条信息最高被转发上万次，全国广播联盟170多家成员电台集体转发浙江交通之声信息。凤凰卫视记者闾丘露薇留言："此时就只能听FM93"；更有来自美国等海外网友通过微博得知事件发生后，通过网络收听。

无论是新浪微博还是天涯论坛，从机构到网民，大家对浙江交通之声这一次直播的及时和权威都予以了高度评价。

中国传媒大学广播产业研究所所长、传媒博物馆馆长、新闻学硕士生导师、教授潘力发布微博：

> 温州脱轨事故中，浙江FM93交通之声是通过微博第一时间向网民传递资讯的第一媒体，体现主流媒体社会责任，24小时滚动播出，是广播媒体在突发事件报道中独具的魅力，彰显新闻工作者的职责，是传统媒体借助网络新媒体共赢的有效传播手段，延展了受众领域，成为人们相互沟通的纽带，成为神州大地上爱心传递的接力棒！

中国广播电视协会交通宣传委员会发布的微博：

> 浙江交通之声第一时间报道温州动车脱轨事件，体现出广播主流媒体的

社会职责,后续报道更需要全国交广同仁一同关注,感谢浙江交广、浙江交广总监张立亲自组织并第一时间报道事件,中广协交宣委将组织全国交通广播播出机构共同关注,让爱心中国的主题传遍神州大地。

中国广播联盟发布的微博:

代表中国广播联盟171家成员广播电台,向奋战在温州动车脱轨事件报道前线的浙江交通之声的全体同仁表示最最崇高的敬意!

《中国青年报》郑燕峰发布的微博:

你们正在为中国新闻人正名,为你们鼓掌。

"中国之声"发布的微博:

致敬,为你们骄傲!

网友一水天长发布的微博:

这才是一个广播媒体在突发事件面前应该做的~FM93加油!

微博让更多的同行知道了浙江交通之声在专业、权威、及时报道这起重大的交通事故,纷纷来电要求连线,报道指挥者迅速决策:专门安排一名记者统一对外连线综合消息,重点保证现场记者陈裕杰有序采访。由于浙江交通之声记者陈裕杰第一个抵达现场,发出第一声,中央电视台闻讯前来联系进行电话连线,陈裕杰成为为央视报道这一新闻的第一个记者。此后,浙江交通之声还陆续为浙江卫视以及福建、安徽、江苏、上海等地的20多家广播电视媒体连线。

中央人民广播电台、北京电视台、《南方周末》等媒体还先后专访了记者陈裕杰。这次报道不但把浙江交通之声"有交通特色的新闻资讯台"的频道形象打得更响,更历练了一支反应迅速、协同作战、高效灵动的采编播队伍。

### 四、7·23报道的几点体会

浙江FM93交通之声7·23温州动车重大交通事故报道概括起来有以下几个关键链:

情报(及时)——判断(准确)——行动(迅速)——统筹(高效)——结果(给力)

**1. 情报及时,网络扎实,为第一时间提供强有力的保障**

7·23报道中,正是因为消防通讯员第一时间把情报提供给了记者,为记者第一现场争取了时间。记者与各个政府职能部门深入的接触以及由此建立的牢固的友谊，确保了"需出声就出声"的报道需求。本次报道中的大量职能部门权威人士的连线都得益于平时的积累。

2. 动态报道常态化，保证"兵到用时就显勇"

浙江FM93交通之声一直致力于办"动态广播　服务媒体"，立足服务的动态报道更是天天有小、月月有中仗、年年有大仗，保证记者、主持人、编辑、导播在多次报道战役中得到足够的训练。经过多年的摸索实践，不仅练就了一支能打硬仗、善打胜仗的队伍，还制订了一套可操作的突发事件应急报道预案。从总监到导播，从现场到后勤，从直播到后台制作，形成默契的协作体系。

3. 统筹一盘棋，调动人员，调配资源，整合信源

面对突发事件，浙江FM93交通之声频道管理、宣传、后勤自觉服从统一调配，各种信息来源通过新闻编辑工作室整合播出。全台一盘棋，忙而不乱。

4. 多向互动，微博助推

当重大突发事件发生时，人手和精力都要受到严峻的考验，广播的时时互动这时就能大显神威。本次报道中，通过互动，很多听众既是事件的经历者，又是事件的助推参与者，短信、热线、微博等成为重要生动的节目内容。浙江FM93交通之声的新浪官方微博在这次报道传播中发挥了重要作用，为此，微博、与外界同行联络协作也成为我们突发报道应急预案中新近补充的一部分。

〔张家英：浙江交通广播新闻部主任〕

# 情醉百湖城 感知新大庆
## ——"畅行中国·2011全国交通广播湿地采风活动"侧记

车铭毓 王琛 肖志新

2011年8月16日至18日，由中国广播电视协会、光明日报社、国家广电总局宣传管理司、中共大庆市委市政府、中国传媒大学联合主办的"主流媒体的社会责任——第四届中国广播电视传媒论坛"在大庆召开。中国广播电视协会交通宣传委员会组织的"畅行中国·2011全国交通广播大庆湿地采风"活动，作为总论坛的分论坛，也同期举行。

中国广播电视协会会长李丹，副会长张振华、郭宝新，秘书长张莉，光明日报社副总编辑何东平，黑龙江省委常委、大庆市委书记韩学键，中共大庆市委常委、宣传部长郑新英，中国传媒大学副校长袁军，国家广电总局宣传管理司文艺处处长戈晨等领导出席了开幕式。论坛同时吸引了来自全国广播电视业界的300多位领导、专家齐聚大庆。大庆新闻传媒集团旗下的大庆人民广播电台交通广播、百湖之声、大庆电视台直播频道、大庆网对开幕式进行了现场直播。

本届论坛的主旨是学习贯彻胡锦涛总书记在庆祝中国共产党成立90周年大会上的重要讲话，进一步落实党中央关于加强创新社会管理工作的指示精神，分析新时期国家安全形势及战略运筹，弘扬社会主义核心价值观，强化主流媒体的社会责任。

在开幕式上，中国广播电视协会会长李丹发表了讲话，他指出，广播电视已经成为我国社会生活不可或缺的组成部分，既体现党和政府的意志，又反映人民群众的诉求，是国家"文化软实力"的重要组成部分。要担负起这个重任，广播电视工作者要自觉运用马克思主义中国化的最新成果武装自己，不断学习，树立正确的世界观、人生观、价值观，走基层、转作风、改文风。举办本次论坛的目的，就是发挥协会的桥梁纽带作用，通过协会的学术理论平台，促进提高广播电视工作者践行社会责任的自觉性。

光明日报社副总编辑何东平在讲话中指出，主流媒体所做的一切，都要有利于密切党和群众的关系，都要有利于巩固党在群众中的威信，都要有利于提高党服务于群众、引导群众的本领。坚守和壮大主流思想阵地，走基层、转作风、改文风，是主流媒体践行社会责任的重要标志和途径。

国家广电总局宣传管理司文艺处处长戈晨在致辞中表示，中国广播电视首先必须体现党和国家的意志，反映以党和政府为代表的主流意识形态，成为社会主流思想和价值观的传播通道。不能为扩大收听率、收视率，把腐朽没落的精神垃圾当作"卖点"。虽然媒体需要发展文化产业，但是不能以牺牲社会责任为代价。

中共大庆市委常委、宣传部长郑新英在讲话中指出，新闻媒体只有秉持高度的社会责任感，恪守新闻职业道德规范，才能担当时代赋予的使命，才能赢得党和政府的信任，才能在人民群众中产生影响力。近几年，大庆市委市政府充分发挥新闻媒体在推动社会经济发展、引导思想舆论、培育社会风尚、促进社会和谐等方面的重要作用，涌现出了以交通广播栏目《四大帮办在行动》为代表的一系列先进典型，他们"为政府分忧、为百姓解难"，在大庆受到广泛欢迎。

中国广播电视协会秘书长张莉主持了开幕式和主论坛。国防大学教授、海军少将杨毅，中国广播电视协会副会长张振华、大庆新闻传媒集团董事长兼总经理冀年勇分别以《国家安全形势与战略运筹》、《文化的理性与自觉》、《历史与现实赋予大庆传媒的使命》为题，做了主旨报告。8月17日，在铁人王进喜纪念馆，由中国广播电视协会副秘书长周然毅主持举行了"中国广播电视协会爱国主义教育基地"揭牌仪式。

中国广播电视传媒论坛是建立在中国广播电视协会各工作委员会学术年会和工作年会基础上的行业综合交流活动，是中国广播电视协会为适应广播电视改革发展新形势、加快职能转变、增强行业服务能力、推动行业发展而搭建的融合、交流、共享平台，至今已在南京、杭州和大连成功举办三届。与会代表们表示，建设社会主义责任媒体是一项长期任务，必须牢记党中央的嘱托和期望，始终坚持正确舆论导向，提高舆论引导能力和技巧，坚持围绕中心与关注民生相结合，不断提高自身素质，做让党和政府放心、让人民群众满意的主流媒体。

随后，中国广播电视协会各专业委员会围绕专业特点开展了分论坛、业务交流和采访采风活动。由中国广播电视协会交通宣传委员会、大庆新闻传媒集团、大庆市旅游局共同主办的"畅行中国·2011全国交通广播大庆湿地采风活动"正式启动。本次活动由交宣委23家交通广播会员单位参与，分别是北京、上海、福建、海南、江西、浙江、湖北、湖南、四川、陕西、甘肃、辽宁、吉林、广州、南京、太原、郑州、济南、乌鲁木齐、厦门、连云港、赣州、邯郸。47名交广同仁聚首大庆，感受来自石油城、大湿地的热情和美丽。本次采风活动的主题是"情醉百湖城，感知新大庆"。通过有针对性地采访和体验大庆自然景观、城市建设、经济发展等方面的情况，从城建特色、湿地特色和油田特色三个角度向全国媒体展示大庆的自然景色、人文景观、文化产业、特色产品等。

在石油科技馆,大家被馆内大庆油田油气的勘探、开采过程深深地吸引着,对大庆石油的辉煌历史赞不绝口。在石油科技馆内,代表们对科普厅情有独钟,因为这个展厅将石油行业上下游产业链条融合为一体,在介绍地球科学知识的基础上,以生物进化以及生油、寻油、采油、加工、产品应用为主线,重点采用了声光电的技术,非常具有趣味性。大家本来还担心会看不懂复杂专业的石油科学知识展览,但是参观后,大家都纷纷表示这里的实物与电动模型的生动流程给大家作了最直观、最明了的解释。有些代表还表示有机会一定要带自己的孩子来参观学习。

离开了石油科技馆之后,采风团一行人又到了亚洲面积最大、保存最完整的城中湿地——龙凤湿地采风采访。在湿地湖边吹风和吹海风感受是不同的,与大海的波澜壮阔相比,大庆的湿地湖泊就好比是河之洲,而欣赏湿地就是欣赏在水一方的伊人。看着成群的野鸭在水里嬉戏,鱼鹰在水里捕鱼,成群的水鸟在面前飞舞,代表们享受着大自然的风光,由衷地说:"这里真好!"如今,这块城区湿地对油城大庆的气候正起着越来越大的调节作用。代表们都说:很难得,离城市这么近就有这么宁静的湿地风光。

在城市规划馆,工作人员解答了大家关于大庆的城市规划、城市布局的所有困惑。这个规划馆通过图片和仿真模型等方式再现了大庆城市发展变迁的历程,展示出大庆城市未来的发展脉络,浓缩了大庆的昨天、今天、明天,生动演绎了油城的巨变。最吸引大家的是总体规划模型厅中 2200 平方米的超大型的大庆城市沙盘模型。这个模型是全国最大的室内城市规划沙盘模型。在这里,大家仔细观看着模型上大庆的每一条街道、每一寸土地。在总体规划模型厅内,一栋栋逼真的建筑模型描绘出大庆现在的轮廓,同时,有别于现有建筑的模型展现出大庆未来发展的方向和布局。参观后,大家表示这个城市规划馆让他们对大庆这座城市有了全方面的了解和认识。

活动期间,每到一处都会看到各地交通广播的记者在进行采访,他们甚至顾不上吃饭、游览。大家都说,大自然真的是非常优待大庆,不但让大庆拥有了石油资源,还让它拥有了广泛的生态资源,生活在这儿的人们真的是无比幸福!随着一篇篇报道的播出,采风团的记者们在把大庆魅力推介给了全国人民的同时,也把很多珍贵的记忆带到了家乡!据不完全统计,外地交通广播共发稿 150 多篇、微博发稿近 200 篇,大庆交通广播发新闻稿 5 篇、专栏《百湖采风听灵通》14 篇。

通过本届论坛,来自全国各地的广播电视同行能更直观地了解产业多元、城市美丽、人民幸福的今日大庆,更深入地感知大庆精神、铁人精神,更生动地体验这座英雄城市敢于为国担当的血性、勇于超越自我的豪情和无处不在的独特魅力。本届论坛为大庆传媒人与中国广电传媒最高端的论坛零距离接触提供了宝贵的机会。这对于学习和借鉴中国广电发展最前沿的理念和思路,培养和提升大庆传媒人的世界眼光,推动社会经济发展、引导思想舆论、培育社会风尚、促进社会和谐等方面发挥着重要作用。

〔车铭毓:大庆交通广播副总监;王　琛、肖志新:大庆交通广播编辑〕

· 年会特辑 ·

# 跨域联合，实现交通广播未来发展新突破
## ——在中国广播电视协会交通宣传委员会第十七届年会暨全国交通广播总监工作会议上的讲话

李 丹

今天一年一度的交通宣传委员会年度会议在有着悠久历史的太原晋祠旁如期召开。在此，我首先代表中国广播电视协会，对会议的顺利召开和各位代表的到来表示热烈的祝贺和欢迎，对为会议顺利召开提供优良条件和周到服务的太原广电东道主致以衷心的感谢！

昨天到会之后，了解到本次年会除了像往常一样有常规性的总结、联谊等内容外，还将正式发起成立"全国交通广播自驾游联盟"，在交通广播切入汽车后服务市场方面迈出实质性的步伐，对此我很感兴趣，也非常期待，也想借此机会集中讲一讲。

2011年是中国交通广播创建20周年，是我们全国交广人的大日子。20年来，交通广播的蓬勃兴起为全国各地的城市建设和交通发展，为人民群众的出行便利，作出了巨大的贡献，成为广播事业产业新的增长点和最活跃的生产力部分，成为广播振兴最积极的带动因素。广告收入从最初的几万到现在的几百万、几千万乃至几亿，实现了惊人的飞跃，占领了整个广播的半壁江山。交通广播还积极开展社会公益活动，树立了良好的媒体责任形象，取得了社会、经济效益双丰收。在取得了优异成绩的同时，我们也清醒地认识到，中国交通广播未来的发展还面临着越来越多的问题。这其中既有自身内部的体制机制进一步创新的问题，有自身发展手段单一、后劲乏力的问题，也有外部世界新媒体快速发展带来的挑战等问题。如何应对这些问题，突破交通广播改革发展的瓶颈，为交通广播持续健康发展注入新的强劲动力，这些年来，我们一直在积极思索。

在这个问题上，成立全国性交通广播汽车俱乐部，切入汽车后服务市场，拓展交通广播发展新增长点，已逐渐成为全国交通广播人的共识。为此，我们一些台相继成立

了交广汽车俱乐部或车友会等形式的组织。在业务活动方面,越来越多的台开展了自驾游活动,有些推出了会员服务卡、会员购物优惠卡,等等,在这方面进行了积极、有益的尝试,也取得了一些有益的经验。但是在谈到这个大工程的推进时,我们总是感觉像老虎吃天,无从下嘴,难以突破,为什么?我们一直在思索。江苏交通广播6月发起成立交广自驾游联盟的活动给了我们启示——那就是我们一直缺少一个"联"字,联合、联网、联动的"联"字。今天,我们将在这个会上正式发起成立全国交通广播自驾游联盟,我想这一组织的成立,很可能是全国交通广播汽车俱乐部推进的一个切入点、一个突破口。

为什么这么说呢?首先,自驾游联盟的成立,使全国交通广播进行产业联合拓展有了纽带和抓手。在这个领域,我们一直是在口头上讲联合,而事实上难联手。抛开体制机制方面的障碍和壁垒,以业务合作促联手,在自驾游联合开发方面先试先行,先业务联手再实体联合,应该说是联盟成立给我们指出的一条新路。

其次,全国自驾游联盟的成立与运行,将为我们实际展示交通广播联合发展产业的力量。我们探讨五年多的全国交广汽车俱乐部的前景,现在似乎可见一斑,全国交广自驾游联盟可以说是推进全国俱乐部组建的一个示范工程,它的实际运作效果、它所展示的联合效益,将使我们获得直观的、有冲击力的体验,将有助于我们提高联合发展的积极性和创造性。

第三,全国自驾游联盟的成立,将使全国交广汽车俱乐部项目的推进有了推手。五年来,我们在推进这一项目时,总是感觉没有一个专门的实体去实际组织、推动,我们的台长和总监事情很多,不能只盯着这一件事;况且,联盟的组建也超出了总监的一般职能范畴。联盟的成立,将弥补这个缺失,以联盟来作为项目运作的专门机构,无疑将使项目推进有了实实在在的承担主体。

相比几个月前的区域性倡议,经过几个月的进一步筹备,如今正式成立。应该说范围更广泛、组织更清晰了,我翻看了联盟的章程,从宗旨、任务、成员,特别是具体运作、组织架构、近期工作规划等规定得更实,更有操作性。接下来的主要工作是要按照章程的要求,迅速落实推进。联盟运作要实化,要常态化。组织上要由相对专职的人员组成,制度上要有章程,经费上要有保障;要长流水、不断线地开展自驾游活动组织、模式研讨、经验总结,不能成立了事,热闹一阵就无声无息。联盟要立足自驾游,胸怀俱乐部。一方面,站在全国汽车俱乐部总体的角度思考自驾游活动的开展问题,另一方面,通过积极的自驾游联合实践,为俱乐部组建积累经验,打好基础。交通宣传委员会要做好指导和支持,在近几年的常务理事会和年会上要作为重点工作、核心项目,听取联盟运作情况汇报,举交通宣传委员会行业组织全部资源之力,推动此项工作。

我这次来参会最重要的是要讲上述这个问题,有的内容在别的场合讲过一些,在这里再丰富强调一下。为了切实推进这项工作,我想交通视听媒体应注意实现以下几个转变:

第一,在工作重点上要由做大事业向兼顾做精事业和做强产业转变。经过20年的发展,交通视听媒体特别是交通广播事业规模不断扩大,并且已经形成了发展的惯性,接下来主要是精耕细作的问题。事业是基础,产业是保障。在事业基础已经打牢的局面下,我们应该投入更大的精力来思考和推进产业发展,为事业的科学发展提供坚实的物质基础。交通广播拥有非常优势的资源,我们应该抓住这个机遇,千万不要错失时机。

第二,在媒体业态上要由单一媒体向现代综合媒体转变。这是一个新媒体层出和多媒体融合的时代,交通广播、交通电视、移动电视、网络交通媒体先后出现并且都迅速发展,受众获得交通信息和服务的渠道日益多元。在这种情况下,要想始终占领受众市场,必须走多媒体融合发展之路。这种融合既可以是各自生发,走全媒体之路,也可以是互相联合,彼此借力。要看哪种方式更经济、更便捷、更有效果。

第三,服务范围上要由局限本地域向走向跨域乃至全中国转变。这首先是必须,因为对于本地域的经营的边际成本将越来越高,边际收益将越来越低。其次是可能。这种走向全国并不是指你的信号要覆盖全国,而是你主动成为全国联合体中的一环,各自服务的是全国受众在本地域的需要。各自都做好了自己承担的工作,实际上也就辐射了全国。

为了适应交通视听媒体的转变,交通宣传委员会的工作也应相应进行转变。首先,要从以联谊、研讨为主向以项目组织推进为主转变,进一步把为行业服务的工作做实。最近我看到一个材料,江苏台近年来一直和协会合作举办数字新媒体高峰论坛,每年举办一次,但是最近他们提出了数字影像研究发展基地规划,计划在既有论坛活动的基础上,策划包括以最新技术为切入点、技术和艺术相融合的节目实验等一批项目,很有新意。其次,要从以平均着力为主向突出重点转变。这方面一是要敏锐地捕捉到不同时期的工作重点,二是要做好各项重点工作的统筹规划。我建议这种转变首先从年会开始,每届年会应确立一个主题,议程设置要围绕主题来进行。再次,要以散点式服务方式为主向链式服务和网事服务方式转变,更好地发挥组织作用和合纵连横功能。

各位同仁,住在晋祠宾馆,我们不免会重温与晋祠有关的历史故事。大家都知道,山西简称晋,这个简称与历史上的晋国息息相关。晋国的建立,源于"桐叶封弟"的故事,而晋国之终结,则是由于"三家分晋"。今年是交通广播诞生20周年。

由此我想到,我们交通广播的诞生,得益于信息技术的进步和汽车时代的到来,同样是应运而生,只不过交通广播是我们广播人多年积累、创新的产物,经历了一个艰苦的探索过程,而不是靠帝王的恩赐。同样的,经过20年的快速发展,交通广播未来将何去何从,是依然挺立在广播发展的潮头,还是逐渐式微,最终虽然不像"三国分晋"一样彻底消亡,但也流于平庸,泯如众人?我想在座各位交广同仁,必定会做出正确的抉择!

〔李丹:中国广播电视协会会长〕

# 发挥传媒高校科研优势,助推中国交广新辉煌
—— 在中国广播电视协会交通宣传委员会
第十七届年会暨全国交通广播总监工作会议上的致辞

高福安

1997年,中国广播电视协会交通宣传委员会秘书处正式落户中国传媒大学。长期以来,双方建立了良好的合作关系,成为广播界与传媒教育界有机结合的典范。学校不仅在办公场地、办公设备、人员配备等方面给予交通宣传委员会积极的支持和保障,而且在人才培养、理论研究、学术论坛、节目评奖等领域与交通宣传委员会进行了广泛的合作,成效显著。

中国广播电视协会交通宣传委员会成立十七年来,真诚地为全国交通广播会员单位提供了高质量的服务:通过举办交通广播节目创优评析活动,促进了交通广播节目采编播水平的提升,推动了交通传媒节目的精品工程建设;通过整合交通传媒区域资源,推进交广跨领域、跨行业的大联动、大合作,增强了交通传媒行业的凝聚力、影响力和竞争力,为新媒介生态下交通传媒行业的发展提供力量支持;通过与传媒高校联合开展科学研究工作,夯实行业发展的理论基础,为交通传媒发展提供理论和智力支持;通过举办各种学术论坛、讲座和研讨会提高了交通传媒工作者的理论和业务水平,为交通传媒发展提供高素质、高水平的人才支持。可以说,中国广播电视协会交通宣传委员会为中国交通传媒的健康发展作出了重要贡献!

中国传媒大学作为中国广播电视传媒领域的最高学府,是教育部直属的国家"211工程"重点建设大学,在国内外影视传媒教育领域享有崇高声誉和威望,为中国的影视传媒产业以及经济社会的发展作出了重要贡献,被誉为"中国广播电视人才摇篮"、"信息传播领域的知名学府"。学校始终秉持"植根传媒、依托社会、面向世界开放办学"的理念,充分发挥传媒领域学科特色和综合优势,积极与传媒行业开展合作,不断探索产、学、研合作的新模式,努力将学校建设成为中国传媒与文化事业发展的人才库、科技库、思想库和信息资源库。

太原是一座具有 2500 多年悠久历史的中华古城，有着深厚的历史文化积淀。经过几十年的发展，太原广播电视台节目创优、市场占有率、经营收入等多项指标均名列山西省地市级广播媒体之首，成为华北乃至全国有巨大影响的地市级广播电视台。2010 年 8 月 30 日，在喜庆太原人民广播电台成立 30 周年之际，中国传媒大学教学科研实习基地也在太原市隆重建立。通过教学科研实习基地，进一步实现了我校与太原广电在学生实习、教师挂职、在职人员培训、科研课题、节目创新攻关等方面的广泛、深入合作。太原广播电视事业的强劲发展将为中国传媒大学相关专业的教学实践、科学研究提供良好条件。中国传媒大学广播产业研究所还与太原人民广播电台合作开展了广播产业运营模式及创新实践课题研究，以切实解决城市广播媒体在实践中遇到的现实问题，促进中国城市广播产业的发展与繁荣。

在新的历史发展阶段、新的传媒生态环境下，交通传媒行业将面临许多新问题、新挑战和新机遇，希望全国交通媒体在中国广播电视协会交通宣传委员会的带领下面对机遇与挑战大胆创新、锐意进取，推动中国交通传媒行业大发展、大繁荣！中国传媒大学也将一如既往地支持中国广播电视协会交通宣传委员会的各项工作，为交通传媒的发展提供更多、更有效的支持与协助！

〔高福安：中国传媒大学副校长〕

# 警广联手,构建和谐友好文明交通
——在中国广播电视协会交通宣传委员会
第十七届年会暨全国交通广播总监工作会议上的致辞

张 明

很高兴有机会和大家相聚在美丽的历史文化名城太原,参加中国广播电视协会交通宣传委员会第十七届年会暨全国交通广播总监工作会议。受局领导委托,在此对本届大会的成功举办表示热烈的祝贺!

近年来,中国广播电视协会交通宣传委员会带领全体会员单位共同发展、共同进步,组织了许多有全国性影响的大型活动,成为连通各地交通广播媒体的重要桥梁和纽带。所做的工作令人信服,所作的贡献有目共睹。各地交通广播与交通管理部门通力合作,积极倡导"关爱生命,文明出行"的理念,大力传播交通安全知识,有效开展交通信息服务,为公安交通管理工作赢得社会各界、人民群众的理解、支持发挥了积极的作用。

文明交通行动计划是公安部、中央文明办 2010 年初在全国统一部署实施的。为了进一步将文明交通打造成为现代道路交通出行的价值尺度和风向标,2010 年 12 月 2 日,由公安部交管局、中央文明办协调组、中国广播电视协会交通宣传委员会和北京广播电视台共同主办的"畅行中国·文明交通在行动"百城百台大联播活动,在全国百余座城市同步启动,为期一年。交通宣传委员会旗下的 134 家交通广播、移动电视和交通电视播出机构,联手当地公安交管部门,共同唱响文明交通主旋律。在随后的保春运平安畅通工作中,在醉驾入刑的普法宣传中,在爱心送考的大型公益活动中,"文明交通在行动"百城百台播出机构更是与当地交管部门倾力协作,进一步扩大了文明交通行动计划的影响力。其间,中国广播电视协会交通宣传委员会做了大量的组织协调工作,在此表示衷心感谢,并通过你们向全国交通广播同仁对交管工作的支持表示诚挚的谢意!

当前,道路交通管理工作在面临机遇的同时,也面临着前所未有的挑战。其中,如何通过喜闻乐见的形式,有效提升交通参与者践行文明交通的自觉性、主动性,是我们面临的艰巨任务。完成好这一任务,离不开新闻媒体的大力支持。在这里,恳请中国广播电视协会交通宣传委员会以及各会员单位一如既往地关心、支持交管工作和交警队建设,促进警媒沟通和警民沟通,进一步形成文明交通媒体宣传的规模效应、联动效应,为创造平安、畅通、有序、和谐的道路交通环境作出更大贡献。

〔张明:公安部交通管理局宣传教育处处长〕

· 创优评析 ·

# 打造交广节目精品 推动行业节目创新
## ——2010 年度中国交通广播节目创优评析评审会综述

周芳洁

2011 年 5 月 17 日至 20 日,由中国广播电视协会交通宣传委员会、中国传媒大学广播产业研究所主办,太原人民广播电台承办,太原交通广播协办的"2010 年度中国交通广播节目创优评析"评审会在北京蟹岛会议中心举办。

中国广播电视协会副会长、交通宣传委员会会长郭宝新,中国广播电视协会秘书长张莉,中国传媒大学副校长高福安教授,中国广播电视协会专家组副组长王汝峰、赵建华,中国广播电视协会交通宣传委员会常务副会长兼秘书长潘力教授、中国广播电视协会评奖办公室主任赵德全,中国传媒大学校长助理、博士生导师蔡翔教授等专家、学者以及来自各地人民广播电台台长和交通广播总监共计 23 人参加了评审会。本届创优评析活动得到了全国 29 个省、市、自治区 77 家交通广播的积极响应,共选送作品 463 件。按照中国广播影视大奖节目分类要求并结合交通广播自身特点,我们将参评节目分为短消息、长消息、新闻专题、综合节目、评论、特别节目、十佳栏目、路况、广告和论文 10 个类别进行评审。

本届创优评析活动本着"公平、公正、公开"的原则,认真、细致、有效地开展评审工作。经过三天紧张有序的听评和讨论,评审委员会圆满完成了 2010 年度中国交通广播创优评析评审会的各项评审工作,共评选出获奖作品 234 件,其中一等作品 45 件、二等作品 66 件、三等作品 123 件。

在评审过程中,专家评委针对近年来中国交通广播的发展和节目创新等问题深入交换了意见和看法。

第一,交通广播如何以"路况信息"为本?北京市交管局新闻中心主任张景春表示:从交通宣传的角度出发,交通广播宣传报道的中心还是应该围绕道路交通,可以涉及民航和铁路等大交通概念。自交通广播诞生之日起,"路况"一直是交广的生命线,如何在"路况信息"节目上出新、出彩,这是近几年来评审会专家一直关注的问题,希望各地交广能够围绕这个根本,创作出更多好听的广播节目。

第二,交通广播如何做得更好听?中国广播电视协会秘书长张莉强调:广播始终应当以满足听众需求、愉悦听众的听觉为中心要务。广播作品必须能让听众听明白、喜欢听、持续听,这需要交通广播制作节目时要更多考虑听众的线性收听习惯,注意口播语言的使用,注意播报时的口语发音,让广播更易懂、更好听。

第三,交通广播如何提升品质,不断推陈出新?评审专家们表示2010年度参评的作品中,不乏有一些从主题到内容再到形式都独具新意的优秀作品。中国广播电视协会专家组副组长王汝峰指出:在广播常态播出节目之外,除了满足每天的快餐式节目播出安排,各地交通广播都应该争取在每个月制作出几期精品广播节目,这不仅有利于提升交通广播创优的节目质量,还能够推动交通广播行业的精品节目建设。将每年创优评析的优秀作品,配上创作体会和专家点评编撰成书,从而拓展优秀节目交流深度,为节目创作奠定理论和案例分析的基础,对提升交通广播创意水平发挥着重要的作用。

第四,交通广播提供的体裁类别应当更加明晰。在本年度的评审过程中,仍有一些参评的作品报送体裁含混不清,类别交叉严重,严重影响了节目的最终评定。中国广播电视协会专家组副组长赵建华强调:应当组织相关专家学者,对交通广播的节目类别进行专题研究,规范节目评审项目,尽可能与中国广播影视奖、中国新闻奖等国家级大奖项目接轨,同时还要凸显交广节目特色,不断增强交通广播在全国的影响力和竞争力。

中国广播电视协会交通宣传委员会常务副会长兼秘书长潘力在听取评审专家的意见后表示:今后将从交通广播节目的评奖细则、类别设置、报送要求、节目创意、制作创新等方面加以改进和不断完善,推动中国交通广播的可持续发展。他指出:从2006年开始,交通宣传委员会每年都从获奖的优秀作品中推荐参加国家级政府奖的广播节目评选,已连续四年获得中国广播影视大奖的一等奖,这些成绩的取得归功于专家的严格把关和交广人的辛勤努力,今后我们将百尺竿头,更进一步,引领中国交通传媒行业的发展,不断提高广播节目质量。

中国广播电视协会副会长、交通宣传委员会会长郭宝新在总结会上指出:2010年度创优评析评审会是对全国交通广播节目的一次大检阅,对广播节目进行评比,有利于调动各台创优工作的积极性。重要的是,通过创优评析活动,为全国交通广播搭建一个良好的业务学习平台,实现相互间的业务交流、借鉴、学习和观摩,共同进步、相互提高。年度创优评析工作的特点可概括为:第一,整体广播节目质量较往年有所提高;

第二,交通广播节目中对于年度重大新闻事件给予了充分关注,节目制作较为精良;第三,广播节目在形式、内容的拓展和创新上有所进步。

此外,针对2011年9月30日在上海举行的中国交通广播20周年庆典活动,郭宝新会长表示:20世纪90年代珠江经济台的出现,推动了中国广播的一次重要发展,诞生了"珠江模式"。现如今,中国交通广播历经20年的蓬勃发展,并仍在蓄势待发,寻求下一个突飞猛进期,它对中国广播的促进作用,远远超过经济广播。交通广播甚至被视为今后能与电视抗衡的最佳传播手段,被称为中国的"交广现象"。目前,交通广播的思维拓展极具创新性,关于交通广播的办台理念与风格、经营管理模式、频道经营以及人才队伍建设等方面取得的一些成绩,都非常值得总结。希望通过年度创优评析工作,探讨中国交通广播未来发展的主题,促进新形势下中国交通广播的大发展、大繁荣,希望中国交通广播的明天更加美好。

〔周芳洁:《中国交通新视听》杂志编辑〕

# 后 记

  在本书成书的过程中,恰逢中国交通广播成立20周年,中国广播电视协会交通宣传委员会也走过了第17个年头,将迎来她17岁生日,谨以本书作为献给全国交通广播的一份生日贺礼。17年来,中国交通广播在行业协会的引领下,取得了日新月异的发展。本书收录的文字是六年里,全国交广同仁对于交通广播事业兢兢业业付出、探索的思想结晶,也是全国96家会员单位对交通广播事业、传媒行业的祝福。

  我们希望借出版之机,全面展示广播成长脉络,真实记录一路走来经历的点滴,用行业前沿的睿智理念、行业人士的卓越经验为交通广播的发展作注释,也为广播的辉煌提供指引。

  本书在编辑出版的过程中,得到了众多领导、专家的热心指点和帮助,得到了全国交广人的大力支持。在此,向诸位的辛勤工作和积极指导,表示诚挚的谢意。

  在本书的编撰过程中,编写组成员充分发扬了集体作战的团队精神,任劳任怨、谦虚谨慎。由于时间有限,虽已竭尽心力,仍恐挂一漏万。对于不尽如人意的地方,恳请诸位领导、专家、媒体同仁和读者朋友不吝赐教,给予批评和指正,我们将在今后的工作中予以改进。

编者<br/>2012 年 8 月